兴义民族师范学院省级一流专业培育点（应用心理学）

心理咨询理论与实践

主 编◎李 娜

西南交通大学出版社

·成都·

图书在版编目（CIP）数据

心理咨询理论与实践 / 李娜主编. —成都：西南
交通大学出版社，2021.7
ISBN 978-7-5643-8080-9

Ⅰ. ①心… Ⅱ. ①李… Ⅲ. ①心理咨询 – 高等职业教
育 – 教材 Ⅳ. ①R395.6

中国版本图书馆 CIP 数据核字（2021）第 125403 号

Xinli Zixun Lilun yu Shijian
心理咨询理论与实践
主编 李 娜

责 任 编 辑	何宝华
封 面 设 计	原创动力
封 面 插 图	刘 妍
出 版 发 行	西南交通大学出版社
	（四川省成都市金牛区二环路北一段 111 号
	西南交通大学创新大厦 21 楼）
发 行 部 电 话	028-87600564 028-87600533
邮 政 编 码	610031
网 址	http://www.xnjdcbs.com
印 刷	成都蓉军广告印务有限责任公司
成 品 尺 寸	185 mm × 260 mm
印 张	16.75
字 数	364 千
版 次	2021 年 7 月第 1 版
印 次	2021 年 7 月第 1 次
书 号	ISBN 978-7-5643-8080-9
定 价	48.00 元

"心理咨询与治疗"课程是高校应用心理学专业的必修课，课程地位十分重要。出版这本《心理咨询理论与实践》教材，是因为我对心理咨询的热爱以及我在多年教授应用心理学本科生"心理咨询与治疗"这门课的经验。

这些年里，我静心倾听了上千个来访者们的心事，无论他们是学生还是社会人员，无论是个体还是整个家庭……我始终尽我所能，通过汲取李加波老师多年稳定的每周督导的力量，寻求我的同辈督导团体们的大力支持，以及阅读不断更新的专业书籍，来更有效地服务我的来访者们。随着个案量逐渐增多，我对心理咨询这件事却愈发感到惶恐。首先，心理咨询的疗效常常是"后效"，无法立竿见影，这使得很多个案"无疾而终"，尤其是经济尚未独立的青少年来访者们；其次，来访者面临的心理困境具有时代性、多面性，我常常会感到无力，督导师时常会提醒我不要有"圣母心"；最后，心理学流派众多，理论发展与时俱进，感觉有看不完的书，学不完的专业知识……所以，本书归纳整理了目前在临床实践中最常用的心理咨询技术和理论，我希望这能使心理咨询初学者更容易入门，并能为后续更深入的学习与专业认同奠定坚实的基础。

全书由我主编、统稿，大部分内容由我撰写。本书也是我和几位同行共同努力的结果。其中，第六章主要由刘权钊老师撰写，第七章主要由吴财付老师撰写，第八章主要由刘苁伯老师撰写，第十章由刘清老师和我共同撰写。

在此，我非常感谢北大六院丛中老师和忠德心理医院李鼎智老师，两位老师均是国内心理咨询与治疗界的"大腕"，在阅读书稿后均欣然同意写推荐语，给我和我的同行及学生们极大的鼓舞。衷心感谢两位前辈的支持！

本书在编写之初，力求每一个句子都能如同其他心理咨询书籍一样，具有"疗愈性"的特点，但编写人员的理论水平和咨询经验有限，难免心有余而力不足，还望同行专家与广大师生批评指正。

2021.5.25

目 录

第一章

概　述

咨询心理学是研究心理咨询理论、咨询过程、咨询方法和技术的学科。作为应用心理学的一个重要分支，心理咨询和心理治疗最初主要是从精神病学中衍生出来的，融合了精神病学、心理学、哲学、艺术、美学等多个学科，逐渐成为心理学科的一个重要的应用性分支学科。本章主要介绍心理咨询的概念、心理咨询和心理治疗的关系、心理咨询的起源和发展。

第一节　心理咨询的概念

一、心理咨询的定义

心理咨询的英文为 counseling，中文翻译为"咨商""咨询"或"辅导"。Counseling 是一个内涵很广的概念，涉及职业指导、教育辅导、心理健康咨询、婚姻家庭咨询等诸多方面。不同的专家对心理咨询的定义及规定性存在着不同的观点。

美国著名心理学家罗杰斯（C.R.Rogers）认为：心理咨询是一个过程，心理咨询师与来访者之间的关系能给予后者一种安全感，使他可以从容地开放自己，甚至可以正视自己曾否定的经验，然后把那些经验融合于已经转变的自己，做出统合。罗杰斯提示心理咨询是一种人际关系，强调心理咨询必须建立良好的人际关系，让来访者感到咨询师对他的同情、理解和尊重，从而愿意敞开心灵的大门，相互理解、相互信任、真诚交流。

帕特森（Patterson）认为："咨询是一种人际关系，在这种关系中咨询人员提供一定的心理氛围和条件，使咨询对象发生变化，做出选择，解决自己的问题，并且形成一个有责任感的独立的个体，从而成为一个更好的人和更好的社会成员。"

国内学者江光荣认为心理咨询是现代社会中一项独特的专业化了的人际帮助活动，旨在使受助者克服心理困难，达到更好的适应和发展。他更强调心理咨询是在心理治疗理论及人格心理学、异常心理学等基础理论的指导下开展的活动。

尽管不同的专家对心理咨询的定义不尽相同，但并无严重的分歧和对立。相反，他们强调的心理咨询的特点均有共同之处：

1. 心理咨询体现着心理咨询师对来访者进行帮助的过程，这一过程建立在良好的咨询关系基础上。经过专业训练的咨询师利用其专业技能及所创造的良好咨询氛围，共情、理解和尊重来访者，帮助来访者学会以更有效的方式对待自己、对待他人和生活中的难题，促进其成长和发展。

2. 心理咨询是一系列心理活动的过程。从咨询师的角度看，这是在帮助来访者更好地理解自己、更有效地生活，其中包含一系列的心理活动。从来访者的角度看，来访者在心理咨询过程中，接受新的信息，学习新的行为，学会调整情绪和解决问题的技能等，使自己在心理、行为方面积极改变，这也涉及一系列的心理活动。

3. 心理咨询是由专业人员从事的一项特殊服务。咨询师必须接受过严格的专业训练，拥有这项服务所必需的知识和技能，其中包含心理咨询伦理和设置、对来访者问题的评估和个案概念化，以及在不同心理咨询理论的指导下运用各种心理咨询技术如倾听、共情、移情分析等技能帮助来访者。

结合以上内容，我们引用钱铭怡对心理咨询的定义：心理咨询是通过人际关系，运用心理学方法，帮助来访者自强自立的过程。这一定义涉及我们对心理咨询特征的认识，即咨询必须建立良好的人际关系；咨询是在心理学的有关理论指导下的活动；咨询是对来访者进行帮助的活动过程。心理咨询的根本目的是帮助来访者自强自立，即通过咨询提高来访者应对挫折和各种不幸事件的能力，使之能够自己面对和处理人生中的问题。

二、心理治疗的定义

心理治疗与心理咨询一样，没有公认的定义，比较有代表性的有以下几种。

《美国精神病学词汇表》将心理治疗定义为："在这一过程中，一个人希望消除症状，或解决生活中出现的问题，或因寻求个人发展而进入一种含蓄的或明确的契约关系，以一种规定的方式与心理治疗家相互作用。"

沃尔伯格（L.R.Wolberg）认为，心理治疗是针对情绪问题的一种治疗工作。由一位经过专门训练的人员以慎重细虑的态度与来访者建立起一种业务性的联系，用以消除、矫正或缓和现有的症状，调解异常行为方式，促进积极人格的成长和发展。

北京大学陈仲庚认为，心理治疗是治疗者与来访者之间的一种合作努力的行为，是一种伙伴关系；治疗是关于人格和行为的改变过程。

美籍华裔学者曾文星、徐静认为，心理治疗是应用心理学的方法来治疗病人的心理问题。其目的在于：通过治疗者与病人建立的关系，善用病人求愈的愿望与潜力，改善病人的心理与适应方式，以解除病人的症状与痛苦，并帮助病人促进其人格的成熟。

综合以上观点，我们提出心理治疗的定义：心理治疗是在良好的治疗关系基础上，经由受过严格专业训练的治疗师运用心理治疗的有关理论和技术，对来访者进行帮助的过程，其目的是消除或缓解病人的心理问题或障碍，促进其人格向健康、协调的方向发展。

三、心理咨询与心理治疗的异同

在我国，许多心理咨询实际上也在进行心理治疗的工作，心理咨询似乎与心理治疗同义。在国外，虽然心理咨询与心理治疗有着不同的称谓，但人们对于心理咨询与心理治疗之间有无不同，仍是有争议的。在这方面，美国学者哈恩（M.E.Hahn）1953年写道："就我所知，极少有心理咨询师和心理治疗师对于已有的在心理咨询与心理治疗之间的明确区分感到满意的……意见最一致的几点可能是：（1）心理咨询与心理治疗是不能完全区别开的；（2）心理咨询师的实践在心理治疗师看来是心理治疗；（3）心理治疗师的实践又被心理咨询师看作是咨询；（4）尽管如此，心理咨询和心理治疗还是不同的。"

（一）心理咨询与心理治疗的相似之处

1. 采用的理论方法一致

心理咨询师和心理治疗师采用的理论与方法一致，如采用精神分析动力学或认知行为疗法的理论与方法。

2. 工作的对象相似

心理咨询师与心理治疗师可能都会面对来访者的情绪问题、婚姻问题、人际关系问题等。

3. 工作目的相似

心理咨询师和心理治疗师都希望通过帮助者和来访者之间的人际互动，达到使来访者改变和成长的目的。

4. 均强调咨询关系的重要性

心理咨询师和心理治疗师均注重帮助者与来访者之间良好的人际关系，认为这是帮助来访者改变和成长的必要条件。

（二）心理咨询与心理治疗的不同之处

1. 工作对象不同

心理咨询的工作对象主要是心理正常但不健康的人群以及正在康复或已经康复的病人。心理治疗则主要针对有心理障碍的人进行工作，与精神医学有关。

2. 处理的问题不同

心理咨询着重处理正常人所遇到的各种问题，比如日常生活中人际关系的问题、发展性问题、婚恋关系中的问题以及亲子问题等；心理治疗主要处理神经症、性心理障碍、心理生理障碍、心身疾病等。

3. 所需时间不同

心理咨询用时较短，一般咨询次数为 1 次至几次，而心理治疗则费时较长，常需数次、数十次不等，有的需要数年方可完成。

4. 涉及意识的深度不同

心理咨询涉及的意识深度较浅，大多在意识层面进行，更重视其教育性、支持性、指导性工作，焦点在于找出已经存在于来访者自身的内在因素并使之得到良性发展，或在对现状进行分析的基础上促进其成长；而心理治疗的一些流派，主要针对无意识领域进行工作，重点在于重建病人的人格。

5. 目标不同

心理咨询工作是更为直接地针对某些有限的具体的目标而进行的，其目标往往比较直接、明确；心理治疗的目的往往是着眼于症状改善、行为矫正并聚焦于人格结构方面。

6. 工作场所不同

心理咨询多数在非医疗的情境中开展，如学校、社区、工作室、职业培训部门等；而心理治疗工作主要在医疗情境中如私人诊所等进行。

7. 起源不同

咨询心理学家认为咨询心理学有 4 个主要起源：（1）源于 20 世纪初的职业指导运动；（2）与 20 世纪初由美国大学生比尔斯（C.W.Beers）发起的心理卫生运动有关；（3）源于心理测量运动和心理学中对个体差异的研究；（4）与以罗杰斯为代表的非医学的、非精神分析的咨询与心理治疗的崛起有关。和心理咨询的起源并不完全相似，心理治疗可追溯至 19 世纪末弗洛伊德创立的精神分析疗法，甚至可追溯至 19 世纪中叶的催眠术的施行。

1942 年，罗杰斯发表了《咨询与心理治疗》一书，第一次使非医学的和非精神分析的心理治疗成为现实。在此之前，由于弗洛伊德及其精神分析学说的强大影响，只有医生才能从事心理治疗工作。罗杰斯的工作不仅打破了心理治疗领域中精神分析疗法一枝独秀的局面，同时第一次将心理治疗与咨询联系在一起。当时，咨询心理学在心理测量运动的影响下，主要的工作集中在进行测量与诊断方面，而在罗杰斯的影响之下，似乎仅在一夜之间，咨询和心理治疗就成了咨询心理学的主要聚焦点。

8. 专业训练及所属专业组织不同

在国外，从事心理治疗的人接受专业训练的时间多于心理咨询专业工作者。此外，心理咨询与心理治疗也有各自所属的不同专业学术团体。

9. 称谓不同

在心理咨询（counseling）过程中，帮助者被称为咨询师（counselor），求助者被称为来访者或咨客(client)。在心理治疗(therapy)过程中,帮助者被称为治疗师(therapist),求助者被称为病人或患者(patient)。

第二节　心理咨询的发展历程

一、国外心理咨询发展历程

20 世纪初美国职业指导运动以及心理卫生运动的兴起被认为是影响心理咨询发展的两大源头（郑日昌、江光荣、伍新春，2006）。

（一）职业指导运动

现代的专业咨询服务一般以帕森斯（Parsons）的工作为发端且最具影响。1908 年,帕森斯在美国波士顿创立了一家具有公共服务和培训性质的就业指导中心,并于次年出版了《职业选择》一书,对人们在择业方面遇到的问题提供了若干有价值的建议。帕森斯认为,一个人的职业必须与其本人的兴趣、能力、个性特点和客观要求相结合。只有正确认识自身素质、专长和潜在资质,同时对个人的局限和自身条件有客观评估,才能实现人与职业的合理匹配,做出恰当的职业选择。帕森斯也被称为"美国职业指导之父"（汤宜朗、许又新，1991）。他在青少年中实施心理咨询活动,将心理咨询理解为一种学习过程,发表了心理咨询人员的培训计划；贯通了学校教育、咨询服务和社会发展的关系,为心理咨询的社会性服务功能打下了基础,奠定了现代心理咨询的基石。

（二）心理卫生运动

19 世纪末 20 世纪初,美国耶鲁大学商学院的学生比尔斯（C.M.Beers）因有一个患癫痫的兄弟,他担心自己也会有这种疾病,在恐惧、焦虑的状态下,比尔斯终因精神失常而住进精神病院。在 3 年的住院生活中,他不仅体会到了社会及大众对精神病人的不公正态度,也目睹了精神病院的恶劣环境。他与其他住院病人一样遭到了种种非人的待遇。出院后,他四处奔走,呼吁改善精神病院的医疗条件,改革对心理疾病患者的治疗方法和手段,从事预防精神疾病的活动,立志将自己的余生贡献给改善精神病患者待遇的事业。1908 年,他以自己的经历为基础写了一本书《自觉之心》（*A Mind That Found Itself*）。这本书出版后受到了社会各界的高度评价。比尔斯的努力使精神病学家、心理学家乃至社会在观念上发生了深刻变化,在美国掀起了心理卫生运动的狂潮,他本人也被视为心理咨询的先驱者之一。

（三）心理测量技术

第一次世界大战期间，由于战争的需要，美国招募了大量的士兵。首先，要对这些士兵进行一定的筛选和排查，排除那些有智力缺陷的士兵。其次，为了提高军队的战斗力，发现特殊人才，需要心理学家测量出哪些士兵适合哪类工作。所以一战后，心理测量学在美国迅速发展。第二次世界大战后，大批的退伍军人回国。由于他们刚刚从硝烟弥漫的战场回到祖国，存在着日常生活适应和工作压力等问题。由此，美国的退伍军人管理局请来了大批的心理咨询专家和心理咨询工作者，对这些退伍军人进行职业指导和心理咨询，这促进了美国心理咨询行业的发展。

二、我国心理咨询发展简史

在 1949 年以前，我国已有一批心理学者、教育学者开始从事与心理咨询相关的量表编制、修订和测验工作，但这些工作并没有发展成为现代意义上的心理咨询活动，而且也未形成较大的规模。在 20 世纪 40 年代末和 50 年代初期，心理学家黄嘉音曾在精神科对精神分裂症病人及其他有心理障碍的病人尤其是少年儿童病人尝试进行心理治疗，并陆续出版了相关著作如《儿童心理病态防治案例》（1951）、《儿童行为反常精神治疗实例》（1952）及与粟宗华医生合著的《自以为是皇后的女孩：变态心理治疗一则》（1951）等。有幸的是，2015 年，王祖承等学者编著，上海交通大学出版社出版了《黄嘉音心理治疗文集》，对我国这位开创心理治疗的先贤进行了详细的介绍，对其贡献进行了极大的肯定。

一个自认为是皇后的女孩——变态心理治疗一例

陆×兰，女孩，24 岁，未婚，相貌端正，装束入时，在一家著名的银行里做职员。主诉常有无名的恐惧，特别是一个人独自在街上走的时候，时常心跳加快、脸红、怕人，甚至要昏倒。到处求治无效。该治疗是由粟宗华和黄嘉音共同治疗的第一个病人。下面摘录的是第五次的就诊记录。

治疗师：你从小就好做白日梦，现在也有做白日梦的习惯。白日梦对你有什么好处呢？你为什么要做白日梦呢？

陆×兰：白日梦给我的神经暂时得到松弛，给我一种满足。

治疗师：你做白日梦的习惯，是怎么开始的？

陆×兰：当我孤独一人的时候，我就开始做起白日梦来了。白日梦对我是一种补偿作用，使我能逃避现实环境。

治疗师：你为什么要逃避现实环境呢？

陆×兰：因为现实的环境使我不快乐。在我十二三岁的时候，我非常不快乐，又很孤单，父亲和继母对我都很严厉苛刻。有时常看见父亲沉湎于幻想中，我就学他做起白日梦来……

治疗师打断：所以，你做白日梦一部分是从父亲那里学来的，后来日子一长就变成了一种习惯。是不是这样呢？

陆×兰：是的，是这样的。我从小就不善于好好地思考。思考起来很慢，幻想起来却快得不得了。这大概也是习惯造成的吧！

治疗师：你说的很对，你对自己已经有了进一步的了解了。每一个孩子，都需要有一个好家庭。需要父母的了解和爱护，你在幼年的生活中，不幸没有一个理想的家。你的老师也不了解你，你在现实的生活中是不快乐的，因此你痛恨起父母和老师来了。同时也对现实生活产生了仇恨……

陆×兰：不，我并没有仇恨"现实生活"。

治疗师：至少，你在现实的生活中得不到同情和关怀，所以才退却到幻想中去，想办法在幻想中得到满足。因为你不能离开你的家庭，所以，不良的环境，造成了你对环境的不良的适应，你退缩到白日梦中了。那你为什么在白日梦中幻想自己是皇后呢？

陆×兰：那是很自然的，因为皇后的地位是最崇高的，没有人能够侵犯她。我是因为生活不快乐的关系，才会幻想自己是皇后。

治疗师：很对，你现在对自己又有了更进一步的了解！这是你对现实生活不满的象征。

陆×兰：我现在逐渐明白了，我对于白日梦已经不忧虑也不紧张了，不过一时想改，还是不容易改过来。

治疗师：这是很自然的事，要改变一个人20年的习惯，不是很快就可以成功的。也许得费三四个月的工夫。现在我们来谈一谈怎么才能改变你做白日梦的习惯：第一，你得自己研究你的白日梦，把它的原因找出来；第二，你要记得不逃避现实。

陆×兰：怎么才能使自己不至于再次逃避现实呢？

治疗师：最好的办法，是不要使自己闲下来。时常使自己有事在做，就不至于再幻想了。你一明白幻想的来源的时候，你就可以控制幻想，你就能阻止幻想了。

……

摘自《黄嘉音心理治疗文集》

1955年至1964年，与心理咨询和心理治疗关系最密切、影响最大的工作，应属神经衰弱的快速综合治疗了。这种方法结合医学治疗及体育锻炼（如学习太极拳、气功、跑步等），采取专题讲座和小组讨论的形式，给病人讲解有关神经衰弱的知识，讲解治疗方法及作用机制，说明脑力劳动与体力劳动的关系，要求病人合理安排时间，采用积极的态度面对生活中的问题及自身的疾病。主要代表人物是李心天、王景和、李崇培等。后来李心天在该疗法的基础上提出了"悟践疗法"。

下文摘抄2009年3月28日北大六院丛中医生为纪念钟友彬先生所写文章的部分内容（因原文较长），向广大心理学爱好者介绍钟老先生曾作出的巨大贡献。

前天（2009年3月26日），非常痛心地得知钟友彬老师因病去世的消息。此消息激发了我头脑中的很多往事和记忆，让我深切怀念钟友彬老师。

作为精神科的晚辈，结识钟友彬老师，是我的幸运。我于1989年作为许又新教授指导的硕士生考入北京医科大学。许又新老师跟钟友彬老师是好朋友。许老师对神经症及心理治疗理论特别有建树，但是在心理治疗操作方面，钟又彬老师更是见长。其实，在没有见到钟友彬老师之前，我曾读过他写的《心理防御机制》（见湖南医学院主编的《精神医学丛书》），至今我依然认为，关于"心理防御机制"，钟老师写的这个章节，是我见到的写得最好的一篇文章。

我是幸运的，不仅在心理治疗理论方面得到了许又新教授的指导，更在治疗操作方面得到了钟友彬老师的督导，应该说，是钟老师把我带进了心理治疗的临床操作当中。1990年我在青岛参加完第二次中德心理治疗培训后，接待了我的第一个案例。那是一个26岁的女病人，患有神经性呕吐。我当时每接待病人一次，就跑去钟老师家请教："钟老师，这是我会谈的情况，下次会谈，我该谈什么呢？"然后钟老师就会告诉我如何深入了解病人的内心冲突，了解她对性的压抑，探讨病人的症状与心理冲突之间的关系、分析病人的梦等。经过钟老师的指导，我用了6次会谈的时间，治愈了这个病人。后来我将这个案例的治疗过程撰写成了《认识领悟疗法治愈神经性呕吐一例报告》的论文，在中国心理卫生协会心理治疗与心理咨询第二届年会上进行了案例报告。我的第一个治疗案例取得了"治愈"的疗效，这极大地鼓舞了我后来从事心理治疗的热情。

后来，与钟老师的交往就越来越多了。每次我都会把我临床遇到的一些案例和我对这些案例的想法讲给他听，他总是能够耐心倾听，让我把大段的案例内容讲完，然后，他帮助我分析其中的各种可能性，他也很鼓励我继续努力，还夸我"头脑清楚"，我听了之后，满心喜悦，更激发了我继续从事心理治疗的热情。

钟老师1925年出生于墨子的故乡——山东滕州，1945年考入北京大学医学院，1952年毕业留校（现在的"北京大学精神卫生研究所/第六医院"）任教。作为山东人，钟老师比较高大，说话声音洪亮。谈起事情来，从来都是直来直去，不拐弯抹角。他曾经给我讲述：在他大学毕业刚参加工作的时候，学习苏联的巴甫洛夫高级神经活动学说，当时有很多的病人，包括一些革命老干部，被诊断为"神经衰弱"。那时候，认为神经衰弱就是神经活动的过度兴奋之后的衰竭，老干部们也会说自己"之所以得神经衰弱，都是因为革命工作太劳累，得不到休息"的缘故。于是，那些老干部们就被收治入院，采用的治疗方法是"集体快速综合治疗"（见《中华神经精神科杂志》，1958；《心理学报》，1959）。这种疗法让老干部们在修养的同时，还参加各种体育活动，学习毛主席著作等，以提高他们的思想觉悟。经过几个星期的治疗后，老干部们说："我的病已经痊愈了，康复了，我要求出院回家。"所以，当时很多精神科医生会认为这样的"集体快速综合治疗"能够有效地"治愈"神经衰弱，并总结出临床治疗的文章发表在专业杂志上。然而，钟老师跟我讲，当时的"神经衰弱"老干部病人出院后，又悄悄来找他看门诊，说仍然是心烦、难以入眠。钟老师就问他们："你们不是已经'痊愈'出院了吗？怎么又失眠了？"病人说："当时并没有真的痊愈，只是特别想回家，就说了假话，而且，经过政治学习，如果自己还不痊愈的话，就表明自己的政治觉悟不够高。"由于钟老师善于观察和思考，人也直爽，所以，很多病人信得过钟老师，愿意跟钟老师说"心里话"。钟老师此后与很多病人进行了深入细致的交谈，发现这些神经衰弱的病人根本就不是神经反射出了问题，也不是他们革命工作太累，也不是他们思想觉悟不高，而是他们工作中的人际关系太复杂，存在大量难以处理的现实问题，存在明显的心理冲突，所以他们就患上了"神经衰弱"。钟老师经过几年的时间，收集了三百多例"神经衰弱"病人的会谈资料，并撰写论文（发表在《中华神经精神科杂志》上）报告他的研究成果：神经衰弱主要是心理原因所致。

在"文化大革命"期间，心理学被当作是"唯心主义"，许又新老师被打成了"反革命"，在病房里打扫卫生，一直到1979年平反，才重新开始做精神科医生。钟友彬老师比较幸运，没有受到明显的政治迫害，被以"支援重工业"的名义，派去了首钢医院工作。钟老师刚到首钢医院时，一切都是空白，于是他给上千名的精神病患者建立了病历档案，去他们家进行定期随访，在首钢医院建立了治疗跟预防相结合的精神医学模式。

首钢医院的精神科，只有门诊，没有住院部。钟老师很善于与病人交流和沟通，也很愿意帮助病人解除他们的精神痛苦。钟老师没有受过严格的精神分析培训，也没有人能够教他如何做治疗，更没有人给他做案例督导或个人分析。在这种情况下，钟老师凭着他的热情和执着，阅读弗洛伊德的著作，然后再去探索病人的内心。经过他多年的努力探索，逐渐形成了他的《中国式的精神分析疗法》，1988年他在辽宁人民出版社出版了《中国心理分析——认识领悟心理疗法》，这是他多年临床心理治疗经验的总结，也是中国精神分析治疗的开端。钟老师应该是当之无愧的"中国精神分析第一人"。

钟老师一生大致发表过六十多篇论文，出版了近十本专著。他的论文几乎都是在2000年之前发表的。在他生病在家的那些年，他一直都没有忘记读书，每个星期都会去北京大学精神卫生研究所的图书馆看书，做笔记，坚持学习。钟老师也是第一个撰文向中国介绍日本森田疗法的人，文章发表在《国外医学·精神病学分册》1985年期刊上（如果我没有记错日期的话）。

在我念研究生的时候，我的住处与钟老师的家只隔着几排楼房，所以，我会经常去钟老师家讨教一些问题。那时候，钟老师的经济不宽裕，我也是一个穷学生，所以，去钟老师家我会在小卖部买几斤鸡蛋带上，去看望他老人家。钟老师的身体一直不太好，所以，我就给钟老师留了我的电话，如果万一有情况，就可以给我打电话。

我博士毕业后，回山东工作了七年多。只要有来北京的机会，我都会去看望钟老师，当然还是提上几斤鸡蛋就去他家，不需要带更多的礼物。钟老师也比较喜欢我这么的见面方式，一进门，看我提着塑料袋，就会主动说："你又带鸡蛋来了吧？哈哈哈哈……"每次见到钟老师，钟老师都会热情地跟我们谈论着他的很多想法，师母就会坐在旁边听着我们开心的交谈。出门时，当跟钟老师说再见的时候，我会看到师母的眼里转动着泪花。

一般地，每年四月份，是钟老师的生日，钱铭怡、康成俊、司马南、张坚学和我，我们都会去看望钟老师，为他祝贺生日。后来，他几乎没有能力下楼了，我们就在他家为他过生日。即使这样，他仍然非常健谈，非常高兴地、大声地跟我们一起谈论着各种事情。我们去看望他老人家，这大概也是钟老师生活中最高兴的事情了。

尽管我现在的住处距离钟老师家不到一公里。可是，由于平时太忙，最近三年，我就一直都没有见到钟老师，2007年他的生日，我正好在夏威夷访问，2008年的生日，因为我出差去外地讲学，也没有能够见到他，2009年3月2号，我来巴黎与法国的精神分析界进行学术交流。本来我还想着：等我回北京之后，还能赶得上钟老师的生日。可是，没有想到，他老人家却在他84岁生日之前去世了。

记得最后一面见到钟老师是在三年前他的生日那天了，我们几个又去了他家，聆听着钟老师的教诲，还跟他拍了一些照片。没想到，这些照片竟然成了他的遗照，那次见面竟成了跟钟老师的最后一面，生离成了死别。

钟老师，已经离开了我们。他不仅留给我们了很多论文和专著，留下了"认识领悟疗法"，更留给了我们中国老一辈知识分子谦虚严谨、实事求是、不屈不挠、艰苦奋斗、勇于探索、追求真理等的治学和做人等方面的丰富而宝贵的精神财富。钟老师，安息吧。我们会一直记得您的遗言："认真学习前人的东西，然后用自己的临床实践去推翻它。"

钟友彬1991年根据对国内公开发表研究论文的统计分析，把我国心理咨询与治理治疗的发展分为空白阶段（1949年以前和1949~1978年）、准备阶段（1979~1985年）和初步发展阶段（1986~1990年）。因此可以说，20世纪70年代末以后，我国心理咨询工作开始起步和发展。

（一）心理咨询工作起步阶段（1978~1986年）

1979年我国实行改革开放政策，为心理咨询事业的重新起步创造了良好的条件。在这一时期，有关心理咨询与治疗的文章开始在专业杂志上发表，虽然发表数量不多，但毕竟是一个好的开端。

1. 翻译心理治疗著作

有部分学者开始着手选题、翻译出版许多西方心理治疗大师的著作，如弗洛伊德、荣格、弗罗姆、霍尼等人的著作。

2. 成立学术委员会

中国心理学会于20世纪70年代末重新恢复活动后，在1979年成立了"医学心理专业委员会"。成立之后组织的医学心理学学术年会，每一届都有心理咨询与心理治疗的报告和经验交流、研究探讨，这对全国心理咨询与心理治疗的推广起了积极的作用。

3. 举办心理咨询与治疗培训班

在这一时期，全国一些城市和地区开始举办不同规模的心理咨询与心理治疗培训班。美国和其他一些西方国家的行为治疗家及心理分析治疗家也曾前来访学并讲学。这些培训班及讲学内容多为某些治疗的基础理论及基本技巧且时间较短。但这种启蒙教育使参加培训者开阔了眼界，为其进一步的学习与实践打下了基础。

4. 发表心理咨询与治疗文集

1982 年,河南省心理学会在组织心理治疗培训班的基础上,收集整理并发表了《心理治疗参考资料》文集两本。其中收录了我国在心理咨询与心理治疗方面的先行者们的治疗案例、报告、经验交流、文献综述与理论方法的探讨文章若干篇。万文鹏、刘协和、陈仲庚、董经武、梁宝勇、鲁龙光等人的文章都被收录进了这两本文集中。

5. 医院开设心理门诊,学校开设心理咨询室

从 20 世纪 80 年代初开始,一些精神病院和综合医院精神科及上海、北京的一些高校相继开展了这项工作。在医院开设心理门诊比较早的有北京的钟友彬、南京的鲁龙光、广州的赵耕源等。在高校中,开展这项工作比较早的有北京的张伯源等。在这一时期的实践活动中,多数参加门诊咨询的人员采用的是支持性疗法和行为矫正的方法。钟友彬和鲁龙光探索了与中国国情相结合的心理分析和疏导方法。虽然从整体上看,心理咨询与心理治疗工作的开展仅限于几个大城市之中,且咨询与治疗工作的水平也有限,但仍在心理学界、精神病学界形成了较大影响,为此项工作在下一阶段的初步发展打下了良好的基础。

(二)初步发展阶段(1987～2000 年)

1. 成立学术组织

1987 年以后,我国心理咨询事业有了长足的进步,相继成立了若干全国性的学术组织。1990 年 11 月,中国心理卫生协会在北京成立了自己的下属分支——心理治疗与心理咨询专业委员会。1991 年年初,中国心理卫生协会的又一分支——大学生心理咨询专业委员会成立。这些组织成立后,积极举办国际性、全国性学术交流与合作研究,组织撰写高水平的学术著作,培训从业人员,开展形式多样的科普工作,有力地推动了我国心理咨询事业的发展。

2. 创办心理咨询与心理治疗专业期刊

中国心理卫生协会于 1987 年创办了《中国心理卫生杂志》。5 年之后,又于 1993 年创办了《中国临床心理学杂志》和《健康心理学杂志》。这三个专业杂志的相继问世,促进了心理卫生领域的信息交流、学术研究、科学普及工作,推动了我国心理咨询与治疗的发展。钱铭怡曾对这三种专业杂志中的文章进行过统计,1994 年和 1998 年先后两次出现发表数量的高峰。这些专业杂志所发表的文章的主题与内容的变化也反映了这一领域新的进展,出现了对心理咨询和治疗中影响疗效的因素等进行研究的论文。这些进展也反映了我国心理咨询与治疗工作的提高及研究工作的深化。

3. 著书立说

除了翻译出版国外心理咨询与治疗方面的著作以外,我国专业也开始自己撰写书籍。比较突出的有钟友彬的《中国心理分析——认识领悟心理疗法》(1988)和鲁龙光的《疏导心理疗法》(1989),这两本书为建立适合我国情况的心理咨询与治疗的模式起了开创作用。

4. 专业培训和研讨会增多

这一时期，专业培训和研讨会不仅数量增多，而且培训质量也大幅度提升。例如，中德心理治疗讲习班在昆明（1988）和青岛（1990）以德国心理治疗培训的标准进行了两届培训，这两届培训由德国女士席佳林和玛佳丽热心促成，均得到了德国汉堡科学与文化基金会的资助，以此为基础在1997年形成了著名的"中德高级心理治疗师连续培训项目"，简称"中德班"。1992年9月，中国心理卫生协会组织的全国首届森田疗法研讨会在天津召开，成为第一个单独举办的有关某一种治疗方法的学术会议。此外，中国心理卫生协会心理治疗与心理咨询专业委员会从1991年起在北京组织了心理治疗个案讨论会，定期召开，每次就一个个案进行较为深入的讨论，提高了自身的专业水平。

（三）心理咨询工作专业化发展阶段（2001年至今）

2001年4月，劳动部职业技能鉴定中心、中国心理卫生协会推出《心理咨询师国家职业标准》，同时《心理咨询师国家职业资格培训教程》完成编写、审定及出版工作。2002年7月，国家职业资格心理咨询师全国统一培训鉴定工作正式启动。教育部也从2001年9月1日始每年举办两期"全国普通高校大学生心理健康教育工作骨干培训"，总学时为100学时，学习的课程包括基础心理学、变态心理学、咨询心理学、心理卫生学、临床心理评估。

2002年卫生部和人事部对在卫生部门从事心理治疗的人员作出心理咨询师资格考试方面的规定，同年劳动和社会保障部颁发了心理咨询师国家资格的试行规定。

2007年2月中国心理学会建立了临床与咨询心理学专业机构和专业人员注册系统。

2012年10月26日，第十一届全国人民代表大会常务委员会第二十九次会议通过了《中华人民共和国精神卫生法》，指出各级人民政府和县级以上人民政府有关部门应当采取措施，加强心理健康，促进精神疾病防治工作，提高公众心理健康水平。

1. 从业者数量

统计数据表明，从2003年至2009年底，有16.4万人通过了人力资源和社会保障部的心理咨询师考试，获得咨询师证书。曾有人估计2009年全国约有7.3万专业从业人员。获得咨询师证书的人中有5.3万人从事该方面的相关工作，但大多数都是兼职从事心理咨询与治疗。2007年对不同机构心理咨询与治疗专业人员的状况调查显示，平均每个大学有 7.26±4.871 名专业人员，综合医院有 4.82±6.803，精神病专科医院有 7.22±5.451 名。到2015年左右，通过国家人力资源和社会保障部二级心理咨询师考试的人数已达90余万。但在医疗机构内，由于设置了比较严格的准入条件，精神科医生、心理治疗师人数的增长比较缓慢。到2018年9月，国家卫健委疾控局领导会议发言时宣布，精神科医师数目已经增至3.34万人；与此同时，已经有约1万人在医疗机构获得初级、中级心理治疗师职称。2020年，精神科医生人数已达4万人。

关于心理咨询师资格考试，心理学、医学界的专业人员普遍认为此项考试制度在我国心理健康服务的起步阶段发挥了一定的积极作用，但由于门槛太低，不符合心理咨询行业的专业要求，于2017年9月取消考试。在2008年至2018年9月底，全国参加心理咨询师培训和职业鉴定的学员超过400万，约有150万名学员成为取证心理咨询师（含三级和二级）。现在，大家都期盼有更规范的制度促进我国心理咨询事业的发展。

2. 从业者质量

资料显示我国心理咨询与治疗从业人员主要来源于：① 医院的医务人员，多是精神科、神经科及全科医生背景；② 学校的教育工作者，多是心理学或教育学背景；③ 社会机构中从事相关服务的人员，多是对心理学感兴趣的其他专业背景。

在职业伦理方面，2006年对我国心理咨询与治疗从业者的伦理意识现状的调查研究显示，我国从业者职业伦理意识总体较强，但在知情同意方面需要加强培训。在这方面，北京大学心理咨询中心副主任徐凯文开展了很多线上线下的专业培训，为增强从业人员的职业伦理意识做出了突出贡献。

三、目前仍然存在的问题

（一）缺少系统而规范的专业化培训

在美国和欧洲等国家和地区，对开展心理咨询工作的人员有严格的专业要求。如美国要求专业人员是临床心理学博士（心理治疗师）、哲学博士或教育学博士（心理咨询师）。在日本，心理咨询人员需要通过严格的考试并获得"临床心理师"资格认定后，才能从事心理咨询和治疗工作。

我国目前的培训缺少基础理论知识和技术的培训。因此，学员可能在缺少基础知识的情况下学习高级的咨询和治疗理论、技术。培训者和受训者方面，目前国内的培训者无论从专业背景或是自己实践方面，均与国外相比有很多欠缺和差距。受训者的资格方面，大部分培训没有对受训者的资格进行审查，很多学员并没有系统学习过心理学基础知识。据调查，我国目前从业的大部分专业人员只参加过短期培训班，仅有少数人受过系统的专业培训。对心理咨询与治疗的从业者继续教育途径的调查显示，45.7%的被调查者选择会议，55.9%选择进修，86.1%选择培训班，46.7%选择案例督导，75.0%选择自学，28.8%选择网络培训。近两年，由于疫情的原因，开展网络培训的机构和接受网络培训的从业者大为增加。

因此，将来首先需要加强对从业人员的学历教育，使其逐步成为心理咨询与治疗行业最主要的人才培养途径；其次要严格审查培训机构的资质和受训人员的资格，保证培训效果，注重培训基础理论和方法以及伦理道德，强调个人成长和督导的重要性；最后要明确心理学的学科地位，如将临床与咨询心理学作为心理学的二级学科，然后按照专业需求，系统进行临床心理学的学习，培养出真正具有胜任力的人才。

（二）完善心理咨询工作的督导机制

督导通常指在接收心理咨询案例的过程中，由更有咨询经验并具备相当专业能力的成熟咨询师对（新手）咨询师案例的临床操作进行指导、监督和评估的过程。督导包括个人体验和专业督导两方面，个人体验师帮助心理咨询师处理其个人问题，专业督导师帮助心理咨询师提高专业能力。心理咨询师的培养经验表明，督导是保证咨询师的专业能力有效成长的最重要环节之一。国外近30年来形成了完整的督导培训体系，发达国家如英国实行咨询督导终身制，即每个咨询师的个体督导一般保持在每月1到1.5小时。我国缺乏临床经验丰富的合格督导师，没有统一的督导制度等。调查研究显示，87.3%的从业者希望有督导，而现实中只有28%的从业者接受过督导。另一项对全国29个省市1 392名心理健康从业者的调查研究显示，42%的从业人员从来没有接受过专业人员的督导，71.5%的从业人员目前没有心理督导师。有资料表明，在没有充分的教育、培训和督导的情况下开展心理咨询与治疗工作，常常会给来访者带来很多伤害。所以，咨询师持续地学习和培训、有个人体验和专业督导保驾护航，才能踏踏实实地进行专业成长。

（三）促进社会各界对心理咨询的理解

目前，社会上有很多人对心理咨询存在着很多误解。相当一部分人以为寻求心理咨询就意味着患有严重的精神疾病，不了解心理咨询对所有人的心理健康和人格发展会起到促进作用。有些人对心理咨询又存在着魔幻式的预期，以为心理咨询应"药到病除"，一次咨询就能够解决多年来形成的心理问题。我们的专业服务人员不够多，专业水平不够高，宣传不到位，也是造成这种局面的原因。

2020年简单心理发起的"2020大众心理健康洞察报告"对11 031份调查数据进行分析表明：① 大众对"心理健康"的关注度明显提高；② 对心理健康的污名化（有病的人才需要心理咨询；心理出问题，是因为个人软弱；你可以自己好的，只要坚强振作就可以！）显著改善；③ 大众在谈论心理健康的时候，最关心的依然是抑郁、焦虑和压力，2016年调查中排第四位的"恋爱婚姻问题"在2020中被替换为"父母沟通等家庭困扰"；④ 在职场中，50.89%的人都在经历"无意义感"；⑤ 初中生的主要压力来源并非学业，而是父母；⑥ 近70%的新手妈妈有过"产后抑郁的感觉"；⑦ "90后"已成为使用心理咨询服务的主力人群……

第二章

咨询关系

在心理咨询与治疗的过程中，咨询师和来访者之间的关系非常重要。罗杰斯曾经指出：许多用心良苦的咨询之所以未能成功，是因为在这些咨询过程中，从未能建立起一种令人满意的咨询关系。现在几乎所有流派都非常重视咨询关系，绝大多数咨询师都一致认为，咨询关系是心理咨询与治疗中最重要的方面。

第一节　咨询关系概述

一、概　念

咨询关系也常被称为"治疗关系"。它是存在于需要心理帮助的人与能给予这种帮助的人之间的一种独特的人际关系，通过这种关系达到改善心理困扰的效果。

20 世纪 50 年代以前，已经有一些治疗家自觉不自觉地在其治疗中认真对待关系因素。例如兰克（Otto Rank）的治疗和阿德勒的治疗，甚至一些以学习理论为基本取向的治疗家也认为温暖、理解的咨询关系是学习过程顺利进行的基础和支持条件。这些思想对后来罗杰斯关于咨询关系的认识有直接或间接的影响。

正式提出咨询关系对心理治疗的决定性作用的人是罗杰斯。1957 年，罗杰斯发表了一篇在心理治疗历史上非常重要的文章，题为"治疗性人格改变的充分必要条件"（Rogers，1957）。在这篇文章中，罗杰斯提出，要使人格发生建设性的改变，须具备六项条件。这六项条件中的核心部分，由其学生杜亚士和卡库夫等人整理归纳后总结为真诚一致、同感理解和积极关注三项。他们称之为"助人关系中核心的治疗成分"（Truax，Carkhuff，1967）。

20 世纪 60 年代以后，一些致力于寻找各种心理治疗中的"共同要素"的研究者的努力逐渐被人们注意。这些方面研究的一个共同发现是，治疗者和来访者关系的质量是预测治疗效果的一个重要变量（Frank，1961；Frank，et al.，1978）。自此以后，循着这一途径，研究心理治疗效果的工作经久不衰，而咨询关系的作用也一再被证实。

二、咨询关系的特征

霍维茨（Horwitz）指出，在心理咨询中，来访者通过人际关系中那些支持性的因素而产生变化，他把这种关系叫作治疗的联盟。其他一些作者也认为咨询或治疗中的人际关系是一种工作联盟。这种工作联盟的建立是为了帮助来访者以更为合适的方式思考、行事。当来访者与咨询师在一起工作时，有一种积极的体验，得到了他所需要的令人满意的东西，于是，出现了联盟的内化，这种内化能够促使来访者尝试改变他自己。

（一）独特性

咨询关系是一种人际关系，但又与一般的人际关系不同，这种关系有可能在短时间内就达到人际关系中最为密切的程度。帕特森（Patterson）指出，咨询关系不是建立在社会交往的立场上的，它完全是一种在特定的时间期限内，隐蔽的、具有保密性的特殊关系。因为这种关系是在没有任何威胁的情况下小心地建立起来的，治疗的气氛使来访者有安全感，保证其自我暴露和自我探索的进行。

1. 明确的目的性

咨询双方都认识到来访者因存在心理困扰而来，咨询师是能够并且愿意提供帮助、以解除来访者心理困扰的人，结成这种关系是为了帮助来访者解除困扰。除此而外，不存在别的目的。由于有这样一个双方事前心照不宣的约定，咨询师一开始就处于一种易于被来访者接受的有利地位。这对进一步发展情感联系、保证关系的纯洁性是一个有利条件。

2. 非强制性

咨询关系的建立、维持和发展以咨询师和来访者双方共同愿意为条件。既不可能迫使咨询师助人，也不可能迫使来访者求助。双方中的任何一方都有完全的自由在任何时候中断或解除这种关系。这一特点会诱发来访者两个重要的反应：（1）强化"我是有心理困扰的人"这一认识，进而强化求助动机，主动求助；（2）强化来访者的自主感，使他感受他是一个"能支配自己的人"。

3. 职业性

尽管所有研究者都强调咨询关系中个人卷入和承诺的重要，但咨询关系还是一种职业关系。咨询师通过专业能力和人格特征影响来访者，来访者本身具有的特征也可以调节咨询师的影响效果。这种相互影响只在特定的时间和地点发生，一旦咨询终止，这种关系就不存在了。不用担心对方日后会利用这种关系对自己进行控制，造成威胁。

4. 人为性

由于咨询关系是双方为了特定目的有意识地建立的，又由于咨询师是通晓人际关系方面的知识，能娴熟地运用关系技巧的专家，在发展关系过程中会自觉地不断对关系进行评估、监督和调整，使这种关系在性质、作用上符合一定要求，所以这种关系有浓厚的人为色彩。这使它与日常生活中自发形成的其他人际关系，如同学、同事、朋友、夫妻关系等形成鲜明对照。这种人为性，使得关系始终保持明确的目的、方向，因而关系成了影响改变的有效载体，能够承载其他改变要素（如策略、技术）的运作。而且，它省去了日常社交中的许多虚应成分，始终集中于要解决的问题，因此有较高的效率。

5. 限制性

咨询关系有专业限制。罗杰斯认为每一种咨询情境都有其限制。这些限制对于心理咨询与治疗的成功往往是非常必要的。常见的限制包括职责的限制和时间的限制。

（1）职责的限制。咨询师应认清哪些是咨询师的责任，哪些是来访者的责任。比如来访者面临夫妻关系的破裂，认为咨询师应该为他和妻子的关系无法修复负全部责任。而咨询师的责任实际上是帮助他理清自己的行为与妻子行为的交互作用，调整自己的言行和人际模式以更好地生活。至于是否要修复夫妻关系，以什么样的方式修复夫妻关系都是来访者的责任。在心理咨询与治疗的过程中，任何改变的产生都需要咨询师和来访者双方的努力。咨询师不可能代替来访者生活，帮他应付一切可能遇到的生活事件。咨询师职责的限制，实际上正是帮助来访者成长的治疗目标所要求的。

（2）时间的限制。通常一次咨询的会谈时间为50分钟左右。咨询师应当使来访者明白，治疗是有时限的，这样来访者就会调整自己，以便有效地利用会谈时间。

（二）主客观统一

通过有意识地操作、精心发展起来的咨询关系，具有以下一些内在特点：信任、理解、真诚、关怀和爱护、喜爱、尊重、宽容和接受、诚实、承诺感和可靠性，等等。这些成分彼此混合在一起，很难分开，共同构成一种微妙的、难以形容的关系氛围。

1. 信任和理解

信任和理解可能是良好的咨询关系的最重要、最突出的特点。仔细考究的话，信任可能更多涉及来访者对咨询师的态度，而理解则更多涉及咨询师对来访者的态度。信任和理解可以相互促进。咨询师的理解促进来访者的信任；来访者的信任又加强了咨询师的指导、解释的分量，降低了来访者的防御。

2. 情感联系

良好的咨询关系中存在较深厚的情感成分。两种经常被提及的情感是喜爱和温暖。虽然这种情感可以是双向的，但多数时候喜爱是指来访者对咨询师的喜爱，而温暖则主要是咨询师对来访者的一种感受。情感联系的另一个含义是指咨询关系中的情感交流。在咨询中，咨询师总是设法创造一种能够自由表达情感的气氛，促使来访者充分地表达情感，同时也用一颗"感受情感的心"去体验对方的感受。

3. 承诺感

咨询双方都愿意对咨询关系做出承诺。这意味着双方对于治疗目标取得一致的认可，愿意为之付出心血和努力；双方对于要完成的任务也有一致的认识，并愿意互相协作，共同努力。

（三）保密性

在咨询过程中，经常会涉及来访者的各种隐私，所以对来访者的信息保密既是职业道德的要求，也是咨询工作的需要。因为咨询关系是在没有任何威胁的情况下逐步建立起来的，所以咨询的保密性和气氛使来访者有安全感，能够促使来访者减少心理防御和阻抗，更多地自我暴露和自我探索。

三、咨询关系的意义和作用

咨询关系对于咨询的改变有两方面的意义：其一，咨询关系本身就有治疗作用，良好的咨询关系能诱发来访者多方面的积极反应，其中一些反应本身就构成了改善；其二，咨询关系是其他改变因素的"传送带"和支持物。

（一）咨询关系有治疗作用

1. 积极的情绪体验

咨询师的宽容、接纳、理解和非评价的态度有助于来访者自由地表达和探索情绪。我们知道，无论什么情绪，表达出来都有一种疏泄作用，能使人感到如释重负。而在来访者的实际生活中，他的情绪往往是受抑制的，周围的人要么不理会，要么不接受，要么不理解。这种情况会加重他的挫折感和敌意。在咨询中常见到这样的情况，来访者在尽情地倾诉之后，尽管咨询师什么指导、解释都没做，他都感到好受多了，并产生一种对咨询师的感激、信赖的心情。

2. 提高自尊心

在良好的关系气氛下，来访者对自己的看法变得更积极了。咨询师接受来访者的"毛病"的态度使他感到自己并非一无是处。在提高自尊心的基础上又会进一步增加"我能变好"的信心。这两者又可能促进更多的积极情绪感受。

3. 提高自我效能感

咨询师对待来访者的信任、鼓励以及相信来访者一定能改变的信念，会感染来访者，提高他的自我效能感。经验表明，生活中重要的人的评价性态度会深深地影响一个人的自我效能感（Liberman，1978）。作为来访者生活中的重要人物，咨询师所表现出的对来访者的信心，在来访者失败后的安慰并协助来访者对失败进行外部归因，都是恢复或提高来访者自我效能感的重要原因。

（二）咨询关系是其他改变因素的载体

在咨询过程中，协助来访者对自己以及自己的困难产生更好的了解，确定咨询目标并寻找实现目标的方案，给予解释和指导，都以一定的咨询关系为背景。这些治疗程序能否起作用，在很大程度上取决于双方的情感关系。我们的日常经验和大量的实验研究一致表明，当两个人之间存在信任、好感时，对对方的看法、观点更容易接受，对对方的要求更容易依从，防御性、批判性会降低。因此，良好的咨询关系促进了改变因子的传递，使咨询师做的解释、指导更易于被来访者理解和消化。心理动力学派极看重移情的作用，其中重要的道理就在这里。另外，在良好的关系中，来访者会试图"取悦"咨询师，无意识地希望保持、增加咨询师对他的好感。来访者的方法就是相信和接受咨询师的影响，认同咨询师。所以在这个意义上，可以说咨询关系是一条高效率的传送带，它给其他改变因素提供了强有力的动力支持。

四、咨询关系的作用机制

根据江光荣的归纳，有关咨询关系的作用机制的理论假设主要有三个来源：第一是以人为中心理论；第二是社会影响理论；第三是依恋理论。

（一）以人为中心理论

按照以人为中心理论，咨询关系的作用主要在于它促进了来访者的自我探索，进而促进了来访者的一致性，即来访者的感受和体验、这些感受和体验在意识中的表征以及来访者对它们的表达这三者之间的一致程度。在罗杰斯的概念体系里，心理治疗的基本目标可以说是促进来访者由不一致向一致的转化。罗杰斯假设，当咨询师具备同感理解、真诚一致以及对来访者的积极关注这样一些基本特质时，可以有效地降低来访者的防御，从而使得来访者的感受和体验可以无障碍地进入意识且可以把意识中的东西真实地表达出来（Rogers，1959）。在罗杰斯看来，要促进来访者的一致性，上述途径是唯一的，所以他把咨询关系作为有效心理治疗的充分必要条件。

（二）社会影响理论

社会影响理论本是社会心理学中关于人际影响的条件和过程的理论。大致来说，以社会影响观点看待心理治疗作用机制的学者把心理治疗看成一个说服和态度改变的过程（Heppner，Frazier，1992）。以此观点来看待心理治疗始于弗兰克（Frank，1961）。咨询关系被看作治疗过程中导致态度改变的因素之一。持此观点的研究者提出了不同的理论来解释咨询关系在来访者态度改变过程中的作用。其中有两个理论模型比较受人注意。

1. 斯特朗提出的两阶段治疗模型（Strong，1968）

在治疗的第一阶段，咨询师要设法使自己在来访者心中成为一个有影响力的动因，即显得富有专业技能、有个人魅力、值得信任、关心来访者等。第一阶段强调的就是咨询关系。

在第一阶段工作的基础上，治疗进入第二阶段，这一阶段主要是咨询师利用自己这样一个有力的影响源，促成来访者态度、信念和行为的改变。按照这个模型，咨询关系的作用机制在于，它通过增强咨询师的可信性，降低来访者对于咨询师的防御程度来达到态度改变。咨询关系本身并不直接影响来访者的态度，而是促进由咨询师向来访者传递影响性信息以及促进来访者对信息的接受和吸收。

2. 精密可能性模型

"精密可能性模型"（Elaboration Likelihood Model，ELM）由贝蒂和凯西普（Petty，Cacioppo，1986）提出。这个理论认为，由说服导致态度改变可以有两条路线：即核心路线和边缘路线。他们把影响态度改变的各种因素分为两类：核心因素和边缘因素。说服者的专业性和吸引力等属于边缘因素，而说服性信息本身的一些特征如重要性、合理性或说服力等是核心因素。

在说服过程中，这两类因素可能都起作用，但作用的相对大小会视情况的不同而不同。到底主要由哪条路线引起态度改变，要视说服信息、来访者的动机和来访者对信息的加工能力三者的相互作用情况而定。如果来访者缺乏动机或加工能力，态度改变可能主要受边缘因素的影响。如果来访者面对一个有重要个人意义的事件并且他又有加工说服性信息的能力（动机和能力），他可能就会认真思考说服性信息本身，而咨询师的说服性信息又证据充分、具有说服力的话，来访者就极可能按说服性信息引导的方向发生改变。此种态度改变就是核心路线的改变。研究表明，核心路线所达成的改变较边缘路线达成的改变持续的时间长且较为稳定。显然，按这个理论模型，咨询关系属于边缘因素。

（三）心理动力学理论

当代心理动力学理论有关治疗关系的作用机制的观点主要来源于客体关系理论。其中依恋理论提供了基本理论框架。从这个框架理解咨询关系又存在两个不同的视角，二者分别从依恋理论中找到一个核心概念，并以此来解释咨询关系及其作用。

第一个视角是把来访者的依恋模式跟来访者-咨询师之间的移情关系联系起来（Mallinckrodt，Gantt，Coble，1995）。依恋理论认为，婴儿跟母亲（或照料者）之间早期的互动经验会逐渐演变为一种内部工作模型（Bowlby，1988），这种无意识的工作模型包含着孩子对自己和他人以及对自己与他人关系的知觉方式和反应倾向。麦林罗等认为："移情是来访者对治疗者和咨询关系的错误知觉，它导致来访者用其久已形成的对自己和他人的工作模型来处理新的抚育（治疗）性依恋中的模糊情况，并预测新的依恋（治疗）对象的动机和行为"（Mallinckrodt，Gantt，Coble，1995）。简单地说，移情关系可以看作是来访者早期依恋关系的投射。

第二个视角是从依恋理论来看待咨询关系，把咨询关系看成是来访者依恋需要的满足（D'EIia，2001）。依恋理论认为，依恋是一种有着生物学根源的需要，其本质是与一个更强大、更有能力的对象（对于婴儿，这个对象往往是母亲）建立联系，以获得照顾和保护。依恋总是伴随着强烈的情绪感受。当依恋对象在场时婴儿会有舒适、放松和安全的感受，在这种情境下儿童会作出更冒险、更勇敢的探索。鲍尔比（Bowlby，

1988）曾把儿童跟依恋对象之间的纽带关系比喻为远征队和基地的关系。纽带越牢靠，远征队就越能远离基地。这一角度把治疗者看成一个随时能够给来访者提供（心理上的）安全保障的依恋对象，把咨询关系看成是一种特殊的依恋关系。

依恋理论在一定程度上代表了当代心理动力学治疗体系对于咨询关系的作用机制的看法。这一理论认为咨询关系的作用在于：（1）移情性的治疗者—来访者关系使得来访者早期的依恋情况及其内部工作模型得以在治疗中显现，从而为分析治疗提供依据并指明方向；（2）咨询关系中的依恋成分为来访者提供安全感的体验，增进对治疗者的信赖，并由此引起或促进不同方面的改变。

五、咨询关系的发展

在咨询和治疗过程中，没有一个专门用来发展咨询关系的阶段。从整个咨询过程看，关系的建立、发展相对集中在收集资料和明确问题、确定目标等阶段。在后面的评估、治疗、结束等阶段，则重点在于关系的维护、巩固和深化以及终结等工作。

第二节　咨询关系的影响因素

心理咨询与治疗建立在咨询师和来访者之间良好的人际关系的基础上，这种关系甚至具有决定心理咨询与治疗成败的作用。建立良好的咨询关系有赖于咨询师和来访者两方面的因素：一方面是来访者的主动求助和努力，另一方面是咨询师的专业能力和人格素质。其中，在咨询关系中起主导作用的应为咨询师。调查研究发现，对来访者而言，真正起作用的是咨询师的态度及其建立可接受的、促进性的咨询关系的能力。罗杰斯在1957年发表的《心理咨询中人格改变的充分必要条件》一文中强调，共情、真诚等因素是使来访者产生变化所必需的因素。具体而言，影响咨询关系的主要因素包括以下几个方面。

一、共情（empathy）

共情又译为神入、同理心、感同身受等，指咨询师设身处地体会来访者的感受、需求、痛苦等心理活动的心理历程和能力。按罗杰斯的看法是能体验他人的精神世界，就好像那是自身的精神世界一样的一种能力。这与我们平常所说的"同情"不同。"同情"只涉及对对方的物质上的帮助或感情上的抚慰。而"共情"涉及进入对方个人的精神领域，并能理解这个精神世界，而不管其间是否对对方有物质上的帮助或感情上的抚慰。共情是从来访者的角度，而不是从咨询师自己的参考框架去理解来访者。钱铭怡认为共情是咨询师时时刻刻都应该非常敏感，对于前来求助的每一个特殊的个体都能保持这种敏感，变换自己的体验。这种共情是特殊的、个别的，而不是泛泛的、一般的；是能够理解与分担对方精神世界中的各种负荷的能力，而不是进行判断和支持对方的能力。

共情在咨询中的重要意义在于：① 由于共情，咨询师能设身处地地理解来访者，从而能更准确地掌握有关信息；② 由于共情，来访者会感到自己被悦纳、被理解，从而会感到愉快、满足，这对咨询关系会有积极的影响；③ 共情促进了来访者的自我表达、自我探索，从而达到更多的自我了解，咨询师和来访者有更深入的交流；④ 对于那些迫切需要获得理解、关怀和情感倾诉的来访者，共情更有明显的咨询效果。

（一）共情的类型

20 世纪 60 年代，有人对罗杰斯所提倡的共情进行了因素分析。结果表明，那些有较高水平共情态度的咨询师，更多运用参与性的技巧（attending skills），比如倾听、鼓励和重复、内容反应和情感反应等。另外，会谈中的非言语的成分，如目光的接触、身体姿势等也与共情有关。

伊根（Egan）把共情分为两种类型。一种是"初级共情"（primary empathy），其含义接近于罗杰斯提出的共情定义，主要运用倾听等参与性技术，注重对来访者内心体验的理解并能进行反馈；第二种是"高级的准确的共情"（advanced accurate empathy），这对咨询师有更高的要求，不仅要使用倾听等参与性技术，还要结合使用一些影响性技术如自我暴露、解释等。相比之下，高级的准确的共情对咨询师具有较高的要求并对来访者产生较强的影响力。

（二）共情的水平

共情水平的高低，常常要注意三个方面：第一是内容反应能力，即咨询师对来访者所陈述的事实、观点、情况等内容是否有准确的了解；第二是情感反应能力，即咨询师对来访者的感受和情感体验是否有准确把握；第三是把握来访者情感、感受的程度。

国外学者卡克夫（R.Carkhuff）和皮尔斯（Pierce）建构了一个区分调查表，用来确定咨询师共情反应的五个等级。

水平一：毫无共情反应，即完全忽视来访者的感受和行为；

水平二：片面而不准确的共情反应，即理解来访者的经验及行为，而忽略了来访者的情感、感受；

水平三：基本的共情反应，即理解来访者的经验、行为和情感、感受，但未把握其情感、感受的程度；

水平四：较高的共情反应，即作出了准确的内容反应和情感反应，并指出对方的不足；

水平五：最准确的共情反应，既准确把握来访者言语传达的表层含义，又能把握其隐藏的深层含义及具体程度。

来访者：我已尝试同我父亲和谐相处，但的确行不通，他对我太严厉了。

咨询师（水平 1）：① 我相信将来总会行得通的。（安慰和否认）

② 你应该努力去理解他的观点。（建议）

咨询师（水平 2）：① 你与你父亲的关系正处于艰难时期。（忽视情绪和感受）

咨询师（水平 3）：你尝试与父亲相处，但又不成功，因而感到沮丧。（理解和情感反应，但没有指导）

咨询师（水平 4）：你似乎无法接近父亲，所以感到沮丧。你想让他对你宽容些。（既有理解，也有指导。不仅辨明了来访者的情感，也指出了信息中所隐含的来访者的不足之处。"你无法接近"隐含着来访者应负没有接近父亲的责任。）

咨询师（水平 5）：你似乎不能接近父亲，所以感到沮丧。你需要他对你宽容些，你可以采取这样一个步骤，即向父亲表达出你的这种情感。（包含了水平 4 的内容，还包含了来访者能够采取的措施，以克服自己的不足，并达到所希望的目的。）

我们也可以通过下面一些例子，更清晰地区分共情的不同水平。

来访者 A：我一直想通过英语四级考试，但我已经对此失去信心了。

咨询师（水平 1）：哦，我相信如果你真想做，就能做到。（没有理解，没有指导）

来访者 B：我已度过如此浑浑噩噩的一个学期，我不知道自己做了些什么，也不知道该怎么办？

咨询师（水平 3）：你对于这个学期的状态感到烦恼，同时因此而困惑。（理解，但无指导）

来访者 C：我不明白这件事怎么会发生在我身上。我原本生活得不错，可现在却变成这样。

咨询师（水平 4）：因为你无法解释为什么这件事会突然发生在你身上，所以感到愤恨。你至少想找到一些看起来更为公平的理由。

来访者 D：我厌倦了现在的工作，它总是重复老一套，但别的又有什么可做的呢？

咨询师（水平 5）：你对自己的日常工作不满意，你不能从中发现使你感到高兴的事情，你想找些更有吸引力的工作。一个办法就是列出你自己的哪些需要可以通过工作得到满足。

来访者 E：我退休后，一直感到很难适应，日子仿佛很空虚。

咨询师（水平 5）：因为空闲的时间太多，所以感到自己没用了。你想找些有意义的事情做，一个措施就是继续利用工作兴趣，做一些力所能及的工作。

（三）恰当运用共情

1. 共情方法

（1）转变角度，换位思考。咨询师放下自己的参照标准，将自己变成来访者，设身处地地去了解他的想法、情感和行为；尝试从他的立场和处境去感受其喜怒哀乐，尝试体会他所面对的压力，理解他做出种种决定的原因，尽可能客观、中立地理解对方的内心世界。

（2）细致观察，善于倾听。咨询师在同来访者进行交流时，既要注意他的言语信息（如语意语调），又要注意其非言语信息（面部表情、眼神、身体姿势等）所传递出来的内容。通过细致的观察和倾听来提高共情的能力。

（3）充分理解，准确反馈。咨询师对来访者的充分理解需要通过语言表达出来，这就要求咨询师具有丰富的词汇，能够准确地表达，不仅能准确反应来访者说话的内容，还能反映其言语中所隐含的情感和内心的冲突。

2. 共情训练

穆哥特伊德（S.Murgatroyd）列举了操作性很强的提高共情的训练方法。

（1）与其他人，如工作和生活中的朋友、亲戚、家人一起练习对对方谈话内容的反应。试着把他们所说过的话的意思讲明白，检查一下你是否理解了其中含义。

（2）试着去想想在各种各样的情景下，你所要帮助的那些人们对你讲述他们的事情，要想象得就像你做了录像一样。试着把他们的经历用准确的图像在你的脑海中显示出来。

（3）如果你不能运用视觉思维，那么就在想象中运用你正在读的一本小说中的某些关键词来代替——用你所能想得到的所有词汇来描述这个人和他对你讲述的各种情景。

（4）努力使你自己有关情绪方面的词汇变得更为丰富，应用字典、小说、电影或其他材料，以便你能说出任意一种感情像什么一样。

二、尊重（respect）

尊重指咨询师能容忍甚至接受来访者的不同观点、习惯等，不应轻视来访者或以权威的身份出现。尊重不仅是一种态度和对人生的看法，更重要的是一种用行为表达出来的态度。它包括了对来访者的尊重，尊重他是一个个体，尊重他的潜能和人格。更重要的是，在咨询过程中咨询师应始终对来访者秉持这种接纳的态度，而不是批评和惩罚的态度。

尊重的前提是接纳。泰勒认为接纳包括两层含义：一是我们承认每个个体在任何一个方面都是不同的；二是认识到每个个体的人生过程都是一个复杂的奋斗、思考和感受的过程。通过接纳，咨询师可以在咨询过程中给来访者提供一个安全的治疗环境，有利于来访者对自己内心的探索。

在中国的传统文化中，许多人认为心理咨询与治疗要有权威性，而权威性就是对来访者要告诉他应该做什么和不应该做什么，就是要让对方跟着自己的思路走，而不允许对方的思路有不同之处。这样的咨询和治疗对于某些愿意相信权威的来访者可能有效，但对独立思考或者有权威恐惧的来访者咨询效果不佳。在中国，很多咨询师均是医院的精神科医生或学校的心理咨询老师，相应地，患者或学生来访者势必对咨询师有权威崇拜，在这种情况下，咨询师可以用下列一些说法鼓励来访者表达，比如："你很好地表达了自己的看法"，"你讲得非常清楚，我懂你的意思了"等。若你觉得不能同意对方的说法时，还可以这样表述"虽然我跟你对这件事的想法不一样，但我能明白你为什么会这样想"或"我也许不能同意你的这种说法，但我仍认为你有权这么看待这件事情"。这样的反应被认为是既包含了对对方的尊重，又包含了对对方的积极关注的反应。

罗杰斯指出：在咨询师的经验中，如果其对来访者的尊重和接纳是有条件的，那么在这个咨询师所不能接纳的方面，来访者就很难做出改变，更无法获得内心的成长。因此我们应该时常反省自己，力求做到对来访者无条件的接纳和尊重。

三、积极关注（positive regard）

积极关注在罗杰斯早期的文章中被称为"无条件积极关注（unconditional positive regard）"，后来人们倾向于以积极关注代替了他的早期描述。积极关注是指治疗者以积极的态度看待来访者，注意强调他们的长处，有选择地突出来访者言语及行为中的积极方面，利用其自身的积极因素。

这种积极的关注的出发点是这样的，如果你想帮助你的来访者，使之有所改变，你就必须相信他是能够改变的，而且他现在自身已经具有一些积极因素。正如艾维所提到的，"第一眼看上去，你可能会认为前来寻求帮助的人没有任何长处，没救了，但是走出令人沮丧的沼泽地，罗杰斯似乎总能在某个个体身上发现某些积极的东西，并且通过对情感的感应和直接的个人反馈使那些积极的东西突出"。

（一）积极关注的含义

以人为中心的治疗家常用"关怀""无条件积极关注""温情"或"非占有的温情"（warmth or unconditional warmths）"尊重"等语来表达积极关注。积极关注的咨询师不以评价的态度对待来访者，不依据来访者行为的好坏来决定怎么对待来访者。无条件地从整体上接纳对方，对待来访者就像对待一个跟自己一样的人，一个独立于自己的人，有权在世界上占有一方之地生活的人，看重他、尊重他。

咨询师积极关注的一个重要表现是允许来访者做他自己，有他自己的感受、想法、情绪和行为，不把自己的好恶、价值标准加在来访者头上。总之，他看重来访者是不附加条件的。

根据是否附加条件这一标准，有时即使咨询师对来访者抱着很浓的温情，喜欢来访者，可能仍然没有积极关注，因为他是因为来访者"表现好"而给予喜爱和温暖的。反之，有时咨询师批评来访者的某个行为，可能仍然保持了对来访者的积极关注，因为他并没有因为来访者的消极行为而对来访者这个人有任何否定。

要说明的是，无条件积极关注并不是要在互动中完全避免评价。要避免的是评价人，而不是评价行为。而且，对行为的评价总是从行为对来访者本人的意义的角度来评价，而不是从咨询师的角度或者社会的角度来评价一个行为是好还是不好、道德还是不道德。总之，积极关注的态度，表明咨询师尊重来访者的独立人格，珍视这个人，而不管他的行为如何。这种态度背后有两个很深的对人的信念：（1）人皆有改善和成长的潜力；（2）人皆有独立存在的权利和尊严。

积极关注这一特质对咨询关系和咨询效率是非常重要的。几乎大多数治疗中都强调积极关注这一要素，正是这一要素重要的证明。积极关注或温暖的治疗价值可能主要来自两方面：第一，积极关注促进了来访者的自我接纳；第二，温暖加深了咨询师和来访者的情感联系。

大多数来访者在自我接纳上存在困难。他们对自己有太多的不满，要求自己样样要好，如果达不到要求，就折磨自己。在这种心态下，他们对别人的态度会非常敏感，会根据别人的态度来评价自己，一些在正常人根本不介意的反应，在他们眼里都很容易解释成"我不好，他在小瞧我"。如果在咨询中，咨询师以肯定的态度来接纳和关怀他，不因为他的行为表现而小看他这个人，就能使他感到安全一些，在人际互动中放松一些，逐渐变得不再总用第三只眼观察自己的表现好坏，并逐渐建立起内在的自我认同，最终使自我接纳程度提高。

伊根（Egan，1994）对积极关注进行分析后，认为积极关注可以细分出若干个成分：承诺、理解、非评价的态度以及能力和关怀。（1）承诺，意味着咨询师一旦与来访者建立了咨询关系，就必须严格承担作为咨询师的责任。咨询师愿意与来访者一起工作，并对此感兴趣。承诺可转化为具体的行动，如准时赴约、保密等。缺乏时间、缺乏关心是表达承诺的两个障碍。（2）理解，意味着积极的聆听和准确的共情，咨询师通过有效地聆听和共情把理解传达给来访者，让来访者感受到"咨询师是在努力地理解我"。（3）非批判的态度，是咨询师在咨询的过程中，推迟评判来访者的行为和动机，避免谴责来访者的想法、情感和行为，从而给来访者提供一个安全的治疗环境，让其无拘无束地表达自我的各种感受。（4）能力与关怀。咨询师给予来访者积极关注和尊重，自身也要接受督导、咨询。当咨询师感到自己无能为力时，要采用符合伦理道德的转介过程。

（二）积极关注评定量尺

杜亚士和卡库夫（Truax，Carkhuff，1967）也发展出一个量尺对积极关注的水平进行评定。

水平一：咨询师积极地给予劝告或者给予负面评价。他可能在告诉来访者"什么是最好的"或者煞费苦心地对来访者的行为表示欣赏或批判。咨询师自以为他要对来访者负责。

水平二：咨询师对来访者的反应非常机械，很少显出积极关注。他可能忽视来访者的感受，或者显得不关切，缺乏兴趣。在一些应该表现出温暖的地方，他对来访者显得无动于衷，让人觉得他几乎一点也不关注来访者。

水平三：咨询师显现出对来访者的积极关注，但那是一种半占有的关注，因为他给来访者这样的感觉："你的行为我很在意。"他的表达似乎在告诉来访者"如果你不讲道德，那可不好"，"我希望你把工作做好"，"我很看重你跟同学搞好关系"，等等。咨询师觉得自己对来访者负有责任。

水平四：咨询师清晰地传达着这样的信息：他对来访者的幸福有着深深的关切，他对来访者显露出无微不至的非评价的、无条件的温情。来访者基本上被赋予自由去做他自己，对来访者的想法和行为的评价已经很少。咨询师觉得自己是应来访者需要而动的人。

水平五：在此水平上，咨询师无保留地传达着温暖。他的态度显示出对来访者作为一个人的价值、对他做一个自主的人的权利的深深尊重。在这个水平，来访者拥有完全的自由做他自己，即使这意味着他倒退、防御、讨厌或拒绝咨询师本人。咨询师深深地关切着来访者这个人，但来访者选择什么样的行为，并不会令咨询师感到介意。他真诚地关怀、深深地珍视来访者，因为他具有人的禀赋，他不会去评价来访者的行为或思想。他愿意平等地分享来访者的快乐和抱负、沮丧和失败。

四、真诚可信（genuineness and authenticity）

真诚可信指要开诚布公地与来访者交谈，直截了当地与来访者交流自己的态度和意见，不掩饰和伪装自己。真诚的核心就是表里如一，给来访者提供了一个榜样，促使他们不再假装、掩饰、否认或隐藏他们的真实思想和感受。

（一）真诚可信在咨询中的意义

1. 真诚能导致信任感、安全感和更开放的交流

你坦诚待人，会让对方感到你是可以信任的、可以交心的。这样就会为双方营造一个安全、自由的交谈氛围，来访者可以坦白表露自己的软弱、失败或过错而无须顾忌。

2. 真诚提供的榜样作用能产生咨询效果

咨询师坦白、开放的待人态度实际上对来访者有一种吸引力，他也希望像咨询师那样坦坦荡荡地生活，因为这样比时刻提心吊胆要轻松得多。来访者的许多问题也往往是与其人际交流的表面性、虚假性有关，而真诚的咨询关系能让来访者获得切实的感受和体验，并可能去模仿和内化，从而起到促进其改变的积极效果。

（二）真诚可信的实施技术

（1）支持性的非言语行为。比如微笑、目光接触和有效倾听。

（2）角色行为。真诚的咨询师是一个让人感觉到舒适的人，不过分强调自己的角色、权威和地位。

（3）一致性。咨询师的言行和情感相辅相成，保持一致。

（4）自发性。在没有刻意或做作的情况下自然地表达自己的能力，但以来访者的成长为限度。

（5）开放性。通过咨询师的自我示范来帮助来访者暴露自己的问题，给来访者带来问题解决的希望，从不同的视角进行自我探索。

第三节　咨询关系与咨询师

一、咨询关系的主要因素——咨询师

通常，咨询关系的好坏不仅取决于咨询师，也取决于来访者，还受情境因素的制约。但我们不能选择来访者，也不能要求来访者都具备易于发展咨询关系的条件。事实上，一些来访者恰恰正是缺乏与别人建立良好关系的能力，才造成了他的心理困难，既然我们无法选择来访者，又要发展出有帮助效力的咨询关系，唯一可以要求的只有咨询师自己。

二、咨询师的人格发展

我们都希望咨询师就是为咨询而生，一出生就在一个理想的环境下长大，既能有"足够好的父母"，又能有独立探索的自由。依恋类型是安全型的，人格发育顺利、健全，从而成为有效的助人者。实际上，许多伟大的心理咨询师，不仅在成长过程中充满艰辛，而且伤痕累累。不同的是，他们有幸能够克服自身成长的局限，变得比较健全，甚至能够从自身的"治疗"经验中汲取营养，变得更有助人的力量。

每个咨询师的人格发展必然存在着局限，这种局限会深刻地影响到咨询关系，所以咨询师在专业训练中，会花费相当多的精力在自身的个人成长上。

（一）安全感

根据鲍尔比的理论（Bowlby，1988），安全的需要是一种具有生物学基础的需要，而依恋行为就是保证获得安全感的行为。咨询师的安全感对他在咨询关系上的行为有着最为广泛的影响。

1. 在基本心态上

安全感较高的咨询师，面对来访者时更能够放松、安详，更能专注于来访者，较少有其他的干扰；而安全感低的咨询师则可能容易紧张、分心走神。

2. 在倾听和理解来访者上

安全感较高的咨询师更容易如实地听取来访者的信息，较少出现知觉扭曲；而安全感低的咨询师可能被自己的防御倾向所支配，出现较多的知觉歪曲问题。

3. 在面对来访者移情性的反应时

安全感高的咨询师能够更敏锐地觉察到，更放松并能更有效地处理；而安全感低的咨询师要么较盲目，要么较迟钝，要么不知所措。

（二）自我效能感

咨询师的自我效能感，除了包括一般的自我效能感之外，还包括助人的自我效能感。咨询师的自我效能感会影响到他对来访者的选择、对咨询目标的确定、会谈中跟来访者相处时的心态、面对困难时的坚持，等等。可以推测，自我效能感高的咨询师，更容易影响来访者选择切实的目标，并更能坚持和投入；自我效能感太低的人，不适合做助人工作。

（三）权力

人格心理学家李瑞（Leary，1957）曾指出：一个人的人格最集中地体现在人际反应上面，而人际反应的两个基本维度之一，是他所谓的"支配-顺从"（dominance-submission）维度（另一个是敌对-友善维度）。咨询师在"支配-顺从"这个维度上的个人倾向，一定会体现于咨询师和来访者的互动中，并对咨询关系产生深刻影响。支配性高的咨询师倾向于在咨询互动中主动、控制，当然也认为自己应对咨询事务负责。他往往也比较主观，不容易理解来访者，当事情进展不顺利时，他们也更容易焦虑。顺从性高的咨询师，显得缺乏主见，工作效率低，很容易被来访者抛弃。

咨询师的支配性和来访者的支配性的配合（尤其是双方在支配性的得分都趋于两端的情况下），会产生富有戏剧性的效果。按逻辑搭配，一共会出现四种关系类型，姑且命名和描述如下。

1. 竞争和战斗型（咨询师高支配-来访者高支配）

咨询双方不时会为争夺控制权而角力，他们的互动可能因为争夺权力而没有任何建设性和效率。

2. 无效型（咨询师高顺从-来访者高顺从）

双方都倾向于顺从和依赖对方，却又发现对方不可依赖。这种配合可能产生最没有效率的关系。

3. 父女型（咨询师高支配-来访者高顺从）

在一段时间里两人会发现"瞌睡遇到了枕头"，但时间长了，来访者会变得更为依赖，咨询越来越成了咨询师一个人的事情，而且这种情况会妨碍来访者的成长。

4. 母子型（咨询师高顺从-来访者高支配）

这种搭配情况比较微妙。在这种格局下，咨询关系的发展情形非常依赖于其他变量的情况。比如，如果咨询师有较好的训练，其顺从主要体现在互动的形式上，而不是盲从，那么也可能出现较积极的结果。但多数时候，仍然是不利的情形更容易出现。

可以看出，咨询师支配性太高和顺从性太高都可能造成麻烦。所以，学习者应该反省自己在权力问题上的个人倾向，还要在个人体验和督导中不断提升。

咨询关系中的"权威主义"

良好的咨询关系有助于心理咨询的顺利进行，但需要注意的是，咨询关系中也存在一种现象，那就是权威主义。这种权威主义体现在咨询双方对于支配和顺从的角色信念和态度上，当然也体现在互动行为上。一些咨询师在对待来访者时表现出权威、支配的态度，而一些来访者也容易接受咨询师的"权威"，有时甚至期待咨询师的权威。

实际上，咨询师的权威主义很容易与人本主义所倡导的同感、积极关注和真诚等特质相抵触。过分强调权威主义的咨询师，表现出同感和真诚的可能性会较低，这势必影响总体性的咨询关系并进而影响咨询效能。

（四）亲密关系

亲密关系通常是私人关系，咨询关系本质上是一种职业关系，按理说二者应该不相干。但是，咨询师在亲密关系中的反应倾向，会投射性地反映到咨询关系上。同时，来访者在亲密关系中的反应，会更严重地投射到咨询关系上来。这样一来，咨询师处理亲密关系的能力，就非常关键。

亲密关系中常见的问题主要是两个极端的表现：一端是疏远；另一端是缺乏界线。疏远的人不能跟任何人建立亲密关系，他们对亲密关系感到不舒服，当感到双方心理上靠得太近时，他们会不自觉地闪开或把对方推开。他们害怕被人需要，他们也习惯性地抑制对别人的需要。他们经常用客气、公事公办、不欠人情等方法来跟人保持距离。咨询师如果有这样的问题，他们面对来访者时会让来访者感到冷漠，缺少热情。当来访者带来充满情感的内容时，他们会把情感内容抽象化，像讨论学术问题一样地谈论情感而不是让情感以"活的"形式表达出来。他们会回避来访者对他们的情感。而所有这些，都会对咨询效率产生负面影响。

在亲密关系上缺乏界线的人，下意识中分不清对方和自己，或者觉得对方和自己就应该不分彼此。他们把自己的想法和感受强加于对方，他们要求对方像自己希望的那样思想、感受和行动。他们经常为对方不是那样或者不愿意那样而苦恼，并因此跟最亲的人有最多的冲突。有这种问题的咨询师极易跟来访者发展出非常缠结的关系。面对来访者的移情，他们很容易以相应的反移情作为响应，而在作出这些反应后还缺乏自觉。

三、利用咨询关系促进来访者改变

传统的心理治疗，促成来访者改变的主要手段就是咨询关系。在精神分析的治疗里，来访者的移情是有效治疗的必要条件。精神分析有一句名言："没有移情就没有治疗。"而移情的治疗，大略说来，就是利用来访者对于咨询师的情感反应作为分析材料，帮助来访者领悟。可以说，充满移情的咨询关系，是精神分析的关键要素。现代一些咨询流派如认知行为治疗，并不重视移情以及咨询关系，但无论如何，利用咨询关系来帮助来访者改变，是非常有价值的咨询途径。

在助人过程中利用咨询关系，可以分为三种情况：一是透过关系来理解来访者；二是在关系中让来访者获得新的"关系经验"；三是利用关系来催化来访者改变。

（一）透过关系来理解来访者

卢勃斯基（1977）提出了一个性质接近移情，但更具有泛理论色彩的概念：核心冲突性关系主题（Core Conflictual Relationship Themes，CCRT）。比起移情，CCRT 的理论更简明，方法更容易把握，而且不限于精神分析，其他治疗取向都可以应用。我们借助这个方法来说明如何透过关系来理解来访者。

核心冲突性关系主题是指，来访者在治疗中展现的人际反应模式在来访者的生活中是重要且一再展现的。这种模式也会体现在来访者与咨询师的关系中。卢勃斯基（Luborsky，Barrett，2007）发展出了一个方法来发现这种冲突性关系主题，其中涉及一个重要他人、三个反应。一个重要他人即来访者生活中的一个重要人物，比如父亲、母亲、老师、伴侣、同学、老板、咨询师等。三个反应分别是：（1）来访者指向这位重要人物的需要或者愿望；（2）重要他人的反应；（3）来访者自己的反应。分析的重点是发现特定的三个反应的组合，如果某种特定组合重复出现，就可以认定它是一个冲突性关系主题。

李×研究生毕业参加工作不久，他因为主管压制他的积极性而非常愤怒，但考虑到工作并不好找，他又不能辞职。他抱怨主管和同事，指责他们自己平庸又不让年轻人有发挥的机会，他们没有重视他的创意，总是敷衍一下就把他的想法晾在一边。在咨询初期，他对他的咨询师如此认真倾听他的话感到非常受用。但随着咨询的进行，他开始对咨询师感到不耐烦，他开始追问咨询师对他的想法有什么评价。有一天他冲着咨询师说："我发现做咨询就是说'哦，哦'，你们是必须这样说话吗？"而在最近一次会谈中，他提出要结束咨询。经过了解，他内心的想法是认为他的咨询师对他不像以前那么重视，他觉得从这位咨询师这儿不能得到好的帮助。

摘自江光荣《心理咨询的理论与实务》

分析这个事例，很容易发现李×对咨询师的反应和他对主管和同事的反应有某种共同之处。在李×的意识里，也许咨询师跟主管一样，是一个重要的人。李×可能有的一个冲突性关系主题是：他希望主管或者咨询师能够重视他、欣赏他，但是他们似乎都对他的优秀之处视若无睹，他对此非常失望，因此对主管和咨询师感到愤怒。这就是李×在面对一位年长或地位较高者时的反应模式，它会在他的生活中反复出现。

卢勃斯基的方法主要是用于研究，以便获得客观资料。在实际咨询中，咨询师可以根据这个方法的基本原理，更自由、更灵活地利用有关线索来发现来访者的关系主题。以下是对咨询师的几点建议。

（1）保持自己在与来访者的互动中心态的"空"（安详、开放、中性），尽量减少自己带进互动中的"污染源"。

（2）注意来访者在谈及重要他人（包括咨询师本人在内）或跟重要他人互动时，直接或间接透露出来的需要和愿望。

（3）注意在来访者眼里，重要他人是怎样反应的。许多时候，你并不容易了解来访者是怎样知觉重要他人的反应，你可以直接询问来访者，也可以通过下面第（5）点的做法来获得此项信息。

（4）注意来访者如何对重要他人的反应作反应。

（5）注意咨询师本人对来访者行为的反应，例如来访者或他的行为让你感到生气、受压迫、不忍等。通过自己的反应，来获得来访者内在知觉和/或需要与愿望的线索。

（6）注意发现双方的上述反应是否构成某种固定组合以及它是否重复出现。

需要指出的是，了解来访者的重要关系冲突或模式，还不能说完全理解了它们。更深入的理解，需要知道来访者何以会发展和维持着这个模式。咨询师可以通过所发现的核心关系主题，再结合对来访者成长历程和现实环境的了解，逐渐形成对来访者问题行为模式的内、外原因的认识。

（二）让来访者获得新的"关系经验"

咨询关系如果经营得好的话，可以是一个试验场，而且是一个受到良好监控的试验场。来访者可以在这里矫正过去的经验，学习新的经验。心理动力的治疗和其他主流心理治疗都自觉或不自觉地利用这个珍贵的试验场来帮助来访者。

心理动力理论有一个"矫正性情绪体验"的概念（Alexander，French，1946）。大意是说，在重新打开记忆时，来访者得以用不同的方式重新体验早年的经验。在咨询关系中，来访者在体验自己和咨询师的关系时，有着与早年跟父母相处时很不相同的感受。他可以感到害怕，可以感到愤怒，可以表达自己的意志，而不会受到责难，不会被惩罚。以人为中心理论有着同样的做法：咨询师总是鼓励来访者表达自己的感受，咨询师只是反映这种感受，但不会评价（更不会惩罚）这些感受，咨询师的态度似乎在说："我明白你感到……你可以拥有你的感受。"用行为主义理论来理解的话，在咨询关系中，这样的操作一方面使来访者的旧经验不再被强化而逐渐消退，另一方面让来访者学到新的经验（跟咨询师相处的经验），并使这种积极经验得到强化。

塞弗兰（Safran，1993）认为在面对"关系故障"时，是让来访者产生矫正性情绪体验的宝贵时机。心理治疗中，关系故障是不可避免的。因为一方面咨询师总会有没能同感到来访者的时候；另一方面，咨询师不可能满足来访者的病理性的关系需要。而这两种情况都有可能触发来访者的不满、愤怒以及另一些消极情绪。咨询师如果能够充分反映来访者的这些情绪，接纳他们的情绪，同时又以实际反应让来访者领悟到咨询师是一个独立的个人，他也有自己的意志，而不是一件从属于自己的"客体"（object），就可能帮助来访者慢慢学会三样东西：（1）承认并学会做独立的自己；（2）承认并允许别人做独立的自己；（3）跟别人（首先是咨询师）建立一种相互确认的关系。

（三）利用关系催化来访者改变

来访者在改变的过程中不可避免会遇到困难。来访者要卸下已经习惯了的面具，要放弃相当熟练并且也还有效的防御"手法",要面对不确定,要面对环境的"抵抗"……这些都是困难。咨询师帮助来访者在这些困难面前坚持下去的首要法宝,恐怕就是咨询关系。基于这些认识,并结合实际咨询经验,我们可以就利用关系催化来访者改变提出若干建议。

（1）始终保持对关系形态和质量的监控。

（2）视需要采取以下举措,但事前要确认关系能够提供足够的支持:

- 面质来访者;
- 挑战来访者的信念;
- 拒绝来访者对于怠于行动的托词;
- 拒绝来访者对于咨询师的不合理要求;
  …………

（3）巧妙地利用关系作为强化物,来设计各种改变程序。

第三章

会谈技术

弗洛伊德在治疗他的第一个癔症患者安娜·O 小姐多次后，她聪明地描述这个治疗程序，并严肃地说这好像是"谈话疗法（Talking cure）"，又开玩笑地称此为"扫烟囱（chimney-sweeping）"。波普（Pope）指出："会谈是发生在两个个体之间的对话式交流。"对于心理治疗工作来说，每一次治疗都是一次会谈，人们很重视会谈技术。有人说高超的会谈技术是与生俱来的，也有人说是后天习得的；有人说这是一门艺术，也有人说这是一门科学。无论怎样说，会谈都是包含有许多知识、技巧的一门学问，值得专业工作者去学习和钻研。治疗中的会谈比简单的交流要复杂得多。

有位美国记者开玩笑地说，心理咨询师为什么仅靠微笑、点头就能挣钱，就是因为他们知道在什么时候微笑、点头！

会谈不仅仅是要交流信息，还是会谈双方一种具有特殊距离的人际关系。这就要求咨询师要有敏感性、洞察力等各种各样的能力和技巧。尽管人们在学习会谈技术时，多次强调倾听和理解对方在交流中的重要性，但新手咨询师还是会把大量时间花在或者讲话而不是听来访者说了什么上，或者努力留意来访者说了什么，然后自己应该怎样反应上。还有一些咨询师则全神贯注于对自己在会谈中表现出的紧张、焦虑情绪上，如："我刚才那么说，来访者下次还会不会来呢？"而忽略了来访者本身。这些问题表明心理咨询会谈的复杂性，说明咨询师仅凭自己过去的经验和学习得来的知识还不够，还需要大量的实践操作。

第一节 倾听技术

美国心理学家迈克尔·尼克尔斯（Michael Nichols）说，倾听是一种艺术，通过倾听，我们使用共情穿越我们之间的距离……真诚的倾听意味着悬置记忆、欲望和评价——并且，至少是在一小段时间内，是为另一个人而活。倾听是咨询过程中最先做出的反应。咨询师不能很好地倾听，来访者可能就得不到鼓励进行自我探索，双方就有可能讨论错误的问题，或者咨询师就可能过早地提出干预策略。艾维（Ivey）和林恩·西梅克-摩根（Lynn Simek-Morgan）注意到，倾听能够引导来访者讲出自己的故事，在来访者讲述自己的故事、叙述自己的经历和现在的体验过程中，他们就能够建构自己的身份地位，并为自己的生活赋予意义和目的。好的咨询师倾听他们的故事，以便帮助来访者认识到这些故事所包含的意义，揭示这些故事对于他们自我发展的促进或妨碍作用。倾听过程也提供了一种"抱持性环境"，即咨询师用言语或行为向来访者表明，他知道并理解来访者最深层的情感和体验，能为来访者提供一个安全而具有支持性的气氛，使来访者能够深入地体会情感反应。咨询师就像一个"容器"：他们探索来访者的情感，帮助并抱持了来访者容纳各种曾被他看作是不安全的情感。

一、如何正确倾听

倾听是一种积极的听。通过倾听，咨询师可以逐渐了解、掌握来访者的认知模式、行为模式及其当前面临的困扰。与此同时，咨询师也要发现来访者积极向上、充满阳光的一面。

倾听是一种认真的听。咨询时，来访者讲述的不一定是咨询师认可、感兴趣的内容，有些甚至是不可思议的内容，但无论如何，咨询师都应该非常认真地去听。通过倾听，把握来访者的问题、性格、生活背景、问题起因、严重程度等，搞清楚事情的前因后果、内在联系。

倾听要用心听。咨询师在倾听时并不是一声不吭、面无表情、毫无反应的，而是要用言语或非言语行为表明，自己对来访者所讲的内容是理解的、接纳的。

二、鼓励和重复

鼓励技术是指咨询师通过言语或非言语等方式鼓励来访者继续自我探索和改变的技术。比如当来访者讲完一段话，咨询师一边点头一边说："嗯""哦""是这样"或回应来访者："然后呢？""后来呢？"这种回应鼓励来访者接着讲下去。有时候我们可以简单重复来访者的话，尤其是重复来访者的最后一句话，比如："你那一刻真的是呆住了。""你再也不会跟她联系了。"

来访者：我现在不敢去学校，因为我的同学们会给我起外号，我很讨厌他们。每次我有题目做不出来的时候，有几个同学就会把这个事情弄得全班都知道，他们的嘴太大了。

在来访者的这段话中，咨询师可以重复这几个句子："同学们会给你起外号。"来访者可能会说同学们给她起的外号是什么，为什么会有这样的外号，当听到这样的外号时来访者有什么样的感受等。还可以重复："你很讨厌他们"以及"他们的嘴太大了"。

通过重复来访者的语句对来访者进行鼓励，看起来是一个很简单的方法，但这种鼓励会影响来访者进一步谈话的内容。

在运用鼓励语句的同时，咨询师还要注意自己身体语言的运用，如专注于对方的神情、倾听的姿势以及点头示意等。

三、具体化（concreteness）

具体化（concreteness）是指咨询师帮助来访者准确表达他们的观点、所用的概念、所体验到的情感以及所经历的事件。

在咨询中，来访者讲述的内容往往不能完整地表达出他们的内在体验，所叙述的思想、情感、事件常常是模糊、混乱、矛盾甚至是不合理的，尤其是在咨询最开始。这就需要咨询师使用具体化技术，澄清来访者所表达的真正意图和他的问题。常见情况如下。

（一）问题含混不清

如初中生来访者小甜："我最近不想去学校，一到学校就烦。"咨询师："嗯，能不能具体地说一说呢？"或"哦，能不能详细地跟我讲一讲呢？"

（二）信息歪曲

如小甜说："我在班上被排挤和孤立，同学们都不喜欢我。"咨询师："哦，能不能告诉我，主要是哪些同学不喜欢你？"

（三）夸大或泛化

如小甜说："就是我们班的学习委员啦，我感觉她处处跟我作对。"咨询师："能不能跟我讲一件她跟你作对的事情？"

（四）概念不清

如小甜说："前段时间我要过生日了，我每天都在想我生日会有谁给我送礼物？她们会送什么礼物给我？结果我生日那天除了父母送我礼物之外，没有任何人再送我生日礼物。后来我才知道，原来是学习委员干的好事。因为她学习成绩好，在班上比较霸道，她跟其他同学说谁都不可以送礼物给我，大家都不敢惹她。我知道这个事情后就经常默默哭，有的同学就说我得了抑郁症。我在网上查了，好像我真的得了抑郁症。"咨询师："你所说的抑郁症，还有什么具体的表现，能给我说一说吗？"

主动求助的来访者都是愿意讲出具体的事情、经历和情绪的。但是有些经历对来访者的创伤很深，影响较大时，不应马上与对方讨论具体的事情与经历，需要慎重对待，比如丧亲、被强奸、受虐经历等。

在咨询中，具体化决定着心理咨询的质量，影响着治疗关系的建立，因为只有真正理解来访者的经历、处境、情绪和感受时，才能更好地共情来访者，我们提供的建议、所采取的方法和咨询目标才能符合来访者的实际情况。

四、为准确而倾听：澄清反应

根据哈钦斯（Hutchins）和科尔-沃特（Cole-Vaught）的观点，澄清法要求来访者对于"含糊、模棱两可或意义隐藏的语句"给予详细叙述。澄清反应通常以疑问的形式表达，并以下面的短语开始，如"你是说……吗？"或"你能试着再描述……吗？"

或"你能澄清……吗？"

（一）澄清的目的

澄清是让来访者表达的信息更加清楚，并确认咨询师对来访者信息知觉的准确性。只要当你无法确信自己是否明白来访者的信息并需要详细叙述时，就应使用澄清反应。澄清的第二个目的是检查你从来访者信息中听到的内容。特别是在咨询开始阶段，在做出任何结论之前，一定要证实来访者的信息内容。下例会帮助我们认清澄清反应的价值。

来访者：有时候我真的想彻底地摆脱它。

咨询师：听起来好像你要与什么分开并独立。

来访者：不，不是那样，我不要独立。我只是希望能从不得不去做的所有工作中解脱出来。

在这个例子中，咨询师对来访者的最初信息过快地得出了不确切的结论。而如果咨询师在假设之前进行澄清反应，那么会谈进程就会更顺利，如下面的例子：

来访者：有时候我真的想彻底地摆脱它。

咨询师：你能为我描述"彻底地摆脱它"的意思吗？

来访者：我有太多的任务要完成——我总感到落在其他人后面了，负担很重。我想摆脱这种痛苦的感受。

在这个例子中，澄清反应帮助双方明确了来访者说出的和咨询师听到的信息内容。双方都没有依赖未作探讨和确认的假设和推论。熟练的咨询师应当对接受和加工的信息进行澄清反应，以便确定信息的准确性。

（二）澄清的步骤

（1）确认来访者的言语和非语言信息的内容——来访者告诉了你什么？

（2）确认任何需要检查的含糊或混淆的信息。

（3）确定恰当的开始语，如"你是说……吗？"或"你能描述……吗？"或"你能澄清……吗？"另外要用疑问口气而不是陈述口气进行澄清反应。

（4）要通过倾听和观察来访者的反应来评估澄清反应的效果。

来访者：有时我真想彻底地摆脱它。

咨询师内部思考：

① 这个来访者告诉了我什么？——她想摆脱某些事情。

② 在她的信息里有没有含糊或遗漏的部分？如果有，它们是什么？如果没有，我将决定下一个更适合的反应。——是的，我需要弄清楚"彻底摆脱"的含义。

③ 如何开始澄清反应呢？——"哦，那你能告诉我，或者你能描述一下'彻底摆脱'是什么意思吗？"

④ 我怎么能知道澄清是否有帮助呢？——咨询师必须去看、去听、去捕捉来访者是否做出详细的解释。

从来访者的回答中，咨询师能够断定澄清是有效的，因为来访者进行了详细解释，并加入先前信息遗漏的部分。咨询师要暗自庆幸自己没有过早地得出结论，而是花时间检查来访者信息中省略和含糊的内容。

April（来访者）：我23岁，在Pratt学院，学习建筑学。这我已经告诉过你了……我学习城市规划，三年制，我现在是第二年。我的父母都健在并且没有离婚。我有个弟弟Daniel，比我小一岁半，我们很亲密。我单身，最近刚刚单身。我到Pratt的第一个星期起我们就在一起了。

保罗（咨询师）：这么说来……这就是你来这的原因吗？

April：分手？我倒希望如此。不是的，分手这事……没问题的，非常和平。整件事Kyle处理的非常理智。我们还是好朋友，而且他的新女友……很招人喜欢。她爸爸在Park大道上有五处地产，所以……真好。对不起，我真的不擅长谈论自己，还是你来问我点什么。你是那种心理医生吗？

保罗：我可以是。

April：我在网上看到你的名字。从Pratt的电子邮件服务名单上找到的。我想找个离学校近的，能接受我的健康计划的。你的主页上没人评论。有一个病人推荐还是不推荐的选项，你的是空白的。

保罗：可能是因为我最近才搬来。

April：我本来猜你是个新手，以为你很年轻。

保罗：你更喜欢年轻的咨询师？

April：没有没有。你看起来很棒。生意怎么样？很艰难吗？干嘛要搬家？对不起。

保罗：嗯，我不禁注意到这已经是你第三次……对我说道歉了。

April：我不是真在道歉，只是出于礼貌而已。

保罗：好的，我只是想让你知道在这里你不需要为任何事道歉……不管你说什么，你都不会冒犯到我。

April：我不会？

保罗：哦，你当然能，不过……我可以承受。我的意思是你无须谨小慎微来体恤我的感受。那么这是你第一次会看心理医生吗？

April：不是，我在学校看过一个。一学年可以有9周的免费咨询，所以……

摘自《扪心问诊》2-2

五、释义（内容反应）

释义指咨询师用自己的话将来访者所表达的内容加以概括整理后反馈给来访者。咨询师所简述的语义，不能扩大或缩小来访者所叙述的语义。有效的释义不是"鹦鹉学舌"，而是重新组织来访者所表达的信息，以能够进一步讨论。

来访者：我知道学习对我来讲很重要，每天只担心考试却不付出一定会挂科。

咨询师1：你知道学习对你很重要，每天只担心考试却不看书，这样下去可能会挂科。

咨询师2：你已经意识到，你需要认真看书，好好准备考试，以免挂科。

（一）释义的目的

为了让来访者知道，咨询师已经理解他们的信息。如果咨询师的理解是完整的，来访者就会进一步澄清自己的想法。

鼓励来访者对一些关键想法或思想做进一步阐释，以促进咨询师和来访者深入地探讨某个重要话题。

帮助来访者集中注意力于重要的特殊情境、事件、思想和行为，不至于"离题"。

当咨询师重复来访者表达的关键词语和思想时，可能会使问题的实质显现出来，好让来访者更清晰地做出决定。

（二）释义的步骤

来访者（大三学生）：对我来说，这个学期真的是很痛苦，作业又多，考研压力又大，关键女朋友还经常和我闹矛盾。我总是安慰自己，这种生活会好起来的。

咨询师需要回想来访者刚刚表达了什么信息？

——同时存在好几种压力事件对他来讲很痛苦。

咨询师自问："在来访者的信息中存在什么样的情境、人物或想法等？"

——试图同时处理好作业、考研和女友的关系。

选择一种接近来访者使用的语句，如"听起来好像""你所说的是""我有种感觉是""似乎是""我听到你说"之类。用陈述句将来访者信息的主要内容或概念用自己的语言表达出来。

——听起来好像你同时承受着好几个压力性事件，并且都没有处理好。

通过倾听和观察来访者的反应来评价自己进行释义的效果。

保罗（咨询师）：我能不能问问，在那几次咨询过程中有没有别的什么事发生，导致你心烦意乱？

April（来访者）：天哪！我只是想对你说那个女咨询师一脑袋糨糊，她几乎没在意我。我跟她说我弟弟有孤独症，他占据了我母亲大多数时间。她就说"那对你来说一定很不好受。你会生弟弟的气吗？"然后我说："我爱我的弟弟，但我倒是想把你扔出去。"我真不明白你们这些人，我原以为我来这里有人能真正地听我说话，然而你却只是在浪费我的时间，谈论上一个心理医生，谈论她是怎样一个见鬼的灾难。

保罗：我不认为我们是在浪费时间。

April：你当然不认为。

保罗：好，你听我说，你可能觉得我有点迟钝，但我真的一直在用心听，而且我认为现在我已经更加了解对你来说什么比较重要。你告诉我同样的话不要讲两遍，少说陈词滥调，别浪费你的时间。你告诉我你对你的家人忠心耿耿，而且如果我没能取得你的赏识，你就会消失得无影无踪，即使我打 87 个电话也无济于事。

April：并不是真的有 87 个电话（笑了）。

摘自《扣心问诊》2-2

六、情感反应

情感反应是指咨询师把来访者所表达的情绪、情感和感受通过概括和整理，用自己的话反馈给来访者。情感反应和内容反应的区别在于，内容反应是对来访者表达的内容信息进行反馈，而情感反应是对来访者表达的情感信息进行反馈。在咨询中，往往将内容反应和情感反应同时使用。

在咨询中，来访者的大部分问题都与其未能处理的情绪情感有关，而一些来访者不知道如何表达情感或者一直压抑自己的情感，直到在咨询中得到咨询师的允许。所以情感反应的目的之一是鼓励来访者表达更多的积极的或消极的情感。情感反应的目的之二是帮助来访者控制情绪。在生活中，学会处理情绪是非常重要的，因为强烈的情绪如恐惧、依赖或愤怒往往会干扰我们做出理性的反应。而当咨询师允许来访者释放这些情感时，他们的心理能量和幸福感就会提高。在咨询中，咨询师可以通过鼓励来访者在安全的环境中对自己的情绪进行命名、证实和表达。有时候，来访者会对咨询师或咨询本身变得愤怒或失望，这时，咨询师通过情感反应使来访者知道，咨询师了解他的感受，并通过讨论逐步降低他的情绪强度。这样，来访者会感受到即使是自己的负面情绪也会被咨询师接纳，就会出现矫正性的情感体验，这是目的之三。情感反应的目的之四是帮助来访者准确地区分不同的情绪感受。因为来访者经常使用"难受"一词来表达"焦虑""委屈""失望""厌恶"等之类的情感。

如果情感反应使用恰当，会让来访者感到被咨询师理解了，就会促进来访者更加自由的探索。

吉娜（体验师兼督导师）：如果可以的话我们回头再谈谈 Tammy 的事吧。我想多聊聊关于你家人的事。你见过你父亲了吗？

保罗（咨询师）：我……我不知道他怎么了，老天，我……

吉娜：你去看他了吗？

保罗：没有，我没去看他。我想去的……

吉娜：为什么没去？他好些了吗？

保罗：我不知道。他的病情可能恶化了。他在医院里摔下来几次，所以他们把他转到另一个病房了。他好像发烧了。所有这些我都是听……我哥哥说的。我这周为证词的事忙得不可开交，这件事很难处理。

吉娜：所以你没去看你父亲。

保罗：没有，你要是还因此这么念叨，我以后也不会去。

吉娜：我没有唠叨你，保罗。我只是在提醒你，家人总有撒手人寰的一天，而你的父亲，你跟他还有许多问题没有解决，他快死了。

保罗：是我哥哥说他快死了，那不意味着他真的快死了。

吉娜：难道你想等着接到他死亡的通知吗？

保罗：让他们通知我那该死的哥哥好了！

吉娜：你可能以为自己不在乎这些，但其实你在乎。如果你没放在心上的话，当我说到这个话题的时候，你的反应为什么会这么激烈？保罗，请你坐下来，你说你没从任何人身上得到你想要的，但事情远不止如此。就好像你是个婴儿，你从睡梦中醒来，开始号啕大哭，但是没人来看看你需要什么，所以你就哭得更大声，猛摇婴儿床的围栏，却仍旧没有人来。问题是你父亲就在那儿，和你一起在房间里，你被愤怒遮住了眼睛，以至于你根本看不到他。

保罗：我父亲现在帮不了我。

吉娜：没错，他可能帮不了，但除非你承认他在你人生中的存在，否则他对你来说将永远像一张白纸一样，然后你就会继续摇晃婴儿床的围栏……

摘自《扪心问诊》2-20

情感反应是一项较难掌握的技巧，因为情绪常常会被忽略或误解。情感反应的步骤如下：

（1）注意倾听来访者表达中使用的情感词汇。我们将情感词汇所表达的积极、消极或含混不清的情感归为五类：愤怒、恐惧、冲突、悲伤和幸福。

（2）注意观察来访者传递言语信息时的非言语行为（如身体姿势、面部表情和各种语音特征等）。

（3）咨询师使用自己的语言，将由言语和非言语线索获得的情感再反映给来访者。咨询师选择的情感词不仅要与来访者的情感相吻合，而且与其强度也要保持一致。否则咨询师低估其情感强度（如将害怕替换为担心），会使来访者有被嘲弄的感觉，而高估、夸张其情感强度（如将失望替换为绝望），会使来访者觉得受到威胁。

（4）用一个合适的语句开始进行情感反应。如"看起来你现在正在生气""在那一刻你觉得很丧气"。

（5）在语句中加进情感发生时的情境，这很像简洁的释义反应。如"平时我的学习状态都还不错，小考也没问题，可是一旦遇到大的考试，如中考、高考之类，我就很紧张，总是考不好。"情感反应如："你感到很紧张。"加进情境后的情感反应如："每次当你参加大的考试时，你都感到很紧张。"

（6）通过来访者的反馈评估情感反应的有效性。来访者会说"是的，我就是那种感受"或者"不，也不完全是那种感觉"。

七、倾听时容易出现的错误

（一）急于下结论

有些初学者往往在真正了解来访者所述事情真相以前，便急于下结论，提供咨询意见，这会有许多弊端。（1）来访者感到咨询师没有耐心听自己讲完，会因为讲话被打断而扫兴，容易影响咨询关系的建立；（2）来访者意识到咨询师对他的问题把握不全面、不准确时，会对咨询师所作的判断和提供的建议表示怀疑；（3）由于倾听不够，咨询师对来访者的个性、思维方式、情感特点等可能缺乏了解，从而影响咨询的针对性和有效性等。

（二）轻视来访者的问题

有些初学者缺乏共情，认为来访者的问题是小题大做、无事生非、自寻烦恼，因而流露出轻视、不耐烦的态度。虽然有些来访者的问题在他人看来没有什么，但对于来访者而言却是一个困扰他的难题，因为他的思维方式、认知模式影响了他对事物做出客观、理智的评价，这也是心理问题的特点。对于咨询师来说，重要的是如何让来访者真实地感知到问题的实质，转变其观念。轻视来访者的问题，从某种意义上表现出咨询师缺乏共情的特质，还不了解心理问题的根本。

（三）干扰、转移来访者的话题

初学者在了解情况，尤其是寻找问题根源时，由于把握不了问题背后所潜藏的东西，不善于透过现象看到本质，故像大海捞针似的茫然，有时又蜻蜓点水或东一榔头西一棒槌。他们常常打断来访者的叙述而转移话题，对方刚讲了一点就又提出了新的问题，以致来访者无所适从，不知道说什么好。这需要咨询师加强理论学习，同时应有耐心，认真地倾听，仔细地思考、判断，逐渐缩小心理问题的范围。

（四）做道德或正确性的评判

有些初学者喜欢对来访者的言行做正确与否或道德上的评判。比如："你讲话怎么有这么多的口头禅？""你这种想法是不符合社会道德的""这件事上明明是你错了，你还说是别人的不对""你这种价值观念是不正确"等。一般不应做这样的评判，因为来访者是来求助的，不是来听批评、指责的，不能把咨询师自己的价值观或是非标准强加于他。

（五）不适当地运用咨询技巧

提问过多。如果来访者处于一种被询问而被动提供资料的状态中，就不利于来访者充分地表达自己。充分地表达自己不仅能使来访者提供资料，还能起到宣泄的作用。很多情况下，来访者往往不知道自己的问题在哪儿，根源是什么。如果咨询师倾听得当，他才会渐渐理出头绪，找到问题及根源。所以咨询师应该尽量多倾听、少提问。

（六）概述过多

这会占用过多咨询时间，同时可能让来访者觉得咨询师的领悟力不足，有点婆婆妈妈，一定要通过概述和得到来访者认可才能弄清楚问题。尤其对那些文化程度较高、表达能力强的来访者，更应该避免过多概述。

（七）不适当的情感反应

比如表达的情感过重，反而对来访者产生某种心理暗示，强化了他的一些不良情绪。

第二节　影响技术

心理咨询靠良好的咨询关系，运用参与性技术可以使来访者从中受益，达到自我成长，但这个过程是非常困难和缓慢的。咨询师往往会在适当的时刻超越来访者的参照框架，从咨询师自己的角度出发，依据所接受的专业训练，借助咨询师的洞察力、感受力和人生经验，主动影响来访者，以使来访者的成长更快一些。参与性技术间接地影响来访者，而影响性技术则更为积极主动地对来访者产生直接的影响。根据伊根（Egan）的观点，运用影响性技术的目的就在于帮助来访者明白自己需要改变，并需要一个更为客观的参照框架，来改变自己的行为。主要的影响性技术有：具体化、面质、解释、内容表达、情感表达、自我暴露。

一、提问技术

提问是访谈过程中不可缺少的部分，它的有效性依赖于问题类型和提问频率。根据咨询师的技能熟练程度，提问的问题对建立良好的咨询关系有潜在的影响。

（一）开放式提问

开放式提问常常以"什么""怎样""为什么""怎么"等词在内的语句发问，使来访者更多地讲出有关情况、想法和情绪等。调查显示，以"什么"开始的问句更倾向给出事实和信息，以"怎样"开始的问句与过程和情绪相关联，以"为什么"开始的问句多给出原因；同样，以"何时"和"何地"打头的问句能够提供时间和地点相关的信息，而以"谁"开头的句子则与人物联系在一起。

1. 开放式提问在咨询情境中有多种目的

（1）开始咨询会谈。

（2）鼓励来访者说出更多的信息。

（3）诱导来访者讲出行为、想法和感受的具体例子，以便咨询师能更好地理解那些造成来访者当前问题的原因。

（4）通过鼓励来访者讲话以及指导他们进行有目的的沟通，促使来访者发展与咨询师的关系。

2. 开放式提问的类型

（1）包含有"什么"在内的提问，更倾向于让来访者给出事实和信息。如"那以后又发生了什么事情？""当时你有些什么反应？""还有什么人在场？"

（2）包含有"怎样""怎么""如何"在内的提问，往往会引导出来访者对事情经过的描述以及来访者对这个问题的想法和情绪反应。如"你当时的情况是怎样的？""你当时一下子就崩溃了，是怎么回事？""你是如何知道别人这么说你的呢？"

（3）包含有"为什么"在内的提问，可以促使来访者给出原因。如"为什么你觉得别人都会看不起你？""当时你为什么会有这种想法？"但有时候由于咨询师的语调，使用"为什么"的句子常具有对立性质。用"什么"代替"为什么"一词，往往可以获得同样的信息。

（4）包含有"能不能""可不可以"在内的提问，可以促进来访者给出其独特的回答。如："能不能告诉我你现在的感受？""可不可以说得再具体些？"

3. 注意事项

开放式提问能够给来访者的回答以较大的自由度，但一定要以良好的咨询关系为基础，注意语气语调的运用，不能咄咄逼人，辩论式、进攻式、语气强硬的发问都不恰当。要注意来访者的反应，运用共情式、疑问式、语气温和的提问，使来访者感受到咨询师是真心实意地想知道事情的真相从而帮助自己。

（二）封闭式提问

如果咨询师需要得到特别事实或寻求某一具体信息时，就需要使用封闭式提问。这类提问以"是"或者"不是"，"有"或者"没有"，"对"或者"不对"等一两个字为回答。比如"你今天最想讨论的是你跟同学的关系，是吗？""你的家庭成员中有人患有抑郁症吗？""你说你以前做过两次心理咨询，对吗？"封闭式提问具有这样一些作用：收集信息、澄清事实、缩小讨论范围、使会谈能集中探讨一些特定问题、帮助咨询师把来访者偏离某些主要问题的话题引回正题上。

在访谈过程中，不要随意使用封闭式提问。过多的应用会妨碍讨论，也会令来访者觉得咨询师只允许他们进行简单的回答，因而避开讨论敏感、重要的话题。但赫普沃斯（Hepworth）等提出了一种例外的情况，他们注意到，如果来访者的"智慧和能力十分有限"时，则必须使用更多的封闭式提问。

1. 例外型提问

假如来访者说："最近我总觉得，我的心情很糟糕，总是想哭……"咨询师可以问例外情况："你最近有没有心情还不错，没那么糟糕的时候？"这种例外型提问有助于来访者从以偏概全的角度转移至一个比较全面的角度。

2. 预想型提问

有些来访者的心理和行为反应都比较消极，常常会有："假如我妈妈知道我有辞职不干的念头，那太可怕了……"此时咨询师会问："现在你妈妈没在这里，你想一想，假如你妈妈知道了你想辞职，可能会发生什么事情？"咨询师引导来访者联想某件事的后果，是让来访者把那些想都不敢想的事情梳理出来，后果往往没有来访者预想的可怕。

3. 奇迹型提问

当来访者顾虑重重的时候，咨询师常常会这样提问："假如有奇迹发生，你希望这个奇迹是什么？""假如有一个仙女能满足你三个愿望，你会提出哪三个愿望呢？"咨询师通过这样的提问，使来访者忽略现实的困难，表达自己内心最想实现的目标。

4. 打分提问

很多来访者在描述自己的情绪时，常常说"还可以吧""一般吧"这类模糊不清的描述，于是咨询师就可以请来访者就自身的情绪进行打分（通常是0-10）。咨询师可以这样询问来访者："假如你对自己的焦虑程度用0-10来打分，你会打几分？0分是完全不焦虑的状态，10分已达到极限。"通常我们用这种打分来评估来访者描述的感觉。

打分提问一般用在咨询开始的时候，或在咨询快要结束的时候，也会邀请来访者用打分的方式对自己的感觉再做一次评估，以衡量咨询的效果。假如咨询开始的时候打的焦虑程度是8分，将要结束的时候来访者打的是3分，咨询师就可以就此做出聚焦，和来访者共同探讨是哪些因素帮助来访者降低了焦虑？这种过程能够帮助来访者对心理咨询有信心，也有助于增长咨询关系。

5. 转换型提问

例外型提问是就一个"点"的相反性质进行提问，如果来访者陈述"闺蜜的种种不好"，咨询师会提问"闺蜜有没有好的方面？"转换型提问是就"点"之间的转移来提问，咨询师不提问闺蜜了，就可能提问"那你的男朋友是什么样子的呢？"或者也可以转移到来访者自身："那么你觉得自己对闺蜜怎么样呢？"

转换型提问在心理咨询的过程中同样应用较多。当咨询师就某一个"点"的问题感觉暂时没有什么进展的时候，就会先"移开"一下，在相关的其他"点"上进行聚焦，以推动整个咨询进程。

（三）提问时容易出现的错误

在心理咨询的过程中，为了收集来访者更多的信息，真正理解来访者，最有帮助的办法是多用开放式问题，少用封闭式问题，或者把封闭式问题变为开放式问题。避免提问过多。如果提问过多，来访者会把解决心理问题的责任转移到咨询师身上，自我探索减少；在叙述自己的情况时出现依赖性，咨询师不问来访者就不说话。尤其咨询师用较多面质性的问题时，来访者会感觉自己处在被"审问"的地位，产生防御心理和行为。

（四）注意提问的技巧

（1）提出的问题要围绕来访者的关注点。有效的问题只能来自来访者所做的陈述，而不是来自咨询师的好奇心或者结束咨询的需要。

（2）提出问题后，要给来访者足够的时间做出回答。要知道，来访者可能并没有现成的答案。让来访者产生急于回答问题的感觉是有害的，会让来访者为讨好咨询师而回答问题。

（3）一次只问一个问题。一些咨询师没给来访者足够的反应时间就提出多个问题，这种连珠炮式的问题使来访者不知所措，他们可能只回答最不重要的那个问题。尤其是在为儿童和老年人进行咨询时需特别注意这一点，因为他们往往需要更多的信息加工时间。

（4）尽量避免指责性、面质性的问题。这种问题常由于咨询师的语调和使用了"为什么"一词，而带有对立性质，使来访者产生心理防御。用"什么"代替"为什么"一词，可以获得同样的信息。

二、面　质

面质（confrontation）又称对质、对峙，是咨询师向来访者直接指出其存在的混乱不清、自相矛盾、实质各异的观点、态度或言行。面质不是要告诉来访者他做错了事情或他是个坏人，也不是为咨询师表达自己的不同观点提供机会，不管咨询师的意见可能是多么正确、多么好或多么有帮助。在咨询中，与其说面质是把来访者自身的矛盾揭示出来，不如说是在与来访者讨论这些矛盾。

（一）穆哥特伊德认为面质常常涉及来访者三种类型的矛盾

（1）来访者的真实自我和理想自我之间的差异。在这类矛盾中，来访者实际上把他们自己所希望的自己当作真实的自己，而没有注意到他们自己的实际情况。

大四女生，在一所偏远的二本院校读化学本科专业，考研时，坚持报考北京一所一流高校金融专业的研究生，跨学校跨专业难度很高，即使她连国家英语四级都未通过及格线，但她坚信只有自己考上了北京这所学校的研究生，她的命运才能有改观，否则她这辈子就完蛋了。

（2）来访者的思维、感受与其实际行动之间的差异。

男性来访者，40 岁，教师。有一次提前半小时到达咨询室，在咨询室外的寒风中等候 10 多分钟。咨询师开门后，安排该来访者在接待室等候，直至咨询时间到达才允许他进入咨询室。关于这半小时的等候，咨询师询问其感受如何？来访者说没有什么感觉，挺好的。而晚上来访者的妻子打电话给咨询师，询问今天咨询中发生了什么事情，为什么来访者回家后莫名其妙地跟她吵架？

（3）来访者想象的世界与咨询师看到的真实的世界之间的差异。

一位妈妈带着自己 17 岁的儿子小力来到咨询室，她诉说自己养儿不易的辛劳，告诉咨询师为了孩子她付出了自己太多的精力和时间，她太爱她的儿子了，爱到不知道还能够为他做什么。可是小力却一副没心没肺的样子，甚至对妈妈的苦水一脸蔑视。后来，小力告诉咨询师，他的妈妈是多么的令他厌恶，从不给他一丁点自由，从小动画片只能看妈妈指定的那几部，书只能看妈妈买的那几本，就连自己的朋友，也必须是通过了妈妈的审查后才可以交往……妈妈所谓的"爱"对小力而言无疑是一种"折磨"。

（二）面质反应的基本原则

（1）无论从内容上还是意图中，面质都应该是积极的。艾维（Ivey）将面质称为一种"支持性"的挑战和一种"温和的技术"，包括仔细而尊重地倾听来访者，然后帮助来访者更充分地探索自己或情境。

（2）为了避免指责，面质反应应该只针对问题中的矛盾，而不是针对来访者本人。在对矛盾或冲突进行描述时，应当引用行为中存在的具体例子，而不应只做模糊的推论。

（3）在咨询师面质之前，应先建立良好的咨询关系，关系越牢固，来访者越易于接受面质反应。因为面质的目的是帮助来访者进行自我检测，所以面质之前要判断来访者的注意程度、焦虑水平、渴望改变的强度以及倾听的能力，只有当来访者有能力利用它们时，才能给予面质。有时候可以使用"尝试性面质"，用一些不太肯定的言语"似乎""好像"等，如："你说你言出必行，答应了别人的事情就一定会做到，似乎上一周你答应我去找找摄影师相关的工作，但刚才你说你上周一份简历都没有投……"

（4）在咨询初期不适合使用面质，在一次会谈接近结束时也不适合，因为面质之后，应给来访者充分的时间做出反应和讨论反应。

（5）不要在很短的时间内用面质反应给来访者施加太多的压力。Carkhuff 建议应避免两个面质反应连续使用，因为这也许会过于强烈。赫普沃斯等认为："过度使用和滥用面质技术，而没有表达出对来访者的人文关怀，是不道德的，也是无疗效的。"对于脆弱的来访者以及那些正在经历严重应激或情绪极度紧张的来访者，最好是完全避免使用面质。

（6）来访者的性别和文化背景也会对面质反应的效果产生影响。面质也许更适合欧美的男性来访者，尤其是那些操纵型和活跃型的来访者。无论如何都要知道，在面质中要让来访者把你当作是同盟者，而不是当作敌人。

三、解　释

解释（interpretation）是咨询师运用某一种理论来描述来访者的思想、情感和行为的原因、实质等。解释能给来访者提供一种新的认识他们问题和自身的方式。解释还可以使来访者的世界观产生认知性的改变。当咨询师运用内容反应、情感反应等技术时，是从来访者的参考体系出发的，而当咨询师运用解释、内容表达、情感表达的技巧时，则是从咨询师自己的参考系统出发的。解释与内容表达亦有关系，但解释侧重于对某一问题作理论上的分析，而内容表达则是指咨询师提供信息、建议、反馈等。

解释往往针对的是来访者没有明说或隐含的那部分内容。咨询师根据自己的直觉，识别出来访者信息中那些微妙或隐藏的层面，使来访者能够接触到自己更深层的情感以及行为中未明了的意义和目的。伊根（Egan）将这些反应称为"高级共情"。如果这些反应使用准确且时机得当，来访者就会获得一个新鲜而不同的视角。

解释技术的意义有以下几点。

（1）有效的解释有利于建立积极的咨询关系，因为它能够加强来访者的自我剖析，提高咨询师在来访者心目中的可信度，并传达出咨询师对来访者的咨询态度。

（2）解释可用来识别来访者明确表达和隐藏的信息与行为之间的关系模式。

保罗（咨询师）：还记得第一次到这儿来的时候吗？你们告诉我说，你们的关系是从强烈的爱情开始的。我的意思是，你们俩都同意这一点。

艾米（妻子来访者）：从那以后我们就再没有达成过什么共识了。

杰克（丈夫来访者）：可以肯定的是，我没有变，是她变了，我不知道现在她想从我这儿得到什么？

艾米：在你这儿，我什么都不想要。

保罗：你怎么会觉得她变了呢，杰克？

杰克：似乎对她而言，我再也不够好了，没资格跟她有孩子。

艾米：哦，老天，别再说这个了，拜托。

保罗：艾米，我记得你说过，你第一次见到杰克的时候，觉得他非常性感。我记得你的原话就是这么说的。

艾米：是啊，我们……我们和尼克的合伙人一起去了那家俱乐部，杰克在那儿演奏。他在台上唱着那首《她属于我》，那时的他很美。

保罗：不过到了现在，他的打扮、音乐、朋友圈似乎都让你感到厌烦。杰克，你现在把艾米描绘成一个恃才傲物的人，而你曾称她为公主。也许你们这些年来都一直在争取把自己的观点强加在对方身上，逐渐地，这就变成了一场控制权的争夺战，而你们也对此习以为常了，这已经成为你们俩关系的一部分了。

杰克：那为什么现在这些不再行得通了呢？

保罗：艾米的事业心很强，这让你非常焦虑，让你没有安全感，变得占有欲很强，容易嫉妒。反过来，这些让艾米变得神秘兮兮，并且开始说谎。我能感觉出你们俩都厌倦了这场争斗，在你们的内心深处都希望可以停下来，但你们都害怕，害怕停下来。有一点我是知道的，争斗中总会有人牺牲。

杰克：牺牲？你在说什么啊？指的是谁呢？

艾米：是兰尼（杰克和艾米的儿子）。

摘自《扪心问诊》1-19

（3）帮助来访者从另外一个参照框架来审视自己的行为，或从另一个角度对自己的问题予以阐释，而对问题有更好的解释。解释能够促进来访者的领悟。

一个男性来访者，小时候是留守儿童，父母外出打工，很少见面，由爷爷奶奶陪伴长大，到了学龄期，被父母接去城里上小学，因方言不通常被同学笑话，因生活习惯不符合父母的要求经常被父母斥责。他很自卑，寡言少语。长大后与人相处也不是很好，没有交往很深的朋友。与他人谈论自己擅长的事情还可以，如谈论的内容是自己不太了解的就感到索然无趣，默默走开。他希望改变这种状况，但又不知道问题出在什么地方。

心理动力学的解释可能是要追溯到来访者的童年时期，认为来访者从小是留守儿童，缺失好的客体关系，没有安全感。到了学龄期为了避免被同学嘲笑、被父母责骂所以很少与他人主动交流，外在坏的客体内摄，觉得自己也不好，很自卑。成年后与人交往仍是如此。当别人谈论自己不擅长的东西时，无法用开放、好奇的状态与他人讨论，自卑、害怕的感觉再次袭来，因此一走了之。

认知行为疗法的解释可能是来访者认为一旦别人知道自己不擅长或不懂一些谈论内容时，就会看不起自己，觉得自己很差劲等。与其让别人看不起，还不如趁早离开。最初是偶然、无意识地这样做，慢慢地次数多了，形成了条件反射，一旦有类似的情况发生，就采用同样逃避的行为，以减轻焦虑害怕的感觉。

心理咨询是一项复杂的工作，很多有经验的咨询师对解释的应用都是很谨慎、仔细的。艾维等人认为：对任何一次治疗会谈来说，两个或三个运用的对的解释可能是其最大的限度。同时，咨询师要努力掌握多种理论模型，才能针对来访者不同的问题进行不同的解释。仅仅掌握了理论也还不够，还要在实践中加以应用。运用解释要灵活，富有创造性，要做出真正符合来访者情况的合理解释。

四、自我暴露

自我暴露（self-disclosure）这个名词是由人本主义心理学家西德尼·朱拉德（Sidney Jourard）在1958年提出来的。它是指咨询师对来访者有意识和有目的地表露有关自己的信息。在心理咨询中，最初只重视来访者的自我暴露，后来人们也开始重视咨询师的自我暴露，认为这与来访者的自我暴露同样重要。有研究表明，咨询师的自我暴露行为可以使来访者的自我暴露增多。还有研究者发现，当咨询师的自我暴露提供的是与他们自身有关的负性信息的话，来访者会感受到更多的共情、温暖和信任，这种感受比那些仅仅得到有关咨询师的好的信息的来访者更为明显。

（一）咨询师自我暴露的两种形式

1. 向来访者表明自己在会谈当时对来访者言行问题的体验

如咨询师说："我很高兴今天你能独自前来咨询，而不是由你妈妈接送。"当一个因社交恐惧休学在家的高中来访者，第一次不用父母陪伴独自前来咨询时，咨询师以这样自我暴露的方式表明了自己对来访者进步的欢喜。社会心理学的研究表明，人们喜欢那些喜爱自己的人。这种自我暴露传递给来访者的是积极的信息。有时候也会传递负性信息给来访者："当我听到你说你的这些遭遇时，我也很难过。"

2. 咨询师谈及与来访者所谈话题有关的过去经验

比如咨询师说："你这些年做'扶弟魔'的遭遇，让我想起了我曾经也跟你一样，虽然出嫁了，但仍然对父母和哥哥不放心，一方面竭尽所能地帮助他们，一方面又觉得愧对自己的小家庭，甚至有时候两面受气，都不讨好，直到后来做个人体验我才慢慢成长和解脱出来。不知道听了这些你是否更有信心处理好你在两个家庭中的位置？"

（二）自我暴露的原则

（1）自我暴露要在与来访者建立好倾听的良好基础上，过早地自我暴露并无用处。

（2）中等程度的自我暴露有更积极的效果，流露的太多或太少都不一定有效果。一些自我暴露表达了亲近，使来访者觉得咨询师值得信任。一些自我暴露为不善表达情感的来访者提供了一种角色示范作用。很少自我暴露的咨询师，会拉远与来访者的距离。过分流露的咨询师会被认为缺乏周到的考虑、自我中心、咨询关系边界模糊，甚至是同样需要被帮助的对象，因此不值得信任。

（3）用于自我暴露的时间不能过长，语句要简洁。因为咨询师长时间的自我暴露会占用来访者的时间，一旦来访者看起来对咨询师的自我暴露反应不积极，就不再继续使用。更重要的是，在自我暴露以后，要确保谈话的焦点回到来访者身上，而不是停在咨询师这里。

（4）咨询师流露信息的深度和亲密性要在内容上与情感上与来访者相接近。

（5）自我暴露因来访者问题的性质、他的自我力量和人格健全的水平不同而不同。赫普沃斯等建议，对于患有精神疾病的来访者，自我暴露的使用要非常严格和具体。类似的，西蒙尼（Simone）等发现，对于被诊断为人格障碍的来访者，尽量不使用自我暴露技术。具有自恋型人格障碍的来访者尤其不会对咨询师的自我暴露做出积极反应。因为自我暴露可能将焦点从他们的身上转移，构成对他们自恋的伤害，这很可能重演了他们过去与主要看护者的经历。不幸的是，那些自身的自恋问题未愈合的咨询师最有可能不恰当地和过多地使用自我暴露。

五、即时化

即时化（immediacy）是咨询师在咨询中描述"此时此地"（here and now）发生的事情的一种言语反应特点。即时化也被认为是一种真诚和直接、相互的谈话。即时化虽然也涉及自我流露，但是它只与当前情感的自我流露有关。当来访者总是过分回想过去或期待将来时，咨询师是很难了解他现在的想法和感觉的。

咨询师在咨询过程中主要对三个方面作出即时化反应。

（一）咨询师即时化

将咨询师此时此刻的想法、情感或行为表达出来，如："你已经有三次咨询迟到了，我对此很担心。"

（二）来访者即时化

将来访者此时此刻的想法、情感或行为反馈给他，如："我发现每次谈到你爸爸的时候你就会转移话题，这是怎么回事呢？"

（三）咨询关系即时化

咨询师表达出对咨询关系的看法和情感。如："我很高兴你能坦诚地告诉我这段痛苦的经历，也感谢你对我的信任。"

当咨询师公开表达对自己、对来访者或者对咨询关系的感觉，尤其带有消极色彩的情况时，即时化可以减小由于不承认存在潜在的问题而导致可能疏远的咨询关系的影响。咨询师公开讨论那些正在发生的、可能影响来访者对咨询师感受的事情，能够增强双方的工作联盟。通常，来访者与咨询师相处的方式，也就是他们在生活中与他人相处的方式。比如小圆在咨询中特意地取悦咨询师，那么他有可能也在现实生活中努力地取悦他人。即时化反应可以帮助来访者进一步认识自己与他人的关系以及这种人际关系出现问题的背后原因。即时化鼓励来访者更多地披露，也是在促进咨询师和来访者进行更为开诚布公的交流。

要想恰当使用即时化，可以使用以下方法：咨询师要即时描述出他看到的此时此刻正在发生的事情，避免延缓使用；为了反映"此时此地"的体验，即时化句子应该使用现在时态，如："我现在感到有一些愤怒"；在咨询前期，过多使用即时化会使来访者感到有压力，并且会使咨询师和来访者双方都产生焦虑；即时化反应要针对咨询关系中实际上正在发生的事情，而非对来访者的反移情。

第三节　非言语技巧

在我们与他人进行交流时，非言语行为起着很重要的作用。在交流中，我们更强调说出来的言语，而在实际交流信息时，约有 65%或更多的信息是由我们的非言语行为传达的。耐普（Knapp）和霍尔（Hall）将非言语行为定义为："除言语和书面语言外的所有的人类沟通方式。"交流中具有重要意义的非言语行为存在五个维度：身体语言、副语言、空间效应、环境因素和时间。

一、身体语言

身体语言包括眼部、脸部、头部的动作以及手势、触摸、身体表现和动作等。

（一）面部表情

由于每日每时面部表情都与人的情绪相关联，因此面部被认为是可确认情绪反应自然特性的最重要的部分。在心理咨询以及人际交往中，通过面部表情所传递的情绪反应信息，常常决定着人际交往的进程及方向。如果咨询师仅仅把注意力放在言语的信息交流上，那么就有可能会犯类似盲人摸象那种类型的错误。

在谈到面部表情时，不可避免地要涉及人们视线的接触以及人们从目光中所传递出来的信息。目光被认为是人们赖以交流的工具之一，其传递信息的方式及使用方式，各民族之间可能有所不同，但用目光交流的习惯，在童年一经形成，几乎终身不再改变。我们常听到这样一句话："眼睛是心灵的窗户。"通过眼睛这个被人们称为心灵之窗的地方，可以领会人的各种心灵语言。芬兰的心理学家曾做过一个实验，把由演员表演各种情绪的照片横裁成细条，只挑出双眼部位让人们辨认，结果回答出眼睛所表现的情绪的正确率很高。还有研究者让被试凝视一张人脸照片，用追视仪记录其目标，结果发现被试的视线主要集中于眼睛和嘴上。

1. 目光注视

在咨询过程中，咨询师与来访者位置的安排之所以要呈现直角其原因就是避免来访者与咨询师直接对视，以免使来访者有心理负担。在咨询过程中，一般说，咨询师应占主导地位，不论是说话时还是听对方讲话时，目光一般都会注视着对方。当来访者郁郁寡欢时，不看人的情况较为普遍；如果来访者自觉地位低于咨询师，听讲时投来的目光就会多于自己讲话时；女性一般比男性更爱直眼看人；常仔细打量对方者，注视人的时间往往更长。

在咨询会谈中，更多的相互注视可能出现于以下情形中：

（1）咨询师和来访者有较大的身体距离；

（2）正在讨论轻松的、不涉及个人的话题；

（3）咨询师与来访者间存在人际关系卷入；

（4）咨询师在倾听，而不是在讲话；

（5）咨询师是女性；

（6）咨询师来自重视人们交流中目光接触的文化背景。

而在以下情形中相互注视则较少：

（1）咨询师与来访者的身体距离较近；

（2）讨论困难、涉及隐私的问题；

（3）咨询师或来访者对对方的反应不感兴趣；

（4）咨询师在讲话，而不是在倾听；

（5）咨询师感到尴尬、羞耻或试图隐瞒某些内容；

（6）咨询师自己的文化背景不鼓励人们在个人交流中有目光接触。

2. 目光转移

比如你对一个来访者说："当一个人谈到他的原生家庭时，总是感到很困难，是吗？"来访者回答："我可不这样。"但在说话过程中带着苦相，眼睛看着别处，此时面部表情及目光所反映的信息比言语的更为重要和真实。又如一个爸爸在谈到自己的妻子和孩子时说到，家庭对他来说是非常重要的，他说他对整个家庭付出了很多的心血和精力，但妻子和孩子似乎都不领情。在这段谈话中，当谈到他为整个家庭的付出时，他的眼神并未游移他处，但当他谈到妻子和孩子不领情时，他的视线移开了。这可能反映了他内心想融入家庭，但实际上事与愿违。在许多时候，个别的观察是不够的，咨询师需要更多的信息以确认来访者的感情和情绪。当来访者谈到其害怕涉及的一些话题时（如性、敌对情绪、令人难堪的经历等），只要这些话题一露端倪，他们的目光就会有一种回避的反应。

3. 表达情绪

在咨询过程中，当咨询师做解释、说明等工作时，来访者的目光还可能表现出疑惑不解、大彻大悟、悲哀、惊奇、快活、专注等不同的情绪色彩，咨询师可以根据自己的生活经历对这些情况进行确认。当咨询师某些话语击中其要害时，来访者的目光也可能久久地盯着地面、注视着自己的双手或双脚，虽然未作任何言语反应，但这可能反映了其内心的斗争与思考过程。此时可为其留出一定的时间不再发问或讲解。另外，来访者的目光或表情有时会流露出不以为然的色彩，这不一定是对咨询师的轻视，而是对咨询师说的某几句话或提供的某些具体建议的反应。此时可以明确发问以作具体的了解和处理。

4. 哭 泣

有些来访者在沉默之后便眼含泪水，有的在诉说之中潸然泪下。哭往往是人们感到委屈、伤心时的一种表现。美国的一项研究表明，伤心的泪水含有与人的紧张情绪等有关的神经传导物质，泪水可将其排出体外。85%的女性被试和 73%的男性被试说他们哭了以后心情会好受一些。在来访者将要哭泣时，咨询师不能无动于衷。来访者可能平时并非软弱之辈，并非爱哭之人，只是到了咨询室，想起或说到伤心事才动了真情。有了这样的理解，咨询师才易于达到共情的境地。咨询师可以将自己的关注表现出来，如将纸巾盒递给来访者或在发现来访者强忍泪水时，鼓励他们哭出来。咨询师此时如果没有任何表示，来访者会把这种沉默看作对自己的负性看法或对自己行为的一种批评态度。

5. 嘴 部

嘴部是整个面部又一表情丰富之处。许多表情与面部整体的肌肉活动有关，但嘴部还有些特殊性。有时，嘴部肌肉的微小活动可以反映出一个人的心理活动的内容，如嘴唇紧闭可能意味着压力、挫折、敌意或愤怒；一个人下嘴唇颤抖或者咬着嘴唇，可能意味着焦虑或悲伤。张着嘴说不出话可能表示惊奇或难以说话等。

咨询师借助于对来访者面部表情的理解可以更好地理解和领悟来访者的问题及其对他本人的影响，与来访者讨论其表情所传达的情感、情绪信息也可使来访者认识到咨询师对他的理解，这对咨询过程极为有利。

（二）身体动作

虽然面部表情是确认来访者情绪特性时首先要注意的部位，但是身体、四肢、手的运动在信息交流过程中也起着重要的作用。大多数人的身体动作是后天习得的，和人类语言有关。从出生开始，人们总是尽力在进行身体动作的同时发出声音；成年时，身体动作和言语之间缺乏协调则是病态的信号。

1. 身体动作主要包括手势和身体姿势

按照一些研究者的看法，手势具有说明、强调、解释或指出某一问题、插入谈话等作用，和口头的言语表达同时进行。手势在人际交往中，往往是经过推敲而运用的。借助手势与身体姿势，人们可以表达惊奇、苦恼、愤怒、焦虑、快乐等各种情绪。在相同的文化背景下，人们的这些表达方式往往是很相似的。有时言语表达显得不够用了，手势与身体姿势的运用就是必要的了。在咨询过程中，当来访者谈到一般人不易接受的内容时，常常会更多地运用手势等身体语言。

2. 具有不同问题的人，其身体动作可能是不同的

一个情绪抑郁的人除了目光暗淡、双眉紧锁外，还可能双肩微驼，双手持续地做着某个单调的动作，身体移动的速度相对缓慢，似乎要经过很大的努力才行；而一个焦虑的来访者，常常会不停地移动自己的手脚，双手可能在不断颤抖；一个行为退缩的人会始终使他自己的双手处于与身体紧密接触的部位（如双手紧紧插在衣兜里等），头部下垂。正如一些研究者指出的那样，身体姿势、肌肉系统的紧张与放松，头部、手、脚的动作都可以看作是具有信号意义的一种交流的信息。

3. 身体语言中，最有用的一种也许可以说是身体姿势的改变

这种改变往往是在无意识之中进行的。因此，有时观察这种改变有可能得到从来访者言语交流中得不到的东西。比如，来访者开始可能以一种自然的姿势坐在沙发上，但是没有任何明显的原因他就改变了姿势；双手交叉在腋下，向后靠在椅背上，跷起一条腿等。有时这些貌似无关的变动可能反映了来访者内心的冲突与斗争，他嘴上说的和他心里想的未必一致。

人处于紧张或烦躁不安时，往往会出现这样一些身体动作：身体坐不稳，仿佛座椅使之感到不适，膝盖或脚尖有节奏地抖动，手指不停地转动手里的东西，摆弄衣服，乱摸头发等。这些动作往往是人的感情的自然流露，他们本身也可能不知道自己为何如此。

以我们的实践经验，来访者无意之间的身体变动所反映的信息常常比言语更多，尤其是在两种系统的信息不一致时更是如此。当咨询师对来访者做说明或解释时，有时，来访者会长时间保持沉默，一言不发，但其身体姿势与手势的轻微改变都可反映其承受的心理压力的大小及内心活动的激烈程度。例如，一个患社交恐惧症的女孩子坚持说，如果别人说她不好，她肯定就是不好的人。咨询师问她：如果有30个人说她不好，她认为怎么样？她说，我会那样想的。咨询师又问，那么还有70个人说你好呢？你到底是好还是不好？她沉默了，用一只手揉搓着自己的裙子……在治疗过程中，善于观察者肯定会发现许多"此时无声胜有声"的场景。

二、副语言

（一）概　　念

副语言是指语言内容以外的因素，如声音水平（音量）、音调（音频）、语速和说话流利性等因素，停顿和沉默也属于副语言。人们的言语表达借助于音量、音调及言语速度的改变，它们能够表达多种复杂细微的感情。

史密斯（Smith）对伴随着语言一起出现的声音现象进行了分析和描述，认为从人们的语言中，可以分出六种成分的声音现象，即声音的强度（或声音的大小）、音调的分配（或提高、降低音调）、扩大或压缩音域、摩擦音或开朗的声音、慢速或快速的表达方式、语音节奏的加速或减慢。在史密斯所提的这几种声音成分中，人的声音大小的变化所反应的情绪特征往往可借鉴日常生活经验来确认。说话节奏的快慢可能反映了每个人的个性特征。而在语调和语速的变化中，包含有更多的情绪变化。声音音调的提高表明人们对所谈事物的看法（如强调、重视）和情绪（如激动、兴奋等）；音调的降低也是这样，可能表明对方主观上意识到所谈内容与人们一般看法不一致，或正是谈到了使之感到痛苦、抑郁的部分。说话节奏的变快可能表明情绪的激昂与兴奋，而节奏变慢可能说明对方正在进行思考或说出某件事情心理上尚有阻抗。对于这些声音成分的具体分析，既要结合当时的谈话内容，又要联系整个会谈中的前因后果。非言语行为传递的信息有时在当时并不能马上得到确认，但只要留心注意，其中的含义总可以弄清楚。

除了上述所说的几种声音特征之外，声音的停顿也值得注意。停顿也被认为是喉部肌肉变化所带来的现象。这些肌肉僵硬和紧张及放松的变化使声音和音调出现短暂的停顿。这可能表明了讲话人带有很强的情绪色彩。如果是来访者在谈话当中有意识的停顿，则可能表明他希望刚刚所讲的内容能引起咨询师的注意；还有一些停顿是来访者希望看到咨询师对自己前面所谈内容的反应，以决定下面继续谈什么内容为好。

（二）咨询师的非言语行为

咨询师注意到自己的非言语行为也很重要。首先，咨询师的一些非言语行为有助于建立建设性的咨询关系，而其他的非言语行为可能有损于这种关系。例如，像目光直接注视、身体正面相对、放松的姿势等这些"高水平"或建设性的非言语行为，都有助于来访者对咨询师的共情和理解力进行积极的评价。此外，来访者对咨询师的个人魅力和专业技能的知觉程度，也与咨询师是否能有效地使用非言语技能相关。

关于咨询师非言语行为的有关研究大多是根据录像或照片进行的，因此很难明确指出咨询师的哪些非言语行为和咨询效果有关。我们将设想出的各种有效及无效的咨询师非言语行为列于表3-1，在评估这些行为时，切记咨询师非言语行为的有效性与咨询进行中的各种背景变量（如来访者的类型、言语内容、会谈进程以及来访者的知觉风格等）紧密相关。因此，对咨询师印象良好的来访者，不会因为咨询师做了无效而"低水平"的非言语行为而改变印象，如敲叩手指、拨弄笔或头发等。同样，如果某个来访者对你留有不佳印象，那么仅仅按照表 3-1 的样子做一些"有效"的非言语行为，也还是不足以改变来访者对你的印象。除了下表列出的有效非言语行为外，咨询师非言语行为中其他三个重要方面也能影响咨询关系，即敏感、一致和同步。

表 3-1 咨询师有效和无效的非言语行为

无效的应用 以下行为可能会导致谈话延缓或终止	交流的 非言语方式	有效的应用 这些行为鼓励谈话继续进行，因为它们 向别人表示接受和尊敬
远或非常近	距离	大约一臂距离
离开	移动	向前
慵懒；僵硬；向后仰	姿势	放松但在注意，略向前倾
回避；蔑视；不安	目光接触	有规律
在做出反应前仍做自己的事； 急急忙忙地反应	时间	有机会立即反应； 和来访者共用时间
用来和别人产生距离	腿和脚 （坐着）	很友好
作为障碍	家具	使人联系更紧密
和情绪不一致；愁眉苦脸；面无表情	面部表情	和自己或别人一致；微笑
和话语竞争	手势	强调话语；谦逊；流利
明显；贬低	怪癖	没有或不明显
非常大或非常小	音量	清晰可闻
不耐烦或断断续续；非常慢或犹豫	语速	适中或略慢
冷漠；困倦；激动；冲动	精力水平	警觉；整个会谈中保持清醒

1. 敏感性

大致来说，熟练的咨询师能更好地发出有效的非言语信息（进行编码），也能更好地留意到来访者的非言语信息（进行译码）。一些证据表明，许多文化中的女性要比男性在译码方面更出色，他们对他人的非言语线索也更敏感。男性咨询师则需要确认，他们没有漏掉来访者的任何线索。我们要通过打开所有的感觉通道来增强我们对非言语线索的敏感性。

2. 一致性

咨询师非言语行为和言语信息对咨询过程有联合影响，特别当这两方面的信息是混淆或相互矛盾时。混淆的信息使来访者感到困惑。例如，假设一个咨询师对来访者说："我很有兴趣知道，你对你父母的感觉如何？"但是咨询师的身体不是面对着来访者，而且两只手臂交叉在胸前。这个不一致的信息对来访者的影响是非常大的。事实上，一个否定的非言语信息与肯定的言语信息相混，它们的影响可能比相反的情形（肯定的非言语信息与否定的言语信息）要大得多。高兹道（Gazda）等人指出："当言语和非言语信息矛盾时，我们一般更相信非言语信息。"咨询师的不一致信息，一方面会增加彼此之间的距离，另一方面来访者会将这些信息视为是咨询师不诚实的表现。此外，混淆的信息会降低来访者与咨询师在心理上的亲密感，也削弱对咨询师的真诚的知觉。

咨询师言语与非言语信息的一致性会提高来访者对咨询师能力的评价，也使咨询师对自己的表现会有积极评价。在与来访者争论时，或在讨论私人性、敏感而带有压力的话题时，咨询师言语和非言语间的一致性尤为关键。保持一致性的一个重要方面是，咨询师要学会使自己的非言语行为强度与来访者的行为强度相对应。很多人都忽略了使我们做到言行一致的最重要工具，即我们的声音。改变音调、音量、语速以及加强语气等都十分有用，能使我们与来访者的体验更加接近。

3. 同步性

同步是指咨询师与来访者之间非言语行为的和谐程度。在咨询会谈中，尤其是开始阶段，与来访者的非言语行为之间保持协调是很重要的。协调不是说咨询师要模仿来访者的每一个动作或声音，而是指咨询师的非言语行为要与来访者的非言语行为紧密结合或非常相似。例如来访者舒服地坐着，姿势放松并且两腿交叉；咨询师要与此相应，摆出同样的身体姿势和腿部动作。如果来访者放松地向后靠但咨询师却专心地将身体前倾，或者当来访者面容悲戚而咨询师却面带微笑，或者来访者和缓地讲话而咨询师的回答却铿锵有力，这些都是明显的不协调、不同步。能够达到同步的非言语行为越多，咨询效果就越好。

三、空间效应、环境和时间

空间效应包括咨询室的可用空间、家具摆放、座位安排及咨询师与来访者的距离。空间效应还涉及人类交际中非常重要的因素——领地。许多人不仅占有属于他们的东西，还占有他们周围的空间。重要的是咨询师要对来访者的空间需求表现出非言语的敏感性。当来访者觉得他的空间或领地被侵犯时，就会采取一些行动来恢复到合适的距离，比如转移目光，尽量不谈过于隐私的话题等。

在咨询中，咨询师与来访者之间保持正常的社交距离即可。距离过近会抑制来访者的言语表达量。面对一个女性咨询师，女性来访者比男性更容易忍受个人空间的减少。年轻人和老年人更愿意近距离交流。而烦恼的来访者要求有较大的相互距离。

关于咨询室中座位和家具的布置，某些文化中的咨询师不喜欢在座位之间摆放桌子或其他物体，但许多来访者却喜欢有一张桌子，以产生保护空间或"身体缓冲区"。两个座位的理想角度一般为90度，采取临边而坐的方式。这种位置既避免了对视使给来访者造成紧张不安、焦虑的情绪，又促使了咨询师与来访者的互动交流。座位和空间安排在家庭治疗中也是很重要的一部分。成功的家庭咨询师会注意到如下的家庭空间效应：每一个家庭成员之间相距多远？谁挨着谁坐？谁离咨询师最近？这些问题的答案将会提供有关家庭规范、关系、界限、盟友、角色等方面的信息。

　　心理咨询一般都要求在心理咨询室进行，特定的情境会以不同的方式影响来访者。心理咨询室的布置首先要考虑使来访者安心、放松、舒适、注意力集中、保守秘密。咨询室一般要光线柔和、安静舒适、整洁温馨、色调优雅。同时，环境应具有适度的唤醒水平，以使来访者觉得足够放松，从而能够探索自己的问题及显露自我。

　　此外，座钟或钟表一般放置在双方都能看得到的位置，使来访者和咨询师都能有良好的时间观念和时间意识，遵守时间设置，及时分离。同时，看得见的时间流动对来访者开放自己起到良好的促进作用。

　　在心理咨询中，有稳定和清晰的时间设置，有助于观察和理解来访者的内心世界，促进咨询关系的建立与维持，具有重要的心理意义。一些来访者认为，延迟或重新预约表明咨询师在搪塞；而有的来访者正相反，对额外的时间觉得很合适、很值得。有些来访者会通过迟到或者快到咨询结束时才开始谈论重要的话题来表达自己的焦虑和阻抗。人与人的时间感也不一样，一些人有严格的时间观念，所以准时开始咨询对他们而言是重要的；另一些人在时间上很随意，所以对咨询师未按时到达不觉得是冒犯或搪塞，也不认为咨询师会对他们的迟到感到不高兴。

第四章

心理咨询的要素

　　心理咨询与治疗的核心问题是来访者在心理、行为上的改变和改善。在心理咨询会谈中，咨询师和来访者都会对咨询的进程和效果产生影响。研究证明，心理咨询和治疗对来访者心理问题的改善的确有效，但究竟是哪些要素促成了改变？我们将在本节进行一些介绍。

第一节　心理咨询和治疗中的共同要素

一、关于共同要素

　　有可靠的研究表明，同一来访者或同一种心理问题，可以从不同的治疗体系中得到治疗改善，且不同治疗体系之间的疗效没有明显的优劣差异（Lambert，Bergin，1994；Lambert，Cattani-Thompson，1996）。按理说，每个理论流派对人的心理困扰产生的机制假设不同，因此咨询或治疗效果也应该不同，但实际上，心理咨询或治疗的理论就像盲人摸象，摸到的都是大象，但只是大象的一部分，结果总是殊途同归。对这种情况，从理论上有三个假设（Lambert，Bergin，1994）：① 不同的疗法可通过不同的治疗过程得到同样的疗效；② 不同的治疗，的确产生了不同的疗效，但现有的研究没能够把它们的区别检测出来；③ 在不同的治疗体系中存在共同的治疗因素，正是这些共同因素（common factors）导致了治疗效果。三个假设中，共同因素说受到更多研究者的关注，引起了富有成效的研究。

　　最近一些年，强调共同因素的观念因为万普教授（Wampold）及其小组的工作，得到进一步的伸张（Chwalisz，2001）。万普（Wampold，2001）等人用元分析的方法，进一步肯定了早期研究者关于共同因素的结论：各种治疗体系的价值基本相同，促成治疗效果的主要部分是各个疗法中共同的东西，而不是各异的东西。

二、对共同要素的认识

　　《认知治疗与研究》（*Cognitive Therapy and Research*）杂志在 1980 年第 4 期发表了一篇题为《关于有效的心理治疗之要素的某些看法》的调查文章。在这篇文章中，一些杰出的治疗家分别就他们自己的经验和作为临床工作者的观察，指出在实际治疗中起作用的治疗原理或临床策略（Goldfried，1980）。

- 约翰·布雷迪（John Panl Bredy）
  - ✿ 咨询师-来访者关系；
  - ✿ 促进来访者对积极结果之期望的程序和策略；
  - ✿ 促进来访者自我价值感、对环境的驾驭感和效能感的策略；
  - ✿ 使来访者更有效地应对某些情境、克服害怕的策略；
  - ✿ 来访者在治疗中获得的新的思考、行为和体验方式在治疗之外予以实践；
  - ✿ 鼓励来访者认识到他的思维、行为和情感最终是由他自己控制的，从而自己对治疗的改变承担起责任。
- 吉罗德·戴维森（Gerald C.Davison）
  - ✿ 环境影响行为；
  - ✿ 使来访者触及他通常不曾留意的情感；
  - ✿ 鼓励来访者敢冒风险，勇于尝试；
  - ✿ 宽慰或暗示；
  - ✿ 提供一种生活哲学或一套成见。
- 吉罗德·伊根（Gerald Egan）
  - ✿ 以问题解决模式作为治疗的原则和技术。因此所有的治疗都涉及协助来访者发现问题、确定改变的目标、探讨如何达到目标，协助来访者采取有力的行动去实现目标。
- 杰罗姆·弗兰克（Jerome Frank）
  - ✿ 激发来访者的希望；
  - ✿ 提供认知或体验性学习的机会；
  - ✿ 唤起来访者的情绪；
  - ✿ 增强来访者的自尊或主宰感。
- 麦顿·吉尔和艾尔文·霍夫曼（Merton M.Gill，Irwin Hoffman）
  - ✿ 一种良好的关系；
  - ✿ 新的经验；
  - ✿ 新的觉醒或领悟；
  - ✿ 以上三者在治疗关系中得到整合。
- 阿诺德·拉扎勒斯（Arnold A.Lazarus）
  - ✿ 有活力的关系；
  - ✿ 存在希望。
- 维克多·雷米（Victor Raimy）
  - ✿ 咨询师同来访者交流的能力；
  - ✿ 治疗联盟的发展；
  - ✿ 发现来访者某方面重要的错误观念；

☼　以某种方式改变这些错误观念。
　●　朱利安·罗特（Julian B.Rottor）
　　☼　增强来访者关于他会改进的信念；
　　☼　咨询师对来访者关怀的态度以及对来访者作为一个有价值的人的接纳。

（一）哥德弗雷德的共同五要素

　　研究者哥德弗雷德（Goldfried，1980）认为，对治疗中直接观察到的东西进行抽象概括可以有不同的水平，最高的概括水平是在理论基础及相应的哲学立场上进行的，最低的概括水平针对特殊的技术和临床程序，介于二者之间的是临床策略和原理。各流派对理论基础和特定技术层面的概括会表现出较大差异，但对临床策略和原理层面的概括表现出许多共同性，而临床策略和原理经常是"不那么清楚地阐明"但却指导着多数咨询师的实际治疗过程的东西。上述不同流派学者的看法正好印证了哥德弗雷德的分析。根据上述分析，哥德弗雷德和帕德瓦（Goldfried，Padawer，1982）提出了各种治疗中存在的五条共同要素。

　　（1）来访者对治疗会有助益的期望；
　　（2）治疗关系；
　　（3）对自己和世界获得一种外来的视角（即来访者从咨询中了解到别人是怎样看待他、他的问题和这个世界的）；
　　（4）矫正性的体验（corrective experience）；
　　（5）不断地进行现实检验。

（二）兰伯特和贝京的共同要素序列

　　许多人认为，兰伯特和贝京（Lambert，Bergin，1994）就共同要素提出的概括框架是迄今最具综合力、最易于理解的。他们认为，在不同治疗中存在的共同因素可以被分成三大类，分别是支持因素、学习因素和行动因素。他们将文献中表明对治疗效果有实际贡献的各种策略和技术提取出来，发现所有这些变量可以放到这三个类目之下，见表4-1。

表4-1　各疗法中与积极疗效有关的共同要素序列

支持因素	学习因素	行动因素
宣泄	忠告	行为调控
认同咨询师	情感体验	认知性掌控
减轻孤离感	同化困难经验	鼓励直面恐惧
积极的关系	改变对个人效能的预期	冒险
放心感	认知学习	掌控的努力
舒缓紧张	矫正性情绪体验	示范模仿
结构化	对内部参考系的了解	实践

支持因素	学习因素	行动因素
治疗同盟	反馈	现实检验
咨询师/来访者积极参与	领悟	成功体验
咨询师的专家形象	理性态度	修通
咨询师的温暖、尊重、同感、接纳和真诚和信任		

兰伯特和贝京认为，上述三类因素在实际的治疗过程中，是先后依序出现的。最先是支持性的要素出现，形成一种咨询师和来访者双方相互支持、共同努力的氛围，在这种氛围中，来访者的信任、安全感不断增加，紧张、威胁和焦虑感不断降低，这导致来访者对自己的问题的认识逐渐产生改变，随之出现的就是来访者行为上的改变，如以不同的态度和方式对待恐惧，冒险尝试新的可能性以及在治疗关系中反复锤炼、强化一点一滴的进步。

（三）弗兰克的研究和看法

在共同因素的"革命"中，最具影响力的工作也许是由杰罗姆·弗兰克（Jerome Frank）和他的研究小组做出的。弗兰克是美国约翰·霍普金斯大学医学院的精神医学教授，他从 20 世纪 50 年代起就致力于对心理治疗中各种对改变有影响的要素的研究，直到 80 年代，持续 20 多年。他的研究结果的突出特点是发现和强调治疗改变中的共同性。这种共同性体现在三个方面：（1）来访者心理痛苦的共同性；（2）各种治疗的共有特性；（3）各种治疗原理和方法的共同的治疗功能。

1. 心理痛苦的共同性

弗兰克承认不同来访者心理障碍的终极原因可能是各不相同的，他们的症状也各有特殊之处。但是，各种心理障碍都有一个共同的痛苦来源，弗兰克称之为心力委顿（demoralization），即来访者无法应付他自己以及周围的人都觉得他能够处理的问题，于是屡屡受挫而产生习得性无助。

2. 各种治疗的共同要素

（1）与一位鼎力相助的人保持一种密切、信任、注入了情感的信赖关系。

（2）恰当的治疗背景或设置。

（3）正确的治疗原理或概念构想。

（4）与基本原理相联系的治疗程序和具体方法。

3. 各种治疗之共有功能

（1）激起和维持来访者的获助期望。来访者相信咨询师和咨询能够帮助他，这对积极的咨询结果具有莫大意义。首先，期望为来访者积极投入咨询提供了动力。其次，来访者从"无望"变为"有望"本身就会在一定程度上改善来访者的心境，他的抑郁、悲观、消极情绪会受到冲击，而产生振奋、积极的情绪体验。最后，还有一种或许是与唤起期望有关的情况：许多来访者进入咨询时以为他是"唯一有这种问题的人，并因此觉得自己真蠢、真倒霉"。这种想法加重了他的无助感。在咨询中，仅仅让他了解"并非只是我一个人有这种麻烦"，就会使他感到如释重负。亚隆（Yalom）称这种现象为"普遍性"，这在团体咨询中是重要的治疗因素。

（2）唤起来访者的情绪。情绪的疏泄（catharsis）是各种治疗的共同功能。某些咨询师特别致力于促进来访者的情绪和情感的宣泄，他们把它看作治疗的核心。弗兰克等把情绪疏泄称作情绪"唤起"（arousing），认为情绪唤起之所以有治疗作用，有三个原因：其一，情绪唤起有助于建立和维持来访者对咨询师的信赖，从而增强了咨询师的影响力；其二，情绪唤起能降低焦虑和抑郁，并促使来访者重构（即重新认识）自己的问题；其三，它有助于来访者的病理性态度的改变。弗兰克及其合作者认为，从根本上讲，心理咨询是一个态度改变过程。当情绪唤起促使来访者的态度解构之后，如果跟进认知的重构（建立新态度），并设法获得环境的支持，那么就会有效地促使来访者的态度改变并维持改变（Hoehn-Saric，1978）。

（3）提供新的学习经验。弗兰克特别强调"体验性学习"的作用。他指出所有心理咨询流派都认为仅有单纯的理智认识不足以促成改变，必须伴随情绪体验才能产生真正有用的学习。体验性学习或者是体验到强烈的情绪感受，然后通过理智的力量认识感受的含义，或者伴随着新的认识产生强烈的震撼、惊奇和欣喜。

（4）增强来访者的"主宰感"或自我效能感。心力委顿假说或习得性无助的个体认为痛苦的原因之一是他们感到自己对环境及自身无能为力，不知道是什么力量在支配自己，更不能左右或驾驭这种神秘的力量，所有驾驭的努力都以失败告终，并反过来加强了他的无助感。弗兰克小组的研究表明，主宰感对维持治疗改善有重要的作用（Liberman，1978）。对自己的感受取得合理的解释也能导致支配感。因为生活经验使人获得一种无意识的信念：理解了的就可以驾驭它。

（5）提供机会，使来访者能够内化并维持咨询的效果。这里所谓内化不光指认知上的理解，而且是指来访者把改变从认知、情感和行为习惯上与个人的生活予以整合，形成新的认识、体验、行动模式，并且使之巩固下来。这实际上就是学习理论中说的应用和迁移。所有疗法都鼓励来访者消化或协助来访者"修通"咨询中的收获，并在日常的实际生活中进行实践。

大约从 20 世纪 70 年代以后，心理咨询与治疗的理论发展上出现了一个所谓"折中主义"的趋向，其中一条重要的折中路线，就是以共同要素的研究发现为指向，来重新认识和阐释各种原有理论体系，进而发展出新理论和策略来。美国著名的心理咨询教育家艾维（A.Ivey，1980）极力倡导咨询师应该有主见，保持自觉性，知道自己所说和所做的意义及可能有的影响作用，在灵活机变中始终不忘咨询的根本。

第二节 咨询师和来访者

在心理咨询的过程中，咨询师和来访者都会对会谈过程产生影响。

一、咨询师

心理咨询师首要的工具，就是作为一个人的他自己。大家都知道，在心理咨询中，咨询关系非常重要，但一个咨询师仅有理论知识还不足以建立有效的咨询关系，也不足以促成来访者的良性改变。在每一次的咨询中，咨询师都会带着自己的成长经验和特质来跟来访者互动。这些个人层面的因素是影响会谈的最有力的因素。如果期望心理咨询能够促进来访者的成长与改变，咨询师必须正视自己作为治疗力量的事实，并愿意在专业实践中促进自己的成长。

（一）咨询师的角色与功能

不同的心理咨询和治疗流派对于咨询师在咨询过程中所扮演的角色有不同的见解。例如心理动力力学派认为咨询师的作用是协助来访者重现童年经验并领悟过去经验跟现在问题之间的联系，咨询师的重要工作是分析、解释、促进领悟；认知咨询师认为咨询师的作用是促使来访者认识到不合理信念在个人困难的发生和维持上起着重要作用，咨询师的重要工作是帮助来访者识别这些信念，破除这些信念。有人形容心理动力学的咨询师是心理侦探，认知行为的咨询师是教师。

1. 心理咨询师是示范者

很多情况下，心理咨询师是榜样。首先许多来访者受困于心理痛苦又不得解脱的处境中，他们没有正确行动的向导，因此往往视咨询师为榜样，主动地或不自觉地认同咨询师。其次，温暖、支持的咨询关系又促进了这种认同。最后，在大部分情况下，咨询师是比较健康的人，其行为方式容易在来访者身上因替代学习而引发改变。

咨询师是示范者这个客观事实，使得心理咨询师的个人发展显得特别重要，咨询师积极健康的人格特质和生活方式，会对来访者产生巨大的引力，"诱使"来访者改变。另外，咨询师并不是一个完人，只要咨询师对个人的局限有自觉，就可以避免因个人的局限造成对来访者的伤害，而且自觉也是咨询师自我成长和发展的契机。

2. 心理咨询师是倾听者

心理咨询师的首要"功夫"是倾听。倾听的力量只有从事心理咨询的人或接受过心理咨询的人才有深刻的体会，因为世俗的谈话中，真正的倾听是很少的。心理咨询与治疗中的倾听，能够听出来访者心中郁结多年而又未能自知的情绪，能够促进来访者比任何时候都更清晰地认识他的需要和苦闷。在具有治疗效果的倾听面前，人们有时会发现一种神奇的现象：来访者更加了解本真的自己，更能接受本真的自己，跟自己的本质合为一体。对于以人为中心的治疗来说，倾听就是治疗本身。

3. 心理咨询师是支持者

按照弗兰克的心力委顿说，来访者往往都有孤离感、无助感和无望感。他们陷入个人的痛苦体验之中，觉得自己是天下最不幸的人。周围的人，即使是亲人要么帮不了自己，要么不肯帮自己。在这个时候，咨询师以真诚、理解、关怀的态度，并且加上他的专家能力，进入到来访者的世界，就使得来访者重燃希望。在咨询师面前，来访者不再被排斥，不再被忽视。他的痛苦被接纳，他这个人被珍视，他的隐私可以说出来，他的伤疤、自卑感和害怕等，都可以表达出来。这就使来访者自己也慢慢接纳这些痛苦的情绪，重新获得去探索改变的可能性。

咨询师的支持工作关键在于两点：一是让来访者感到安全，二是给他必要的鼓励。

4. 心理咨询师是"研究者"

这里的研究不是指科研研究，而是指在咨询过程中对来访者的研究。研究通常包含两种工作：观察和分析理解。在咨询过程中，咨询师要设法了解来访者，这种观察的渠道有两种，一是客观的观察，即从咨询师自己的角度所作的观察，其实咨询师总是以自己的知识、经验为背景对来访者进行观察，很难说它就是客观的。另一种是同感的观察，即从来访者的角度，以感同身受的方式来了解来访者。咨询师的另一种工作是设法分析、理解来访者，从所观察的资料中找出联系，形成假设，并在双方交流中探讨这些理解和假设。在实际治疗中，咨询双方会不停地交流这种观察和分析，这一过程使得来访者对自己有更好的认识。

5. 心理咨询师是督促者

当来访者感到困难时，咨询师激励来访者投入到咨询中来，鼓励其坚持下去，促使来访者采取实际行动来改变自己和自己的生活。心理咨询师要经常注意和督促来访者去做些事情。接受心理咨询是一个挑战，坚持心理咨询的全过程而不中途放弃也是挑战。改变的过程中，来访者常常会感到畏缩，承受不了压力。旧的应对方式因为跟来访者的生活有广泛的联系并且相"适应"，就会造成来访者有意无意地情愿"留在过去"，对下定决心采取行动感到畏惧。所以咨询师不能仅仅只满足于来访者在认知上的领悟或者有新的体验，而且要督促来访者实实在在地行动起来，学习和实践新的行为。

心理咨询师在咨询关系中的角色是多重的，除了以上这些外，还有许多别的角色，例如教师角色、信息提供者角色、教练角色等。但就心理咨询的本质特点来看，咨询师在咨询过程中的功能主要是"助长"（facilitation）。就好像园丁一样，园丁的工作是提供种子发芽的条件，移除妨碍它长大的障碍，成长却是靠种子自身的力量来完成的。他帮来访者找出压制其成长的内外力量，帮来访者找回成长的动力，找到发展的方向，陪伴来访者成长，但咨询师并不包办来访者的改变和成长。

（二）咨询师的个人特点

目前，关于咨询效能与咨询师个人变量的关系的研究较多。

1. 专业训练和经验

专业训练和经验被整合于咨询师的专业能力中，它们对咨询改变的效率的影响是不言而喻的。在国外，想要从事心理咨询和治疗，需要花很多年的时间和精力。国内的准入门槛较低。实际上，专业训练是成为一个心理咨询师的必要条件，这是为了保证他所从事的咨询服务既符合职业道德，又能对来访者有实际的治疗效果。

有学者认为，随着心理咨询和治疗的发展，心理咨询或咨询师的工作也应当逐步细化，比如神经心理学、老年心理学、健康心理学、短程治疗、婴幼儿心理学及法医心理学等。未来，更进一步的专业细化（如儿童神经心理、老年神经心理等）也将开始。事实上，美国专业心理学会在近几年已经将专业类目由四个增加至九个，表明心理咨询师也在逐步地专业化。当然，也有一些学者表达出对过度专业化的担心，他们认为心理咨询是通用的，只不过是运用于不同的领域。

2. 个人特点

人们推荐的"有效咨询师"的品质种类之多、要求之高令人吃惊。它们包括：安全感、客观性、人格整合程度、人情味、直觉能力、洞察力、耐心、善解人意、创造性、想象力……海伦和希尔（Highlen，Hill，1984）开玩笑说，没准还应该加上飞檐走壁的能力。显然，一位咨询师要全部具备所有这些品质是不可能的。

（1）斯特拉普的观念

有鉴于此，人们试图寻找那些与咨询过程关系更密切的品质。例如，斯特拉普（Strupp）认为成熟、技能和敏感性这三方面的品质较为重要。① 成熟主要指人格发展上的成熟，其中人格的协调性（整合程度）和稳定性是两个重要指标。人格协调性和稳定性高的人在个性倾向性方面没有基本的长期存在的冲突，例如：内在的价值观冲突；对世界、对人生形成了自己的观念和态度体系，遇事有主见，能容忍多样性，容忍他人的生活态度；他们有较稳定的情绪，有较强的自制力。这样的特点有助于咨询师对来访者保持一种开放、接纳的态度，并在咨询中保持客观性，避免个人的投射作用。② 咨询师的技能因素不仅包括很多诸如诊断或评估、倾听、共情等具体能力，更重要的是包括创造性地解决问题的能力。有学者认为咨询的过程实质上就是一个问题解决的过程（Egan，1990）。③ 敏感性主要关系到咨询师对来访者的知觉和理解，尤其是对来访者情感和内在冲突的知觉。研究者发现，咨询师对自己情绪活动的敏感度与对他人的情绪的敏感度之间有正相关。这意味着可以从咨询师情绪的自知程度预测他的人际敏感性，咨询师可以通过培养情绪的内省能力来提高人际敏感性。

（2）詹宁斯和斯卡沃的发现

詹宁斯和斯卡沃（Jennings，Skovholt，1999）用质的分析方法，对10位大师级咨询师进行研究，发现这些人具备很多共同的特征。

- ✿ 永不满足的学习者；
- ✿ 大量地从经验中学习；
- ✿ 不排斥认知上的复杂性和不确定感；
- ✿ 敏感并且愿意接纳别人的情绪；
- ✿ 个人心理健康、成熟，注意自己的情绪的稳定；
- ✿ 明了自己的情绪是怎样影响自己的工作的；
- ✿ 有很杰出的关系技能；
- ✿ 信赖咨询师-来访者的工作同盟；
- ✿ 善于在咨询中利用自己的各种用得上的技能。

很多学者对"理想的咨询师"的看法有非常多的共识，詹宁斯和斯卡沃的这项研究结果，给出了相当好的支持。

3. 人格特质

福斯特（Foster，1996）和盖伊（Guy，1987）描述了以下一些人格品质，这是促使个人追求心理咨询这一职业的能动的和积极的因素，使得他们能更好地适应这一职业。尽管下面的描述并非绝对完整，但它重点突出了个人生活中有利于促使一个人成为一名有效的心理咨询师的某些方面。

- ✿ 好奇心与求知欲——对人的天生兴趣；
- ✿ 倾听的能力——倾听能使其感到兴奋；
- ✿ 交谈轻松自然——口头交谈的快乐；
- ✿ 移情和理解——具有站在别人立场思考的能力，即便对方与自己在各方面完全不同；
- ✿ 内省——从内心去观察或体验的能力；
- ✿ 忘我——能忘记自身的需要而首先倾听和关注他人的需要；
- ✿ 维持亲密关系——保持情感亲近的能力；
- ✿ 坦然应对权威——对待权威能保持一种超然的态度；
- ✿ 笑的能力——能看到生活事件上的苦乐参半和其中的幽默。

4. 成为心理咨询师的不良动机

盖伊（Guy，1987）认为成为一名心理咨询师的不良动机包括以下几种。

- ✿ 情感痛苦——自己有尚未解决的情感创伤；
- ✿ 间接应对——没有为自己寻求有意义的生活，而是依附于他人的生活；
- ✿ 孤单寂寞——由于缺乏朋友而希望通过心理咨询实践结交朋友；
- ✿ 渴求权利——由于在生活中有威胁感、无能感，希望寻求对他人的控制；
- ✿ 爱的渴求——自己很自恋、好大喜功，相信用爱和温柔可以解决所有问题；
- ✿ 间接反叛——自己有未解决的愤怒，通过来访者的反叛行为宣泄自己的思想和感性。

所幸的是，绝大多数走上心理咨询师之路的人是出于健康的职业追求，有的甚至认为这是一种"天职"（Foster，1996）。

二、来访者

在心理咨询与治疗的研究中，有大量有关来访者的研究。

（一）相关研究的着眼点

相关研究着眼于来访者有哪些个人因素影响着他的求助，能否坚持咨询以及从咨询中获得积极改善等。

（二）哪些人不适合做心理咨询

心理咨询和治疗只能借助心理学的手段（如认知领悟、情绪疏泄、行为练习等）对人的心理因素进行干预，因而只有那些因心理原因导致痛苦或功能失调的人才适合做心理咨询。有些人虽然有心理、行为上的问题，但心理因素并非症状表现的主要原因，对他们做心理咨询往往是无效的。

1. 精神科的许多病人不适合心理咨询

一切以生物学因素为主要病因的病人要么完全不适用于心理咨询，要么只能以心理咨询作为辅助手段。例如精神分裂症病人、情感性精神障碍患者、脑器质性精神障碍病人等。

2. 心理咨询对人格障碍的人作用有限

反社会型、偏执型、分裂型人格障碍病人，他们在智力、意识方面没有明显问题，但他们要么主观上不感到痛苦，因而没有求助动机，要么在咨询中极难合作，对一切咨询努力都"免疫"，结果使咨询归于无效。

学习咨询和治疗的人应该对那些不宜心理咨询或咨询效果有限的障碍心中有数。这需要学习异常心理学的有关内容。特别是那些在非精神科的心理咨询和治疗机构中工作的咨询师，要注意有选择地排除那些非心理治疗适应症的病人。

三、心理问题的特点和改变动机

（一）心理问题的性质、持续时间和严重程度

弗兰克（Frank，1974）在综合分析他们小组长达25年的研究资料时发现，心理咨询对焦虑和抑郁症状的改变最为明显，而对躯体化的问题疗效最差。也有其他人发现，进入咨询时来访者存在焦虑症状，往往会在咨询中取得较好的效果。所以，不少咨询师接案评估时，会特别留意来访者的即时症状，认真评估来访者心理问题的性质。许多咨询师会特别小心那些主要诉说躯体痛苦而不是情绪、心境、人际关系问题的人。至于为什么心理问题躯体化的来访者较难取得积极的咨询效果，还缺乏系统的说明。

人们推测躯体化可能表现了来访者的一种特别的防御方式或是某种人格特点，而这种防御和人格特点又是难以取得咨询进步的根源。

心理症状的严重程度是一个受到相当关注的变量。弗洛伊德曾半开玩笑地说，"人不太老，病不太重"的人才是好的来访者，其实是真知灼见。几乎所有的研究都一致发现，心理问题的严重程度与咨询效果之间是负相关关系（Petry，Tennen，Affleck，2000）。

（二）改变的态度和动机

态度和动机因素是重要的影响改变的变量。其中，来访者对咨询和治疗的信念以及对获得帮助的期待，对咨询与心理治疗的后效有很强的预测作用。这种信念指的是来访者是否相信、在多大程度上相信咨询和治疗的有效性。期待是指来访者预期自己能不能从治疗中获得好处，在多大程度上期盼通过咨询解除痛苦。态度、期望直接决定着来访者接受咨询的动机力量。态度和动机可以在咨询过程中予以培养，但来访者在进入咨询前已有的态度不容忽视，它对咨询互动过程尤其是开头的进程有重大影响。

四、来访者的人格和个人特点

心理治疗中向来有这样一个说法，认为所谓 YAVIS 病人在治疗中较易获得收效。YAVIS 是五种个人特点的英文缩写，即年轻（young）、有吸引力（attractive）、善言谈（verbal），聪慧（intelligent）和成功（successful）。

来访者的人格对心理咨询与治疗的影响首先是通过对咨询关系的影响产生的。有些人格特质会使得来访者难以跟任何一个人建立信任的个人关系，比如回避型依恋人格的人。这种人在世界上除了自己谁也不相信，他们是这个世界的客人，这种人很难跟咨询师建立起好的咨询关系或工作联盟，自然也就难以从咨询中获益。

跟咨询关系有紧密联系的，还有来访者对人际影响的独立性或敏感性。海伦和希尔（Highlen，Hill，1984）在分析文献后发现，对人际影响较敏感的人在咨询中的收获往往较显著。心理咨询中有一种被称为"特质性"的阻抗，这种阻抗来自来访者的执拗性格，有时表现为固执、简单、冲动等行为。这种特质性的东西很难在咨询中改变。

第三节 其他影响因素

一、阻 抗

阻抗最早是由弗洛伊德在其对癔症病人"遗忘"的记忆进行探究的著作中提出的。他发现来访者在自由联想过程中对表达忧伤、不愉快的想法、羞耻感等都产生阻抗。不仅如此，进一步的探索还认识到，阻抗还对某些敏感的冲动和思想起着歪曲和伪装作用，这时自由联想所反映出的资料就成了创伤性的内容与歪曲的混合物，这种歪曲的目的是避免人让自己感受到过分的冲击和痛苦，也避免直接面对咨询师所带来的压力。阻抗的概念虽然是精神分析理论提出来的，但几乎所有流派的心理咨询师都会遇到来访者的阻抗问题。人本主义心理学家罗杰斯将阻抗看作个体对于自我暴露和情绪体验的抵抗，其目的是在于不使个体的自我认识与自尊受到威胁。行为主义心理学家把阻抗理解为个体对其行为矫正的不服从，原因可能是来访者对心理咨询心存疑虑，或是缺少帮助来访者行为变化的环境条件。

（一）来自来访者的阻抗

1. 阻抗的表现形式

在心理咨询过程中，有些来访者可能是某个家庭成员或"官方"逼迫而来，这些非自愿求助的来访者，甚至是自愿前来咨询的来访者，都会采取阻抗行为，以阻碍对其心理失调问题的分析和治疗。

（1）对会谈时间及规定的消极态度

在心理咨询中，会谈时间往往是事先约定好的，有些来访者总是迟到，然后利用会谈最初的时间解释其迟到的原因、给咨询师道歉，观察咨询师的态度和反应等。来访者完全不必浪费这段会谈时间。咨询师如能帮助来访者认识到他迟到的含义并进一步了解其阻抗产生的原因，那么就可将"坏事变好事"。有时候明明约好了时间而来访者却忘了，或者一再取消咨询，这可能也反映了阻抗的存在。特别需要注意的是，我们所提到的来访者的阻抗，并不是一开始就有，即来访者最初并不是这样，那么阻抗的产生意味着来访者开始进入改变自己的某个困难时期了。

有些来访者表现出对会谈时间规则的抗拒。比如约定好咨询时长 1 小时，却表示对会谈不满意而延时。或者在没有特殊原因的情况下寻找借口，要求在两次会谈时间之间增加额外的咨询时间。有趣的是，来访者的需求是如此强烈，如果咨询师不答应似乎就是不关心他们一样。如果咨询师在第一次就答应了他们的额外请求，以后又按照之前的规则行事，他们又抱怨咨询师对其由关心转为冷漠。这种情况下，咨询师首先判断是否有必要增加额外的咨询，如果没有必要，可以在坚守时间设置的基础上，了解来访者提出额外要求的原因，并在下一次咨询中探讨。

（2）把注意力集中在咨询师身上

来访者有时候会将话题转移到咨询师这里，夸赞咨询师是多么可信、可靠的人，或者说咨询师是多么有才干、出色的人。这种赞扬式的言语会使咨询师感到很不自在。如果让来访者继续讲下去，对于咨询是有害无益的。如果咨询师简单地打断对方的话语，直接转入对对方问题的讨论，又会显得咨询师对来访者不耐烦。无论怎样，咨询师都要想办法结束这类谈话，而且向来访者解释将话题集中于他的重要性。

对咨询师的注意也可能以消极的形式表现出来。如来访者问："我跟你讲我现在的人际关系不好，你为什么总是问我小时候的事情？""我想向你请教我孩子的问题，可是你怎么老问我和我丈夫的关系？""你这个沙发的颜色不好看，要是配个漂亮点的沙发不就好了。"咨询师如果没有思想准备，就可能很容易被对方的问题牵制，而无法真正把握咨询进程。如果来访者的消极反应较强烈，如要求咨询师改换治疗方式或者想寻找其他咨询师，可能反映了咨询本身存在着问题。如果不是这种情况，可能反映了来访者想主导治疗过程或企图抗拒咨询的深入。

有时候，来访者会询问咨询师的个人情况，关于咨询师的夫妻关系、子女情况、学历、职称等。一种是来访者在判断咨询师的实力以决定是否要将自己的问题和盘托出，一种可能反映了来访者的移情。咨询师可以反问来访者为什么会关心咨询师的这些情况，找出其原因所在，探讨进一步确定咨询关系的可能性。

（3）回避问题的方式

阻抗的一种常见的表现形式，就是来访者对问题的回避。这种回避可能直接反映在对问题的回答上，如有的来访者对某些问题保持沉默，既不点头摇头，也不回答是否。更多的时候是来访者以"答非所问"的方式回避关键性的问题。这种情况他们本人往往也未必意识得到。例如，一个女性来访者，他的中学生儿子在她严厉的管教下学习成绩优秀，但是人际关系很糟糕，最终因在校痛苦难受休学在家。她和儿子与两位不同的咨询师分别进行咨询。当咨询师询问她的来访动机时，她说她这么多年，工作很努力，领导很认可，人际关系也不错。和孩子爸爸的关系虽然没那么好，但也不至于离婚。她感觉她自己的事情都处理得非常好，只要孩子好，能回学校上学，她就没什么问题。从这段话可以看出，来访者显然不认为自己有什么改变的需求，她是为了儿子做咨询，儿子改变就好，她改不改变没什么影响。如果我们把关注点切换到她的儿子那里，那我们的咨询主题就跑偏了。

另一种回避问题的方式是来访者把话题从主要的问题转到次要的问题上，比如对来访者而言最关键的问题是怎么处理人际关系问题，而每次来访，她都会找一些看上去更紧急的事情来讨论，比如她这周生病了或者孩子在学校上台表演获奖了，而把要讨论的问题一拖再拖。

（4）为自己的行为辩护

来访者为自己的症状或问题行为辩护。这是对咨询的明显的抵触。例如有个大二女生，因为宿舍人际关系问题来咨询。当她说到和舍友的一些矛盾时，总是说："我对她们那么好，费心费力，为什么她们总这样对我？"实际上，在矛盾产生的过程中，她自身的一些不恰当的言行也是非常关键的。在来访者看来，问题都是他人导致的，与自己无关。当咨询师分析问题成因时，他们会为自己的行为辩护，认为其行为都是合情合理的。在这种情况下，咨询师不能批评来访者，这会引起她更强烈的抵触情绪，应引导对方跳出自己的小圈子，从更为客观的角度看待她自己的问题。

还有些来访者，一方面深受心理疾病之苦，一方面又认为到目前为止自身所有的想法、做法都是正确的，是有充足的理由的。例如强迫症来访者一方面为反复检查门是否锁好了、灯是否关了、手是否洗干净了等花费了大量时间，自知没必要这样反复这些行为，一方面又坚称假如不这么做，自己"万一"没做好这些事就完蛋了。并且，如果不反复这些强迫性行为，就难受得什么事都做不了，因此反复检查和清洗就成了应该的和必要的了。在这种思想指导下，如果咨询师采用各种理论或技术帮助他们消除或改变这种强迫行为，来访者就会顽强地为自己的行为辩解，甚至据"理"力争。他们的这个"理"正是咨询师应破除的堡垒。

2. 阻抗产生的原因

卡瓦纳认为来自来访者的阻抗的主要原因有三个：一是因为成长必然带来某种痛苦；二是因为功能性的行为失调；三是来访者对抗咨询或咨询师的心理动机。

（1）阻抗来自成长中的痛苦

心理咨询中的来访者多数在咨询过程中都会产生某种变化。变化的程度可能很不同，但不论其变化大小、程度如何，成长中的变化总要付出代价，总会伴随着消除旧有的行为习惯、建立新的适应性行为的痛楚。在咨询过程中，来访者必须明确这样一点，即没有任何魔法能使他们毫不费力地发生奇迹式的变化。来访者初次来咨询室时，常常会问："心理咨询做一次就行了吧？""我遇到了这个问题，咨询师你告诉我怎么办就好了。"他们希望咨询师能给他们一剂灵丹妙药，不需要努力就能够使心理问题迅速化解。实际上"冰冻三尺非一日之寒"，在这种心理支配下，他们由于对成长所带来的痛苦没有心理准备，往往容易产生阻抗。这时，来访者可能会希望放慢改变的步伐，或停止改变旧行为、建立新行为的行动。

① 开始新的行为

来访者需要重新考察自己基本的信念和价值观。很多来访者前来咨询时，尚未认识这一点，没有认识到其心理冲突与他的问题源于其信念和价值观。另外，改变一个人多年形成的信念和价值观亦很不易，不仅需要咨询师的努力，来访者的自身的努力更为重要。这需要一种深刻的反省，面对自己过去深信的东西的瓦解是痛苦的，而建立新的信念和价值观也是很难的。

来访者可能需要转变成一个独立自主的人。有些来访者对家人和其他人过分依赖，总是寻求他人对自己的承认和接纳，寻求他人的建议和忠告。他们总是听凭别人安排自己的生活、学习或工作，自己没有主见。当他们诉说别人让他们做这做那，咨询师询问其自己想做什么时，他们可能会很吃惊。他们想改变自己，变得独立，同时又不敢承担相应的责任和结果，每次询问咨询师的建议无果时，又很失落和焦虑。

来访者可能需要承认自己在欺骗自己。有些来访者可能非常愿意相信自己对自己编排的那些话语，尽管事实并非如此，但他们确信自己就是那样想、那样做的。比如一个爸爸说他很理解自己的女儿，所以女儿有什么事情都愿意告诉他。但咨询师在咨询中却发现，他的女儿有自残行为、有同性恋倾向他却毫不知情。这些发现可能会使他受挫、内疚，在领悟后做出改变也是很痛苦的。

② 结束或消除旧的行为的问题

来访者可能必须停止那些他很喜欢的行为，如饮酒、常常怜悯自己、操纵他人、退缩行为、无所事事地浪费时日等。这些旧有的行为经年累月，曾让他们在心理上获益，所以抑制这些行为所带来的痛苦常常使来访者望而却步。

来访者不需要佯装。有些来访者在咨询过程中把自己的行为与情感过分夸大以博得他人的好感或同情。他们自称很勇敢而实际情况并非如此；他们自称与他人有良好的关系，实际这种情况很少在他们身上出现；他们声称自己有多么高兴和幸福，但事实上是一种过分的渲染。他们也可能把自己的痛苦夸大了，言过其实地诉说他们的不幸、抑郁和无望。咨询过程要使他们不再"表演"，改变这种引人注意的行为方式。这种改变也是很困难的。

来访者可能需要面对一种痛苦的抉择。在有些情况下，来访者与他人的关系出现了问题，可能这份关系对来访者是很重要的，但继续发展下去可能会更糟。此时，来访者就面临着一种艰难的抉择。比如有的来访者从欣赏自己的老师到爱上自己的老师，而老师是有家庭的，来访者也知道不能破坏老师的现有家庭，但一想到要放弃就痛苦不已。来访者内心激烈的矛盾冲突是可想而知的。

即使是心理最坚强的人，改变旧有行为、建立新的行为的过程也会给他带来心理上的冲突和焦虑。而对于某些本来心理就不易平衡的人来说，这一过程的痛苦程度可能更为严重。尽管如此，咨询师必须清醒地认识到，向前迈进的步伐不能停止，一旦向后倒退一步，以后往往要再付出更多的辛苦。

（2）阻抗来自功能性的行为失调

功能性的行为失调是指失调的行为最初是偶然发生的，因其使某方面的需要在这里得到了满足，行为发生的次数增加，以致固定下来。来访者一方面为失调的行为感到焦虑；另一方面求治的积极性却不是很高。这种情况类似弗洛伊德所说的继发性获益，即来访者利用症状操纵或影响他人，从而得到实际利益。这对咨询的阻碍极大，除非咨询师使来访者相信改变失调的行为可以使其降低焦虑，同时设法使来访者以更适应性的行为获得满足，才可帮助来访者克服阻抗。

① 阻抗的产生源于失调的行为填补了来访者某些心理需求的空白。这种情况比较常见。比如，一个小学生平时很难见到忙于工作的父亲，有一次因为头痛头晕，父亲赶忙跑来照顾，然后和妈妈一起送他去医院，陪他玩。孩子偶尔的生病使他无意中获得了好处，看到了父亲，得到了父亲的爱和陪伴。此后，孩子便有意无意地借着躯体症状，来获取父亲的关爱。另有一种情况，有些学生会在大考前"生病"，尤其是自知准备不充分，考不好。于是生病了，就能跟所有人说，考不好是因为"生病了"，而不是因为自己能力不行或者努力不够。

② 阻抗的产生源于来访者仅仅是在以失调的行为掩盖更深一层的心理矛盾和冲突。例如有些被称为酒鬼的人，其饮酒过度只不过是表面的行为问题，实际上是为了掩盖其解脱不了的心理矛盾：工作上的失败，婚姻中的不幸，对以往行为的内疚、悔恨等。如果咨询仅从表面问题入手，未能触及根本的问题，咨询必然会遭到某种程度的抗拒。

咨询师对由功能性的行为失调的原因造成的阻抗应有足够的认识，在消除旧有的不适应的行为时，一定要帮助来访者以新的行为取而代之，同时对由阻抗所暴露出的深层的心理问题，必须采取相应的对策。

（3）阻抗来自对抗咨询或咨询师的心理动机

前来咨询的来访者有各种各样的人，其来访动机也各不相同，其中有些来访者带有抗拒咨询或咨询师的动机。

①阻抗来自来访者只是想得到咨询师的某种赞同的意见。有些来访者在走进咨询室之前，对于自己前来求助的事情已经做出了决定，如已经决定了要与恋人分手、要和某人结婚、要未婚生子、要休学等。但他们仍然为此来到了咨询室，只为寻求专家对其决定的肯定。他们自己并未清楚地意识到这一点，尽管在其内心深处确有这些想法。所以当咨询师与他们一起讨论其所要决定的问题时，特别是当咨询师帮助他们分析其他解决问题的可能性时，他们就会表现出不耐烦或不感兴趣，阻抗明显存在。例如他们会说："您说的这一点很重要，我回去得认真考虑一下。"但下次来访者时却又可能这样说："我这星期太忙了，根本没时间好好想一想这个问题"，等等。

还有些来访者来咨询室是为了证明自己是对的，接受批评或惩罚的应该是别人。他们把心理咨询室看作是声讨某些人的法庭。比如他觉得一切问题均由于其他人所致，他的父母、他的同学、他的朋友，他的同事等，应负全部责任。此时咨询师若直接涉及来访者本人的问题，势必会引发来访者的阻抗。

②阻抗来自来访者想证实自己与众不同或咨询师也对自己无能为力的动机。有些来访者前来咨询只是想证实自己或自己的问题是多么与众不同，或者由于反复求医，有些医生或咨询师认为他是"没治了"，由此产生了并不想再做任何尝试的想法。在这种情况下，每当咨询师从各种角度提出建议或进行咨询时，他们就会说某些希望只是暂时的，或某些可能性对别人是有的，对自己却不行，或者某些道理自己已经知道了，多说无益等。

可能也有这样的来访者，他们前来求助仅仅是为了证实他们自己的"价值"。他们的目的不是为了改变自己，解决自己面临的某些问题，而是为了反驳咨询师，从中获得满足。对于这种来访者，咨询极难有进展，但也可以对其进行帮助，不过开端可能是艰涩的。

③阻抗来自来访者并无发自内心的求助动机。有些来访者并非自愿前来，可能只是与之有重要关系的人，如上司、父母、配偶等认为其有心理问题，应去做心理咨询，而在压力下前来就诊的。有时如不来做心理咨询，其结果可能更糟，在这种情况下，他们也会"自愿"前来，但其内心深处对咨询是有抵触情绪的。这时，咨询往往难以进行或只在表层徘徊不前。

对于这种不利于咨询的动机，咨询师并不需要努力使之改变，而只需以循序渐进的方式使对方认识其内心的想法，并认识到这种动机可能带来的消极结果。在这种认识的基础上，咨询师再帮助对方建立起有助于咨询进行的动机。在个别情况下，当这种努力最终归于失败时，咨询师最好同意对方停止来访，但要告诉对方，心理咨询室的大门永远为他敞开着，只要他想来，可以随时跟咨询师取得联系。

3. 应对阻抗的要点

在谈到阻抗产生的原因及表现形式时，我们已多少涉及一些应怎样处理这些阻抗的问题。除了一些非常具体的应对办法之外，在处理心理咨询中的阻抗时应注意下面几点：

（1）解除戒备心理

解除戒备心理是指咨询师不必把阻抗问题看得过于严重，好像咨询会谈中处处有阻抗似的。如果咨询师采取这种态度，可能会影响会谈的气氛及咨询关系。咨询师一方面要了解阻抗的原因和表现形式，以便在阻抗真正出现时，能及时发现并进行处理；另一方面也不必"草木皆兵"，而使咨询气氛过于紧张。过分强调阻抗的结果，可能会把来访者当成咨询中的竞争对手，那样的话，咨询师的"成长动机"与来访者的"障碍的动机"将会使会谈变成一场争夺输赢的斗争。另外，咨询师即便发现了阻抗之所在，也不能认为来访者是有意识地给咨询设置障碍。

对于咨询师来说，还应了解这样一点，即当来访者表示不愿意接受某些建议或方法时，也不能把这些情况看作是一种阻抗的表现形式。在咨询过程中，来访者可能会抵触改变自身的过程，也有可能会抵制有可能对其造成伤害的任何事物。因此，在咨询过程中咨询师对来访者首先要做到共情、关注与理解，尽可能创造良好的咨询气氛，解除来访者的顾虑，使对方能够开诚布公地谈论自己的问题，这实际上已经为咨询会谈减少了一定的阻抗。

（2）正确地进行评估和分析

咨询师对来访者的问题应有正确的评估及分析。正确的评估有助于减少阻抗的产生。来访者最初所谈的问题，可能仅仅是表层的问题，而对其深层的问题，咨询师若能及早把握，将有助于咨询的顺利进行。

有时，来访者的人格特征就是具有攻击性的、好斗的或防御心理很强的、退缩的等特点。他们的这些特点，不仅在平时的人际关系中表现充分，而且也会反映到咨询会谈中。在这种情况下，咨询师首先对此应有明确的认识；其次仍然可以靠真诚的态度及高超的专业知识与技能获得对方的信任，排除会谈的阻抗。

此外，阻抗还常与咨询师个人有关。来访者有时出于对咨询师的气愤，害怕咨询师，或感到咨询师伤害了他，或对咨询师产生了移情等而对咨询师产生抵触情绪，在这种情况下，咨询师必须率先解决阻抗所反映的问题。

对于咨询中的阻抗，不同的情况要做不同的处理。因此对具体情况的明确分析就十分重要了。

（3）以诚恳帮助对方的态度对抗阻抗

一旦咨询师确认咨询中出现了阻抗，咨询师可以把这种信息反馈给来访者。但这种信息反馈一定要从帮助对方的角度出发，并以诚恳的态度，以与对方共同探讨问题的态度向对方提出这一问题。咨询师可以这样发问："每当我提到你和你父母的关系问题时，总没有得到正面的回答。你自己是怎么看这件事的？"或者这样对来访者说："我发现这两次的家庭作业你都没有做，而且再次来咨询的时候对我说你做不到。每次的作业都是我们俩共同商量好的呀，你自己都表示过愿意做的。这是怎么回事呢？你是怎么想的呢？"咨询师在给对方这种信息反馈时所要做的事，实际上是这几件：① 告诉来访者某处可能存在着问题；② 征得来访者对此事的看法，确认阻抗的存在；③ 进而了解阻抗产生的原因，以解释阻抗。本着这样的精神去处理各种阻抗问题，有助于减轻来访者的紧张、焦虑，使之以合作的态度共同探讨阻抗问题。咨询师千万不能怀着气愤的态度，认为来访者是在故意制造事端，讲出诸如"你总是回避这个问题，这背后肯定还有什么问题"或"你说你很愿意改变自己，但每次布置的家庭作业你都不做"等话语来。

但也有些来访者对咨询进展的抵抗十分强烈。对这种情况，一方面咨询师要采取直接揭示其阻抗的方法；另一方面要考虑对来访者进行较为长期的咨询了。

应付阻抗的主要目的在于解释阻抗，了解阻抗产生的原因，以便最终超越这种阻抗，使咨询取得进展。这里面的关键是要调动对方的积极性，使之能与咨询师一同寻找阻抗的来源，认清阻抗产生的源泉。弗洛伊德认为克服阻抗，解释是重要的武器，要分析、解释阻抗的表现和性质，向来访者说明无意识阻抗的真实意义，反复进行长期的修通工作。

（二）来自咨询师的干扰

干扰心理咨询进程的因素，既可能来自来访者，也可能来自咨询师。咨询师本身也是普通人，也有自身的弱点、缺点，也会犯这样或那样的错误。作为咨询师，重要的是对自己的不足要有清醒的认识，对在咨询过程中可能发生的问题有足够的思想准备，尽可能不断提高自己，以减少在咨询过程中出现问题及失误。

1. 满足自身需要的干扰

来访者身上某些特性可能正好满足咨询师自身的某些需要。此时若咨询师把这些需要带入咨询过程，就会干扰咨询的正常进行。

（1）在私人关系方面

若咨询师认为来访者是个具有吸引力的人物或认为对方是个值得建立良好的私人关系的人，当他既想培养与来访者的私人关系，又想作为咨询师与对方建立咨询关系时，干扰就开始发生作用了。作为专业工作者，咨询师要把全部的咨询时间都花在帮助对方身上；而作为个人，他又需要占用一定的时间建立私人的友谊。有些人认为这事情并不矛盾，因为，咨询师也要与来访者建立良好的关系。这里面的情形实际上仍是有差异的。因为一旦渗入了个人的因素，咨询师就很难再以客观、中立的身份去分析问题、帮助来访者了，咨询效果也可能因此受到很大影响。对咨询师来说，咨询的目标很有可能不再是帮助来访者使之得到成长，而是怎样建立、维持与对方的关系了。这种情况于咨询非常不利。咨询师只有努力提高自己，坚守职业道德，尽力避免与来访者的个人交往，才可能减少这类干扰的产生。若这类干扰已经产生，且咨询师虽有所认识但已无法逆转，可以以正常的理由把来访者转介给其他咨询师。

（2）其他个人需要的满足

有时候，咨询师控制他人的欲望超过了帮助他人的欲望。此时咨询过程很可能更多的是按照咨询师的意愿进行，而不顾来访者本人的愿望。咨询师可能会把自己的愿望强加于来访者，认为对方只有分手或离婚、考研或找工作等才是其成长的表现。对于依赖性强的来访者会使之变得更加依赖他人，对于独立性强的来访者，咨询很可能在没有进展的情况下不欢而散。此时，咨询师虽有帮助来访者的愿望却不能达到帮助的目的。

另外，有的咨询师可能会固守某种世界观、某种咨询理论，不能接受来访者的其他类型的世界观和与其咨询理论不同的观点。当咨询的一方努力想"改造"对方使之接受自己信奉的世界观或理论，而另一方偏又拒绝这种"改造"时，咨询就可能陷入僵局。咨询师对于来访者个人及其信仰应该采取尊重的态度（当然若对方有错误时，我们也并非接受其错误），以尊重对方为前提共同制定咨询目标，以帮助对方的态度进行工作就可避免上述干扰。

2. 与咨询师个人缺点有关的干扰

（1）咨询师的个人问题

有些咨询师在生活中也存在着这样或那样的问题，若来访者的问题恰恰与之接近或相似，咨询师就可能难以分辨。例如咨询师本身就处于婚姻危机的状况中，若来访者也正好是因为婚姻危机前来咨询，那么咨询师就很难帮助来访者处理，最好的方法是将该来访者转介给其他咨询师。

（2）咨询师的刻板印象或移情

咨询师在其生活实践中形成了对人的某些固定看法，可能会带入咨询过程而对咨询产生某种影响。例如咨询师与婆婆关系紧张，婆媳问题未处理，当来访者谈到与婆婆的问题时，咨询师立即站到了来访者一方，而不是以客观的身份帮助来访者分析问题，这会阻碍或干扰咨询的顺利进行。又如咨询师平时就对某些爱抱怨或唠叨的人很反感，在咨询中一旦碰到这一类人，则立即产生反感的心理，倘若对方的问题又与人际关系有联系，便很武断地认为一定是对方过于"抱怨"或"唠叨"了才使事情发展至此的。以这样的看法为依据进行咨询，可能从一开始就偏离了正确的咨询轨道。改变的方式是咨询师一方面要对自己可能产生的刻板印象或移情有较明确的认识，另一方面尽可能以客观的身份、以帮助对方的态度进行工作。

3. 干扰的某些具体表现

了解下列产生于咨询师本身的问题，咨询师可以随时觉察自身是否存在这些问题。咨询师只有不断地充实和提高自己，才可能最大限度地减少干扰咨询的情况产生。

卡瓦纳曾列举了下列来自咨询师的干扰：

❀ 迟到或取消已预约的治疗时间，并且准备了一大套有关的理由；

❀ 不是认真倾听来访者的谈话，也不是与来访者认真讨论问题，而是只顾自己说，让来访者听；

○ 咨询师走神或打瞌睡；

○ 咨询师不是讨论来访者的问题而是谈论自己的事情；

○ 常常忘记有关来访者的信息；

○ 给来访者提出不可能做到的要求；

○ 突然认为来访者有另一个"特殊问题"，要把来访者介绍给其他咨询师；

○ 拒绝与来访者讨论对方认为是很重要的问题；

○ 以讽刺的口吻对来访者讲话；

○ 与来访者讨论咨询师自己感兴趣的问题，而这种讨论并非有助于来访者问题的解决。

二、沉默

在咨询过程中，沉默现象也不容忽视，因为沉默之中仍有信息在传递。在咨询中出现沉默的场面，有时令人感到疑惑、可怕和不知所措，似乎必须行动起来，说点什么或做点什么。如果咨询师能够很好地理解和有效地掌握这种现象，那么他在咨询会谈中就会处于更为有利的地位。

卡瓦纳（Cavanagh）划分出三种形式的沉默：创造性沉默、自发性沉默和冲突性沉默。

（一）创造性沉默

创造性沉默是来访者对自己刚才所说的话和情绪、感受进行反思和体验时表现出的沉默。这种沉默往往能够孕育出新的思想观念和情感体验，促进来访者的成长。比如一个公务员说："我从未从这个角度想过这件事，但我想，我实际上对忙于工作而忽略了我的家人是很愧疚的，所以我'生病'了，这样我就不得不停下来和家人多在一起。"他停下来不再说什么了，他的目光凝视着空间某一点。此时很明显，他在思索他刚刚领悟到的问题的实质，可能他的头脑中充满了各种各样的想法，他可能体验到各种各样的情绪，他可能会因此沉默1~5分钟，沉浸在自己的思维与情绪之中。这就是一种创造性的沉默，因为在这种沉默之后，某些新的观念与情绪体验正在孕育着、涌现着。

"凝视着空间某一点"也许可能看作是这种沉默的一种标志。这往往是人们集中注意力思考问题的特征。此时，咨询师最好什么也不要说，但要在等待中注视着对方。咨询师这样做，意味着他了解对方内心正在进行思考活动，以自己的非言语性行为为对方提供了所需的时空，这将成为富有收获的时刻。

如果用"你正在想什么"这类问题打断这种沉默也许失之莽撞。可能会使来访者难以追上原来思维行进的速度，把握思维的方向。人们有时愿意自己独自一人思索一会儿，并未打算把自己当时的内心活动示于他人，他们可能正在同化某种观点，等自己感到舒服一点或想通了之后再与咨询师进行交谈。面对这种情况时，咨询师可以等待对方，直至其言语或非言语的行为表示可以继续了，再继续会谈。如果觉察到对方不情愿讲出其当时的心理活动时，可以建议下次会谈再与来访者讨论此事。

（二）自发性沉默

自发性沉默，也叫中性沉默，它发生在"不知从何说起"的情景中。这种情况在会谈的初始阶段较易出现。有时，来访者不知说什么好，不知什么是有关的事件、什么是更重要的事情等；或者他们觉得自己已经把问题表述出来了，不知道咨询师还希望了解什么。与前一种沉默不同，此时，来访者的目光不是盯着前面某一点，而是游移不定的，从一处看到另一处，也可能会以征询、疑问的目光看着咨询师。

如果咨询师允许这种沉默持续下去，那么这种沉默持续的时间越长，来访者的内心就会感到越紧张。此时咨询师可以先略等片刻以确定这种沉默是否属于第一种创造性的沉默，如若不是，咨询师应立即反应。咨询师可以这样发问："可以告诉我你现在正在想什么吗？"如果咨询师期望来访者自己打破沉默的话，那么这种沉默在初始阶段必然会占用过多的会谈时间。但当来访者与咨询师相处已久，相互熟悉了以后，咨询师采取等待对方的态度也许仍是比较可取的。

（三）冲突性沉默

这是来访者由于愤怒、恐惧以及内疚感等负性情绪发起的沉默。

1. 造成冲突性沉默的原因

（1）来访者感到受到了伤害。
（2）过去出现过的情形使来访者害怕。
（3）接下来要讨论的事情使来访者感受到了威胁。
（4）来访者可能在生咨询师的气，并用沉默作为一种被动攻击的形式。
（5）为将要说出的事感到难堪，说不出口。
（6）不知道自己的话该不该说，有没有必要说。
（7）不知道是否要表达不同看法或反驳咨询师，不知道怎么说才妥当。

2. 冲突性沉默的处理

当搞清楚沉默不语是由于来访者紧张害怕时，提一些一般性的、不涉及某些事情要害的问题以及做些保证可以减少这种害怕的心理。一般来说，如果来访者觉察到咨询师为了使他不感到紧张而在安抚他，这就足以使他开口说话了。咨询师要告诉来访者，最好把他们害怕的东西讲出来，当然他们有权选择讲还是不讲。一个女性来访者沉默了很久不敢讲她的问题，咨询师再次拿出签署过名字的保密协议，保证咨询师不会把她的事情说出去，而且在咨询室里说什么都不要害怕，她才声泪俱下，说起她6、7岁时留守在家，被一个邻居强奸的事情，这件事是她多年来的噩梦。如果来访者的害怕情绪极其强烈，那么也可以换一个不使她感到那么可怕的话题先谈。

当沉默是愤怒造成的时，这种情绪可能是针对咨询师的。如果咨询师的非言语行为表示"如果你不开口，我也不打算再说什么"时，双方都采取了被动攻击的行为。这样的方式是不能解决问题的。如果看到来访者明显是在生气，咨询师最好采取主动询问，如："你似乎想用沉默的方式告诉我什么事情，你能不能直接说说你现在的想法？"或者"我感到你现在很生气，能不能将你的愤怒表达出来？"这可能会马上打破僵局，双方可以进行开诚布公的对话。即使对方不这样做，咨询师这种做法也是有用的，至少为后面的会谈中双方进行充分的交流打下了基础。

面临冲突性沉默时，咨询师要以真诚的态度与来访者相处，表达自己的想法。如果来访者还是不肯开口，那么咨询师要等待一下，直到他打算这么做了。此时的时间并未白白浪费，因为持续的沉默会增加来访者内心情绪紧张的程度，直到来访者感到无法再沉默了。

对于沉默，咨询师不必害怕，也不必回避，而要正视和面对沉默，很好地利用沉默。如果沉默不是社会交往中自然出现的现象，而是心理咨询会谈特殊的产物，那就可以把它看作是可以使来访者改变和提高的过程。

三、环境背景对会谈的影响

环境对会谈具有影响作用。会谈的场所应该是可以隔音的房间，这样才能满足保密的要求，还可以保证会谈的双方全神贯注于会谈本身。会谈场所应布置得整洁、舒适、色调适宜，有助于来访者感到舒适和放松，使来访者一经步入便产生良好的印象。

关于咨询师的专业身份的标记。如果有可能，可以在咨询室呈现咨询师的姓名和职称等，使来访者感到可信、可靠。甚至咨询师的衣着、气质与风度都会对来访者产生先入为主的影响作用。

第五章

个案概念化和心理评估

在心理咨询与治疗过程中，咨询师一直要面对的一个任务，就是对来访者及其心理问题获得一个专业的认识。这是一件重要且相当具挑战性的工作，对于初学者尤其困难。一方面，我们所学习的理论知识比较抽象，而来访者的行为表现非常具体，要从来访者的具体行为中抽象出符合理论概念的模式，不是件易事；另一方面，心理咨询与治疗的理论流派众多，不同理论体系相互竞争，使得实际工作者经常面临选择困难。除此之外，近些年由于循证治疗的影响，个案的诊断和评估被提升到更重要的地位。这又使这件困难的工作更增加了压力。

第一节　个案概念化

个案概念化在咨询治疗实践中有着重要的功能与作用。正如在做培训或督导时，贾晓明老师常说的一句话："没有个案概念化，就没有咨询治疗目标！"如果把心理咨询比喻为一艘行进的航船，那么目标就是航向，而个案概念化就为心理咨询的航行提供了一张地图。这张地图里有前进的方向、有航行的路线。咨询师在与来访者共同工作伊始，就要开始勾画这张地图，并与来访者共享，携手前行。

一、概　述

个案概念化，即咨询师通过获得的各种信息，基于某一种理论对来访者的困扰所做的一种假设。它是加深对来访者理解的一种工具，进而得以确认来访者的核心问题。

（一）诊断、评估和个案概念化的区别

在心理咨询与治疗的实践中，有多个名词涉及对个案的问题获得专业化的理解。它们包括诊断、评估和个案概念化。

1. 诊　断

大致来说，诊断（diagnosis）是依据某个既定分类体系和相应的标准，根据来访者问题的临床表现（症状），将来访者进行归类的活动。由于学界事先已经对每类障碍进

行过研究，对其外显行为特征和内在过程，对问题的发生、发展有着系统的知识，一旦某个个体被归入一个障碍类别，咨询师就可以依据既有知识来理解这位来访者及其问题。

2. 评　　估

评估（assessment）的概念比较窄一点。它主要指依据一定标准或者工具，对来访者某方面的行为、特质是否符合或达到某个有临床意义的标准作出判断。例如，用一个衡量人际功能的量表评价一个人的人际交往能力或人际关系损害的情况。

3. 个案概念化

个案概念化（case conceptualization）在学者们心里的理解不尽相同。目前大家比较认可的是埃尔斯给出的一个最为宽泛的定义。按埃尔斯的说法，个案概念化是有关来访者问题的"原因、诱因和维持性的影响因子的假设"（Eells，2007）[4]。简单地说，个案概念化是一个假设，它解释了来访者的问题何以发生和形成以及怎样维持。

（二）从不同的着眼点看个案概念化

1. 从内容的角度看

个案概念化从内容的角度看是有关来访者及其问题的一幅整体的图画（Eells，2007）。在这幅图画里，来访者的各种内隐和外显的行为、症状，来访者的过去和现在，来访者与其他人的关系，来访者的环境等元素，以有意义、可以理解的方式组织在一起。由于这个组织（即假设），一些原来零乱的、没有关联的甚至相互矛盾的信息，变成了相互有关联的、相互解释的；原来没有意义的资料，一下子有了意义。来访者提供的信息常常是多样或混乱的，个案概念化就是使原来凌乱的、没有关联的、没有意义的甚至相互矛盾的信息，变成有关联的、可相互解释和有意义的（贾晓明，2019）。

2. 从过程的角度来看

个案概念化指的是临床工作者形成上述假设和图画的思维加工活动。这包括咨询师通过会谈收集信息，在头脑里尝试形成假设，继而不断在与来访者的互动中检验和修正。显然，形成假设是一个非常富有挑战，同时又很刺激的过程。它对临床工作者的专业知识、临床经验和创造性有非常高的依赖度（Eells，Lombart，Kendjelic，Turner，Lucas，2005）。

（三）个案概念化的临床价值

（1）个案概念化提供了来访者及其问题的一幅有意义的图画。有了这幅图画，来访者行为的意义、原因就得到了理解，而这个理解是临床干预的前提。

（2）个案概念化提供了一个可以用来组织和加工来访者信息的结构。有了这个结构，来访者的有关信息就不再是支离破碎的，而是可以相互关联起来的。这个结构还有助于纠正对某些信息不正确、不恰当的解读。因为如果一个特定的解读跟整幅图画没有关联或者互相抵触，那么其中一方一定有不当的地方。

（3）个案概念化为选择相应的治疗目标，设计或选择治疗策略、技术提供了依据。至少从逻辑上说，基于充分的个案概念化的治疗应该比缺乏这种依据的治疗会更为有效。

（4）个案概念化还有助于咨询师更好地与来访者互动，尤其是达到更好的共情理解，对工作同盟可能会遇到的困难也会有所准备（Eells，2007）。

（四）个案概念化的模式

大多数心理治疗取向和形式中，都有个案概念化或类似个案概念化的工作，但并不存在一个统一的个案概念化模式。大致来说，个案概念化模式可以归为三大类。第一类是精神医学的诊断模式，其中以美国精神病学会的《精神疾病诊断与统计手册》（DSM）影响最大。第二类是各主要心理治疗流派基于各自的心理病理学理论和治疗理论所发展出来的个案概念化模型。例如心理动力学理论、认知行为理论等治疗体系，都有自己的个案概念化模型。这里面还包括一些基于某一理论针对某类特别的障碍的个案概念化模型，例如针对抑郁障碍的认知治疗的个案概念化。第三类是跨理论和非理论的模型。跨理论的个案概念化模型试图从不同的治疗理论中抽出共同的个案概念化元素，并以此为基础发展出某种具有广泛适用性的个案概念化模型。非理论的个案概念化，从文献来看比较少见，其实在实践中可能有相当一部分属于这种情况。这类个案概念化有实践无理论，具体情况五花八门，因为没有调查资料，所以人们对这一类的情况了解不多。

就主要心理治疗取向而言，精神分析的治疗传统是重视个案概念化的，弗洛伊德的个案研究可以看作是个案概念化的开拓性尝试。人本心理治疗传统上反对诊断，认为心理诊断没必要甚至有害（Rogers，1951），因此对个案概念化也持保留态度（Eells，2007）。在个案概念化的探索工作中，近些年最为活跃的是认知治疗和认知行为治疗的学者，他们在个案概念化的操作化和标准化方面取得了相当引人注目的成绩。另外，最近几年一些折中取向的学者试图发展跨理论的个案概念化方法，这是非常值得重视的动向。

1. 精神医学诊断模式

精神医学的诊断模式可以说是个案概念化中影响最大的模型。从临床实践来说，即使心理咨询师并不使用医学诊断模式于实际治疗工作，也会参考相关的诊断。从研究来说，医学诊断模式通常被当作诊断的"金标准"，大量的研究是应用或参照医学诊断来对来访者进行分类的。另外，从个案概念化的发展历程来说，精神医学的诊断模式是源头，它的方法论对后来的各种个案概念化实践都有影响。

2. 医学模式的诊断观有以下几个主要假定

（1）存在有同一机体根源、病因、症状、病程和预后的疾病单元；

（2）心理疾病与身体疾病没有什么不同，症状是某种潜隐状态或条件（病因）的表现，通过症状可以推知病因，治疗症状不能根治疾病；

（3）患上心理疾病，病人没有任何责任；

（4）治疗是专家的事；

（5）虽说在特定个体身上病症表现可能有文化差异，但基本病因、病程和转归却是普遍一致的（Meyer，Salman，1984）。在这样的思想指导下，各国精神病学家和临床心理学家作出艰苦努力，发展出了一个个精神障碍分类体系和诊断标准。

目前在国际精神病学界较有影响的分类和诊断体系有：

（1）美国精神病学会的《精神疾病诊断和统计手册》（DSM）。该手册目前的版本是第5版，即DSM-5。它为每类障碍的亚型制订了详细的诊断标准。DSM-5从五个方面对来访者进行评估，每个方面都被称为"轴"：

轴Ⅰ：临床障碍与其他可引起临床关注的障碍；

轴Ⅱ：人格障碍与精神发育迟滞；

轴Ⅲ：一般医学状况；

轴Ⅳ：心理社会与环境问题；

轴Ⅴ：总体功能评估。

（2）世界卫生组织（WHO）的《国际疾病分类手册》（第10版）（ICD-10），目前的英文版本是2004年的修订版。此版的中文版本于2008年出版（董景五主译，人民卫生出版社出版）。ICD-10的第五章为精神疾病部分。ICD-10的精神疾病部分基本上采用了DSM-4的诊断标准，但分类不一样，它把精神障碍分为10类。

（3）我国目前的分类系统和诊断标准是《中国精神障碍分类与诊断标准》第3版（英文简称CCMD-3）。这个方案的分类与ICD-10大体一致，又尽可能地照顾到与我国原有的分类和诊断名称的衔接。该方案将精神疾病分为10大类，亦为每类疾病及其亚型规定了定义和诊断标准。CCMD-3还借鉴DSM-4的多轴诊断方式，提出了七轴诊断体系（陈彦方，2007）。

3. 精神医学诊断的局限性

这种统一的分类和诊断标准的开发和使用，有明显的科学价值。它们有力地促进了人类对精神障碍的研究，加深了对各种精神障碍的了解。它们在精神疾病的流行学调查方面、精神障碍的比较研究方面尤其成功，因为它们提供了统一的评价标准。在临床上，有人认为它也有一定帮助，比如它能够帮助咨询师评估问题行为和选择适当的治疗方案。然而，实践情况表明，在针对具体病人的临床治疗和咨询方面，医学模式的诊断存在不少局限。

（1）对症不对因

按照医学诊断的一般常规，理想的诊断除了要列出障碍的症状，还应该能够确切说明障碍的原因和发病机制。然而现在各国的分类和诊断标准对于大多数心理障碍都只给出了症状标准。造成这种情况的原因主要在于心理障碍的成因极其复杂，病因学的研究遇上了极大困难。目前除了一些病因较单一，比较明显的外源性精神障碍（由感染、中毒、脑外伤和脑器质性病变等引起的障碍）外，对于大部分障碍只能提供非常一般、粗线条的病因方向的揣测。然而不管怎么说，障碍总是有原因的，有效的治疗干预应该是对因干预。不同病因能够引起相同症状，同一病因又可能表现出不同症状，只知外显症状不知病因，势必对治疗造成困难。

（2）见病不见人

与躯体医学的传统一致，精神医学的诊断也倾向于把视野集中在"病"上面。医生关注的是这是什么病？怎样治这个病？这对心理障碍的诊断来说是有明显偏失的。因为心理障碍不同于躯体障碍，是这个"人"有了障碍，而不仅是他的躯体有障碍，不理解这个人就不能很好地理解他的"病"。而人是一个有多方面的存在规定性的实体，既是生物的人，又是社会的人，还是精神的人。不了解这个人的全部生活情形、他的整体面貌，就不易对他的"病"进行有效的治疗。目前以美国《精神疾病诊断与统计手册》系统为代表的诊断方案提出了多轴诊断的思想，这对传统上单纯聚焦于障碍本身的诊断是一大改进。但从实践上看，多轴诊断的实行情况并不理想，在中国，多数精神科医生还是偏重单一诊断。

与此相关的一个问题是，由于医学诊断从完整的疾病单元看问题，致力于从症状标准、病程标准等鉴别出一个个独立的病种，就使得那些有这样那样的心理行为障碍，而又不符合"疾病"诊断的来访者以及主要对这类人提供服务的咨询师，无法从这种诊断中受益。

（3）"标签化作用"

医学诊断的结果，是赋予每位病人一个疾病名称，如张某患躁郁症，李某是偏执型人格障碍患者等。这等于给来访者贴上了一个标签或印记。本来，按躯体医学的传统，这种标定无可厚非，对患者也没有多大副作用，张某不会因为诊断为胃溃疡而导致病情加重或生出别的什么问题来（心理上的反应除外）。但对精神障碍的标定却不同，它的确会产生某些副作用。副作用之一是使得带有标记的来访者的社会处境更为不利。在多数社会里，人们对精神障碍患者都表现出消极态度，如偏见、歧视、污名化现象。那些被诊断为精神分裂症、性心理障碍或其他什么病症的人，会发现家人、上司、同事、朋友对待他们与以往不同。人们认为他们是可怜的、危险的、没有希望的。这种社会反应无论从社会伦理角度还是从治疗角度看，对来访者都是不利的。另一个副作用是直接影响来访者及其障碍。被标定患有某种精神疾病会在来访者心中唤起复杂且往往是消极的反应，例如负性自我评价、悲观、抑郁，有时还会诱发消极的"自我实现预言"过程，使得障碍恶化和复杂化。

（4）在医生及医患关系方面的局限

批评者认为，由于医学诊断模式侧重从"问题"和"疾病"来看待病人，间接地促使咨询师往消极的方面"建构"他的来访者。如果一个人的反应定势是以"心理疾病"的建构系统来看这个世界，那他将会建构出一个充满问题与心理异常的世界（Ivey，1980）。他会对来访者身上积极的、趋向成长的力量视而不见。

1973 年，心理学家罗森汉（D.Rosenhan）发表了一篇引起轰动的研究。罗森汉与7 位合作者（其中包括一位心理学研究生、一位医生、一位家庭工作者、一位画家和一位精神病大夫）伪装成精神病人，竟先后成功地住进了美国东、西海岸的 12 家医院。在入院诊断时，他们每个人都对医生佯称有幻听症状（精神分裂症的一种典型症状），除此之外，每人对医生谈的都是自己生活的真实情况。结果，8 人中有 7 人被诊断为精神分裂症。尽管他们一住进医院后就完全以正常状态出现，也不再报告有幻听，却没有一个人受到进一步检查。每人平均在医院待了 19 天，才在家人或朋友的"营救"下得以出院。这项研究虽然后来也引起了一些批评，但它的结果的确是令人震惊的。正如谢弗（Scheff，1974）评论的，一旦一个人被贴上"精神病人"的标签，这件事就会改变别人对他的知觉，正常行为也会被看成异常行为。医生如果有这样的倾向，很难说不会对病人及治疗发生消极影响。

在临床工作中，精神医学诊断最成功的应用是药物治疗。在心理咨询与治疗领域，许多咨询师并不使用标准化医学诊断，另一些咨询师则利用精神障碍分类和诊断标准来甄别、排除非心理咨询和心理治疗适应症的病人，而对适用于心理咨询和心理治疗的来访者采用其他理论框架进行个案概念化工作。

二、几种主要治疗理论的个案概念化

由于个案概念化目前还是一个比较受理论流派局限的领域，每个治疗理论都有自己的有关个案概念化的立场、原则、概念框架和做法（Eells，2007）。下面将对几种主要理论的个案概念化进行一一介绍。

（一）心理动力理论的个案概念化

当代心理动力理论并不是一个严整、单一的体系，而是以一些"亚型"存在着。就目前在实践中影响较大者而言，主要是传统的精神分析理论、客体关系理论以及自体心理学（Messer，Wolitzky，2007）。自体心理学跟客体关系理论共同之处很多，可以合并讨论。

1. 经典精神分析理论的个案概念化

弗洛伊德主义的心理病理学理论是以人的存在的二重性——生物性存在和社会性存在以及二者的矛盾为起点的。弗洛伊德把这种二重性及其冲突具体化为一套人格理论，包括动力理论、结构理论和发展理论等几个大的方面。

弗洛伊德认为，一方面，两种基本的生物驱力——性驱力和攻击驱力，是人从事一切活动的原动力，也是一切心理发展的源头。驱力的活动法则是所谓"快乐原则"，即通过释放获得快感，降低紧张水平以及尽量减少痛苦。另一方面，个体发展过程中由社会化而生的道德和良知等内在力量构成了人的社会性部分。这样，个体便会经常生活在两种心理力量的冲突之中。神经症及其各种症状如焦虑、恐惧、强迫，最终均来源于人类这种又爱又怕的心理处境。

所以经典精神分析的个案概念化，比较关注的是个体内心的道德焦虑和冲突。其中最为分析师重视的是俄狄浦斯冲突（Oedipal conflicts）。俄狄浦斯冲突就是著名的所谓小男孩"想要"占有母亲、攻击父亲的内在欲望。其实俄狄浦斯冲突可被看作一个隐喻，它代表人类的性和攻击两种原生的驱力面对强大的惩罚性威胁，既不能自由满足，又不能被消灭的一种困境。这一困境的心理特点是又爱又惧，欲罢不能。由于这个过程具有无意识的性质，所以在症状上就表现为以焦虑为核心的各种神经症症状。在个案概念化上，经典精神分析重视从个案的无意识材料（尤其是富含着幻想的材料）入手，去发掘这些表面现象后面的基本冲突，进而把个案的神经症症状跟基本冲突联系起来。分析师借助对心理防御机制的识别和解读，来实现对表面材料跟基本冲突的关联。

2. 客体关系理论的个案概念化

客体关系理论的心理病理学相对于经典精神分析已经发生了相当大的转变。其关注点不再是性和攻击驱力的释放，而是"自体"（self）和"客体"（objects）以及二者之间的关系。自体和客体都是来访者的一种心理表征，分别代表来访者心理世界里自己的形象和重要他人的形象。客体关系理论认为，自体和客体心理表征的一个最重要的特点是"好"与"坏"的二极性（Cashdan，2006）：自体和客体都被分裂地表征（体验、知觉）为"好"的部分（"好我""好母亲"）和"坏"的部分（"坏我""坏母亲"）。个体心理发展的一个基本任务，就是能够将自体和客体的"好""坏"部分予以整合，对自体-客体关系的表征比较积极正面，随着年龄的增长，就能够跟"客体"发展出"真实关系"——基于客观现实知觉的关系（Gelso，2002）。客体关系理论认为，三岁以前的母婴互动形态对个体形成正常还是病理性的自体、客体表征起着至关重要的作用。在这个生长阶段，一方面，儿童严重地依赖母亲的照料，另一方面，母婴互动中不可避免会给儿童带来负性经验（躯体和心理上的不适感受以及由此衍生出的对母亲的负面体验）。这种基于生存依赖的冲突性的经验构成了婴儿早期发展的一个非常特别的处境（同一个自体或客体，一会儿是好的，一会儿是坏的）。个体所有的自体和客体的表征，其实是由这些早期经验积淀而来。如果个体不能成功地整合这些冲突性的经验，其自体认同和客体关系就会出现问题。

总之，自体、客体以及自体-客体关系，构成了客体关系理论理解来访者的主要概念框架。由于咨询师并不能直接观察来访者的自体和客体表征，在个案概念化上，客体关系理论非常倚仗投射性认同这个概念。投射性认同（projective identification）是指来访者的一种个性化的行为模式，这种行为模式"诱导"与其互动的对象以一种限定的方式产生感受、想法和行为（Cashdan，2006）。由于来访者病理性的投射性认同是源于早期与重要客体的关系，所以投射性认同一定会表现在咨询关系之中。咨询师因此可以利用对来访者在咨询关系中互动方式的观察，以及自己被来访者"诱导"出来的反应，来认识来访者的"自体"和"客体"。

（二）人本-存在理论的个案概念化

经典的以人为中心理论反对诊断及相关的评估等做法。但如果因此就认为以人为中心取向的心理治疗完全不用个案概念化，那也是不符合事实的。罗杰斯反对心理评估和诊断，主要出于两个理由。一是这样一种由一个人决定另一个人是否有病、是否正常的做法，会导致人际控制。同时这种主-从性质的治疗关系剥夺了来访者做自己、自我负责的机会。二是每个人的内心感觉，只有来访者自己最能够接触到（Rogers，1951）。事实上，如果咨询师牢记罗杰斯的警告，在咨询关系中尽可能做到真实一致，能够同感来访者，能够尊重和积极关注来访者，并且把"诊断"集中在来访者的内部加工活动，而不是来访者这个人（Greenberg，Goldman，2007），也可以做到既避免社会性控制，又实现对来访者的心理病理学理解。事实上，跟其他心理治疗体系一样，以人为中心理论也有自己的一套心理病理学概念系统。这套概念系统构成了人本心理治疗个案概念化的指南。

人本理论的核心概念是"自我"（self）、"体验"（experience）、"一致性"（congruency）等。人本-存在治疗理论非常看重感受、直觉这样一些情绪性、前意识的心理活动，认为它们是跟认知、言语性质的活动同样重要的内部过程。罗杰斯有一个非常独特的概念叫"机体智慧"。它是人身心一体的整体性机能，能够评价经验、指引行为。整体机能健全的人，其感受、直觉等感性经验与认知、语言表征的理性认识之间有着高度的一致性。而心理病理问题，大都出于来访者放弃了机体智慧这种整体机能，转而一味倚重理性，机械僵化地以规则、道理来指引个人生活。在心理机能上，病态的自我导致个人的情绪感受与认知之间或者互相隔离，或者被压制（情绪），或者被扭曲（认知），认知不能如实表征内在感受。

在个案概念化上，人本-存在理论既跟一般理论一样，致力于理解来访者及其问题，寻找问题跟内在心理过程之间的关联，又有一些独特的地方。其中最突出的有三点：一是重视"当下"的经验；二是概念化过程与治疗过程合一；三是以"相遇"的态度而不是诊断的态度来理解来访者。按照现象学派的理论，"当下"的情绪和感受包含了较多真实的、新鲜的经验，这些经验受"自我"的扭曲比较少，由此可知来访者哪些本真的需要被压制了。同时还可经由这个线索，去了解来访者的自我中存在着何种图式，该图式通过怎样的"手法"（情绪-认知过程）导致了问题或症状（Greenberg，Goldman，2007）。人本-存在理论的个案概念化与治疗过程不是分开的两部分，而是几乎合一的。这跟诊断在前、治疗在后的一般常识非常不同。人本-存在治疗理论强调咨询师和来访者之间的伙伴关系，而不是一个负责诊断和治疗，另一个作出配合的主从关系。咨询师和来访者合作地对来访者的内心世界进行探索，往往在咨询师得出某个解释性认识的同时，来访者也获得了领悟。人本-存在治疗的个案概念化的另一个独特之处，是在获得资料和解释资料过程中，不单纯依赖智力和理性加工，而是非常重视咨询师的投入和同感。罗杰斯认为咨询关系不仅仅只是一位专家跟来访者之间的职业关系，更是两个人之间的"相遇"。咨询师全身心地与来访者"同在"，以体验的方式获得来访者的信息，这在个案概念化中有着不可替代的作用。

（三）认知行为治疗的个案概念化

认知行为治疗也不是一个单一的心理治疗体系，而是一组有着共同或相近的概念和理论的治疗方法的共称（Nezu，Cos，2007）。不过，认知行为取向的各种治疗方法在心理病理理论和治疗理论上，有许多共同点。这可能跟它们的历史渊源有关。当代认知行为治疗主要有两个来源，分别是认知治疗和行为治疗。在心理病理学方面，认知治疗认为来访者的内部思维（Beck，1979）或信念（Ellis，1979）起着关键作用，一些病理性的、非理性的思维或信念导致了不适的感受和行为。行为治疗认为个体非适应性行为或症状都是学习的结果，而环境因素在这个学习中充当了关键的角色。认知理论和行为理论的结合使得认知行为治疗在理论上出现了一个大的飞跃。原来的认知理论不重视行为，并且对病理性认知的发生学缺乏认识，而行为理论排斥认知过程，对充当着症状和问题的内在原因的认知机制认识不足。认知行为理论把这些不足都弥补了，成为一种比较完备、比较全面的理论。

就个案概念化而言，根据尼祖等的说法（Nezu，Cos，2007），目前在认知行为治疗领域里大致有四个模型比较有影响:分别是培尔生的模型（Persons，Tompkins，2007），这个模型较多体现了贝克的认知理论的传统，强调认知功能受损在致病过程中的作用；玛沙·林内翰（Marsha Linehan）的辩证行为治疗模型（2004），它由林内翰针对边缘型人格障碍的治疗发展而来（Koerner，2007）；海因斯所发展的"功能分析的临床个案模型"（Haynes，Williams，2003）；尼祖等人发展的以问题解决为组织框架的模型（Nezu，2007）。

虽然每个具体模型在个案概念化上各有独特之处，但整体来看这些模型有一些重要的共同点。其一是它们都强调个案概念化的概念、推论和假设等要有实证支持，尤其是有实验研究的支持，对基于思辨或不系统的临床经验的概念推论和假设等采取拒斥的态度。其二是以功能分析作为个案概念化的基本的方法学工具；功能分析方法源自行为治疗，它以相互作用、共变的观点来看待来访者不同方面的变量（如症状、内部图式、环境力量）之间的关系，并由此理解来访者的困难或问题；其三是以系统论的思想来看待来访者的身体、思维、情绪和行为以及过去经验、动机、环境力量等要素，还有这些要素在改变中的作用，不再一味偏重认知或者行为（Nezu，Cos，2007；Persons，Tompkins，2007）。

在这些模型中，培尔生的模型影响比较大，而且在笔者看来，这个模型的框架强调个案概念化中的一些基本的、共同的方面，因而采用不同治疗理论的临床工作者也能够利用或借鉴这个框架，这对于学习个案概念化比较有帮助。下面对这个模型略作介绍。

培尔生的模型涉及个案的四个方面:问题、机制、起源以及诱因（Persons，Tompkins，2007）。问题泛指来访者各方面存在的困难，包括心理和精神上的各种症状及相关障碍以及社交、学业、婚姻、职业等方面的问题。培尔生很强调临床工作者要尽量全面地掌握来访者所有的问题，即使有些问题最后不会成为治疗的目标。全面地了解问题有助于理解问题之间是怎样关联着的。机制（mechenisms）是指造成问题的直接原因及其发生作用的方式。在认知取向的个案概念化中，咨询师往往比较重视某些特定的思维模式或信念在导致来访者症状或障碍上的作用。这些思维模式或信念被培尔生称为机制。当然，情绪、行为甚至身体的变量，都有可能作为机制引发心理问题。起源是指机制的起源，即某个机制是由怎样的条件或原因造成的，这往往涉及早期经验、学习或环境、机体等。机制和起源都是来访者问题的原因，但前者是直接的原因，后者则是较为间接的原因，即原因的原因。诱因则是激发或触发当前问题或症状的某个内部或外部事件。诱因不是原因，而是启动机制开始动作的引子。一个回忆、一次搬迁，都有可能触发问题。培尔生认为，所谓个案概念化，就是收集和发现个案上述四个方面的资料，把它们按照内在逻辑组织起来。

以一位存在冲动控制障碍的 30 岁女性来访者为例。来访者的问题包括经常性的情绪失控、自伤以及混乱的异性关系，最近因为做出危险的自杀姿态而被介绍到精神卫生中心。会谈中咨询师发现，最近她的自杀尝试是在一次跟她现任男友发生冲突后，她感到男友会像她以前的男人一样离开她。进一步的会谈中咨询师发现，来访者的失控和自伤行为大多出现在与重要他人发生矛盾之后。一个明显的模式是，每次冲突都会有一个积累-升级过程，其间她会从隐忍、讨好（以行动而不是语言）到失控，直至爆发，最后是对方觉得她"不可理喻"而永久或暂时地离开她。自伤通常发生在情绪爆发之后的 24 小时内，她一人独处的时候。来访者对自己的看法包括认为自己"贱"，有时不知道自己是谁（"有时我都不认识自己"）、自己是个什么样的人。在被问及情绪爆发过程中她有什么想法和感受时，来访者说"我也不知道"，"它们（指情绪）要那样"。来访者对她生活中的男人的态度很矛盾：一方面觉得男人很重要，她无法不依赖男人生活；另一方面她觉得男人是无法理解的动物，他们随时会离开，因而"靠不住"。来访者自小父母离异，被寄养在外婆家，而外婆家里没有别的成年男人。

按照培尔生的模型，这个个案的概念化可按如下方式组织：来访者幼年父母离婚及寄养经历（机制的起源），使她发展出了一套紊乱的自我、他人和环境的图式。自我是低劣的、"贱"的，他人是不可靠的、不可预测的，环境是充满威胁、随时会抛弃自己的（机制）。同时，可能由于一定程度上生物学的易感性，因为她母亲也有情感障碍（机制的起源），她在情绪上比较容易被激活，同时控制能力比较差（机制）。上述图式使她对自己是否够好、是否能够赢得别人（尤其是重要的人）的爱总感到不确定，对自己是否有能力保持对方的爱没有信心。因而来访者在跟重要他人包括男友相处中，表现得非常纠结。她不断地"检验"对方是否还对自己有兴趣。她还做出各种努力以让重要的人不要抛弃自己（问题和症状）。来访者的图式还令她有非常强烈的不安全感以及对男性的不信任。由于这些，来访者跟男友的关系中缺少健康、互惠的爱的表达，各种非言语的检验、控制行为占了重要地位，性也成了控制的手段。当控制失效，冲突（诱因）便升级，男友离开是来访者痛苦的顶点，她再次被强烈的被遗弃感所占据，情感暴发和自伤行为是这个过程的自然结果（问题和症状）。

在操作上，培尔生的个案概念化模型包括以下步骤（Persons，Tompkins，2007）：

（1）了解问题，列出问题清单。如前所述，这个步骤要求咨询师尽可能全面地了解来访者在生活各方面存在的困难和问题。但培尔生指出，太长的问题清单也可能不好处理，所以 5-8 个项目的问题清单比较合适。如果清单太长，可以合并分组。了解问题的主要方式是临床会谈，也可以采用一些自评量表，如 SCL-90、贝克抑郁问卷，以及培尔生所在的机构自编的纸笔评估工具等。

（2）应用美国《精神疾病诊断与统计手册》（DSM）五轴诊断。培尔生模型是主张应用 DSM 诊断系统的临床个案概念化模型之一。他们的理由是这样做使得临床诊断和个案概念化与实证研究结合得更紧密。从临床价值来说，把问题清单与 DSM 诊断结合起来，可以促进对障碍的理解。

（3）选择一个"锚定诊断"。"锚定诊断"是一个初级的、用来组织诊断信息的工作诊断。选择锚定诊断的一个标准是，该诊断能解释或者组织最多的问题信息。另一个参考标准是治疗目标。如果一个个案可以适用两个锚定诊断，比如双相情感障碍和边缘型人格障碍，而双相情感障碍已经由药物治疗得到较好控制，心理治疗目标会主要集中于边缘型人格障碍，那么，就选择边缘型人格障碍作为锚定诊断。

（4）选择一个可用于该锚定诊断的概念化模板。在临床心理学领域，对于一个特定障碍的诊断，经常存在不止一个理论模型。例如抑郁症，就有强调生物学、认知以及综合因素等不同的理论模型。个案概念化工作的这一步，就是从已有理论模型中选择一个，准备用作后续工作的模板。指导这一选择的原则包括：尽可能选择有实证研究支持的、咨询师最熟悉的、更适合这个个案的、最易于被来访者接受的等。

（5）将模板个体化。即把选定的模板具体应用到当前个案身上。这可能是个案概念化中最复杂、最考验咨询师的创造性和洞察力的工作。它要求咨询师要从来访者的思想、感受、行为以及身体反应等方面的线索中，从反应内容和反应方式的细节中，从个案-环境的互动和关系中，"看出"跟模板的关键概念相一致的地方，从而达到借助理论模板理解来访者及其障碍的目的。培尔生告诫，这项工作不太可能总是那么理想化，可能有的问题或症状不能通过模板中的核心概念得到理解——它可能是某个偶然因素的结果。所以咨询师的头脑要灵活一些，开放一些。

（6）提出假设以解释机制的起源。在这一步，咨询师要收集有关信息，试图了解来访者何以以及怎样发展出了那样一些造成问题和障碍的心理机制。

（7）了解并描述引起（障碍）当前发作的诱因。诱因总是启动或激活问题机制，由机制导致了特定的行为-情绪-认知反应（障碍）。因此这个工作往往可以通过了解症状反应前后的事件序列来侦查。

上述全部工作完成后，咨询师就可以把个案概念化的结果用文字或者图示的形式表达出来

第二节　心理评估

从一般意义上讲，除了精神病人、有脑器质性病变的人、有人格障碍的人以外，均可以进行心理咨询。神经症来访者是心理咨询师的最佳人选。有脑器质性病变的人一般比较容易区分，但精神病人和有人格障碍的人则比较难以区分。

一、症状学评估

（一）精神分裂症

20 世纪瑞士精神病学家 E. Bleuler（1911）指出，精神分裂的核心问题是人格的分裂。精神分裂症病人常具有以下几类症状。

1. 阳性症状

公认的阳性症状包括幻觉、妄想、紊乱的言语和行为。幻觉是一种病人在没有现实刺激出现时，产生的虚幻的感知体验。幻听和幻视最为常见。比如精神病人能听见周围人听不见的声音，看到实际上根本不存在的东西。妄想是精神分裂症患者出现频率最高的精神症状之一，它是指病人在病理基础上产生的歪曲的信念、错误的判断和推理。比如病人可能把周围环境中与他无关的事情都看成是与他有关的——别人咳嗽、关门、说话等都是针对他的；或坚持认为有人要陷害他，用某种仪器监视他的行踪等。有时候，病人表现出紊乱的言语和行为。比如话讲了半天，中心思想松散或无主题；重复单调的行为，有的行为杂乱无章、缺乏目的，如幼稚愚蠢地傻笑或脱衣、脱裤等。

2. 阴性症状

阴性症状主要指正常心理功能的缺失，涉及情感、社交及认知方面的缺陷。其中以意志减退和快感缺乏最为常见。意志减退的病人，常无所事事，对前途没有打算，个人卫生懒于料理，甚至孤僻离群，个人生活不能自理。这些人也长期无法从日常生活中发现和获得愉快感。

3. 其他症状

病人还可能有情感方面的障碍，如对人冷漠、对亲人亦变得不关心等。

有些精神分裂症病人的定向力（时间、空间、人物）尚可，记忆和智能均无明显障碍，与正常人区别不大，需要咨询师仔细辨别。一般来说，精神分裂症病人从不主动求医，他们对自身的疾病状态没有自知力。如果来访者在来心理咨询之前曾去过精神科就医，那么就需要了解之前的就医情况，判断其是否属于心理咨询的对象。

（二）心境障碍

这种病人可能有两种截然不同的表现。当病人处于躁狂状态时，典型的表现为"三高"症状：情感高涨（病人的自我感觉良好，始终很快活，谈笑风生）；思维奔逸（自觉脑子聪明，反应敏捷，口若悬河）；活动增多（精力旺盛，整日忙碌不停，全身有使不完的劲，但有始无终，自控能力差）。

当病人处于抑郁状态时情况相反。他们表现为"三低"症状：情绪低落（苦恼忧伤，度日如年，生不如死）；思维迟缓（自觉愚笨，思考问题困难，感觉"脑子好像是生了锈的机器"）；意志活动减退（生活被动懒散，整日卧床，回避社交）。除此之外，抑郁症病人还有"三无"认知：无望（对将来悲观失望）；无助（常产生孤立无援的感觉，对自己的现状缺乏改变的信心和决心）；无用（认为自己活着毫无价值，一无是处，结束自己的生命是一种解脱或觉得自己活在世上是多余的人）。

这两种状态在病人身上可能交替出现，我们称之为双相障碍。仅有抑郁状态时，我们称之为抑郁症。始终仅有躁狂或轻躁狂发作者很少见。

（三）人格障碍

人格障碍是指明显偏离正常且根深蒂固的行为方式，具有适应不良的性质，其人格在异常时使个体或他人遭受痛苦，或给个人或社会带来不良影响。人格障碍没有明确的起病时间，始于童年或青少年，通常成年后，部分人格障碍者的人格异常有所缓和。

1. 常见的人格障碍的分型

（1）偏执型人格障碍

以猜疑和偏执为特点。表现为对挫折和拒绝过分敏感；容易长久地记仇；好斗；自我评价过高，极易猜疑。

（2）分裂型人格障碍

以情感冷漠和人际关系的明显缺陷为特点。表现为无愉悦感；对人冷淡；对于批评和表扬都无动于衷；回避社交；无视公序良俗；行为怪异。

（3）反社会性人格障碍

表现为对他人感受漠不关心；易激惹；无内疚感；缺乏责任感，常违法乱纪。

（4）冲动型人格障碍

以情绪不稳定和缺乏控制力为特征。表现为不考虑行为后果，易与他人发生争执和冲突，对人有暴力攻击，做事情虎头蛇尾，很难坚持。

（5）表演型人格障碍

以过分的感情用事和夸张言行来吸引他人的注意。表现为情绪表达夸张且矫揉造作；暗示性、依赖性强；情感反应强烈易变；渴望别人注意；自我中心。

（6）强迫型人格障碍

以过分的谨小慎微、严格要求与完美主义及内心的不安全感为特征。表现为过分谨慎；道德感过强；对细节过分关注；刻板和固执；墨守成规。

（7）回避型人格障碍

以一贯感到紧张、提心吊胆、不安全及自卑为特征。表现为持续和泛化的紧张感与忧虑；夸大日常潜在的危险；回避与人密切交往的活动。

（8）依赖型人格障碍

以过分依赖，害怕被抛弃和决定能力低下为特征。表现为过分顺从；委曲求全；害怕独处。

2. 人格障碍的评估要点

（1）人格障碍多在儿童后期或青春期出现，持续到成年并渐渐显著，因此在儿童和青少年期不应做人格障碍的诊断。

（2）不是由器质性病变问题引发，意识状态、智力均无明显缺陷，一般没有幻觉和妄想。

（3）主要表现为情感和行为的异常，个性上有情绪不稳、自制力差、与人合作能力和自我超越的能力差。

（4）对自身人格缺陷常无自知之明，难以从失败中吸取教训，屡犯同样的错误，因而在人际交往、职业和感情生活中常常受挫。

（5）一般能应付日常工作和生活，能理解自己行为的后果，也能在一定程度上理解社会对其行为的评价，主观上往往感到痛苦。

（6）各种治疗手段效果欠佳，医疗措施难以奏效，心理咨询的作用有限。

二、人格水平评估

（一）神经症性人格结构

"神经症"一词如今被分析师用于形容情绪健康者。他们是难得的理想来访者。在弗洛伊德时代，神经症患者指的是一群虽然没有精神病态，但却出现各种情绪困扰的病人。在今天看来，当时被弗洛伊德定义为神经症的来访者，实际上是边缘型人格甚至是精神病患者（如癔症患者）。如今，神经症性人格是指那些有情绪困扰，但仍能高度保持良好功能的人群。

神经症性来访者较常使用成熟的次级防御机制，如压抑；较少使用原始防御如否认、分裂或投射。迈尔森（Myerson，1991）发现，充满共情的父母，能使孩子经历并体验强烈的感情互动，婴儿无须以幼稚的方式应对父母。成人后，这些强烈的（多半也是痛苦的）情绪互动常常会被搁置或遗忘，不会被反复体验并引发否认、分裂或投射。

神经症性人群通常与日常现实保持密切联系。他们一般不伴有幻觉或妄想，他们也无须编造谎言来使咨询师相信他们是谁。咨询师与这样的来访者沟通顺畅，主观上有较少压力。神经症来访者常常因为无所适从而寻求帮助，换句话说，神经症来访者的问题大多是自我不协调的，他们在咨询早期便有能力使自我分离，形成观察性自我和体验性自我。即使他们的问题属于自我协调的，他们也能接受咨询师与之相左的观点。比如，一个偏执性神经症来访者，相信他人对自己的迫害更可能是因为自己的猜疑。与之相反，偏执性边缘状态或精神病来访者则会试图说服咨询师：自己的困难完全起源于外界，是他人设计陷害。若咨询师表示怀疑，他们便会觉得与咨询师相处会影响到自身安全。

与之类似，强迫性神经症来访者会主诉自己的重复性仪式化行为十分恼人，但对之置之不理会更加焦虑。而边缘或精神病性来访者则坚信这些重复行为是基本的自我保护，并随之精心编织一套合理的解释。神经症性来访者会同意咨询师的观点，认为强迫行为大可不必，但边缘性或精神病性来访者则把咨询师的观点看作是恶意中伤，他们会指责咨询师要么缺乏常识，要么缺乏道德。一位强迫清洗的神经症来访者会羞于坦言洗涤床单的次数，但边缘性或精神病性来访者则坚称，清洗次数够多才能保持洁净。边缘性或精神病性来访者需要经过很长时间的治疗，才可能会提及自己的强迫、恐惧或冲动行为，因为他们认为这些行为合情合理。

根据来访者的既往经历和访谈行为可推测，神经症性来访者基本顺利地度过了埃里克森提及的最初两个发育阶段，即建立了基本的信任感和自主性，认同和独立性方面的发展也相对顺利。他们前来寻求帮助，并非因为安全感或自主性受到困扰，而多半是陷入冲突：欲达目的却每每受阻，而自己正是制造障碍的罪魁祸首。

（二）边缘型人格结构

边缘型人格最引人注目的特征之一是对原始防御的运用。正因为他们如此退行，过度依赖那些初级防御机制（如否认、分裂和投射性认同），因此，很难与精神病患者区分开来。两者的重要鉴别指标是：当咨询师指出来访者原始性防御体验时，边缘型来访者至少会暂时承认其不合理性，而精神病患者则可能会更加焦躁不安。

边缘型与精神病性人群的本质区别在于现实检验能力。前者无论症状如何丰富，经过缜密的访谈，仍能感受到患者的现实感。科恩伯格（Kernberg，1975）建议用"现实检验的适度性"替代自知力来作为精神检查的手段，具体方法是：指明来访者自我印象中的某些特征，并询问是否意识到别人如何看待这些特征，比如"我看到你的脸颊上纹了'死亡'两个字，你觉得别人会感到奇怪吗？"边缘型来访者会意识到纹字的不同寻常，理解他人对此的反应。而精神病人则会变得怒气冲冲，不能理解他人的反应并为此十分沮丧。

边缘型人群缺乏自我反省的能力，要不是被某种情境所激发，他们很难有足够的动机去了解认同整合、成熟防御、延迟满足、容忍矛盾和困惑等，也无法调整自己的情感。他们只希望自己能不再处处树敌，或不至于使自己四面楚歌。咨询师努力激发边缘型来访者的观察自我，建立治疗联盟的努力常常付诸东流，而这样的努力在神经症性来访者身上常常能开花结果。

边缘型人群的核心问题是分离-个体化，马斯特森（Masterson，1972）曾生动地描述：当边缘型来访者试图亲近某人时，他们会望而却步，因为害怕被淹没、被掌控；但若孤身独处，又难免饱尝辛酸，担心被抛弃，这种情感冲突导致他们在人际关系（包括咨询关系）中进退维谷，远近亲疏皆苦楚。边缘型来访者的移情常常汹涌澎湃、不加掩饰，令咨询师束手无策，咨询师也常被他们解读为非好即坏。经常地，他们把咨询师奉若神明，认为其德行兼备，旋即急转直下，斥责咨询师卑鄙无耻又软弱无能。自然，咨询师的反移情也同样强烈而沮丧。

（三）精神病性人格结构

精神病性患者的内心体验相对极端，他们时而兴趣盎然，时而冷漠攻击。具有明显精神病状态的来访者很容易被识别：他们出现幻觉、妄想及牵连观念，思维逻辑混乱。精神病人对自己幻想中的超自然破坏力，常抱有一种难以名状的恐惧。他们很难察觉到自己的心理问题，缺乏反省能力。早期精神分析学派认为，精神病性患者对于现实困境缺乏反省，这会加剧他们面临困境时的压力，他们旷日持久地与生存恐惧作斗争，而再也无力应对现实。自我心理学强调，精神病患者缺乏能力去区分本我、自我和超我，也无法区分观察自我和体验自我。受到人际理论、客体关系理论和自体心理学理论影响的精神病学理论也提出，精神病患者对内外部体验之间的划分迷惑不清，同时依恋关系发育不良使他们感到现实世界危机四伏。仔细观察精神病性来访者，就能发现他们具备强烈的死亡恐惧和缺乏内省的混沌状态，他们最主要的原始冲突基本都与存在意识有关：生命与死亡、存在与湮没、安全与恐惧。

三、评估心理是否健康的几个关键因素

（一）心理冲突的性质

1. 常形冲突（情有可原）

与现实处境相联系，涉及大家公认的重要生活事件；有明显的道德性质，比如因要不要分手或离婚而痛苦。

2. 变形冲突（难以理解）

与现实处境没关系，一般人认为简直不值得为此事操心；不带明显的道德色彩，比如先用左手喝水还是用右手喝水？

女性，30多岁，某公职单位人员。

中央发出反腐号召，来访者陷入了心理冲突：她知道某同事有不正之风，想检举又怕得罪人，十分痛苦。约半月之久，寝食不安，无心工作。

一天上午在把重要文件放进保险柜锁好后发现抽屉里还落下一份文件，来访者十分恐慌。当她把这份文件锁进保险柜后，感到不放心，怕没有锁好，便打开重新再锁。就这样，她陷入了开了又锁、锁了又开的强迫动作之中。从此，来访者一上班就纠缠于保险柜是否锁好了的强迫观念和反复锁柜的强迫行为之中。

第二段中的心理冲突是常形冲突，第三段中的心理冲突是变形冲突。

（二）泛　化

引起个体不良的心理和行为反应的刺激事件不再是最初的事件（失恋），同最初刺激事件相类似、相关联的事件（没法和长得像男、女友的人打交道），甚至同最初刺激事件不类似、无关联的事件（没法和他人打交道），也能引起这些心理和行为反应（症状表现）。

一般资料：女性，19岁，大学一年级学生。

案例介绍：来访者以某市状元成绩考入大学，来到陌生的城市，开始独立生活。每日的学习很紧张，有些手忙脚乱，感到不适应，非常想家。有时睡不着，常常梦到父母，一听到广播里放的音乐有"妈妈"的内容就哭。听不得别人说"妈妈"两个字，有时候会因此跟别人争吵。

（三）自知力

指个体有现实检验能力，能识别自己的精神状态是否正常，也能判断自身体验中哪些属于病态，常对病态体验有痛苦感，有摆脱疾病的求治欲望（求助动机、改变愿望）。

（四）神经症的评分标准（时间长短、痛苦程度、社会功能），见表5-1

表5-1　神经症的评分标准

评分类别/分数	1分	2分	3分
病程	不到3个月	3个月到1年	1年以上
精神痛苦程度	自己可以主动摆脱	自己不能摆脱，需靠他人帮助或处境的改变才能摆脱	几乎完全无法摆脱
社会功能（学习、工作、人际交往）	只有轻微妨碍或影响	学习、工作或人际交往效率显著下降，社交活动不得不尽量避免	完全不能学习或工作，某些必要的社交活动完全回避

评分标准：总分≤3分，不够确诊神经症；4分≤总分≤5分，冲突开始变形，可疑神经症；总分≥6分，是变形冲突，可确诊为神经症。

（五）心理危机状况

即评估来访者是否有自杀自残的经历和计划等，结合自杀危机状态，对来访者的心理状态进行综合评估。

第三节　心理测验

测验和咨询专业有一样长的历史，是咨询中不可或缺的一部分。因此，心理咨询师必须熟悉各种测验类型的有效性及使用范围。拥有了这方面的知识，心理咨询师才可以获得更加专业的能力，帮助来访者更健康和富有建设性地生活。

心理咨询师通常会遇到的四种主要类型的测验：智力/能力倾向测验、兴趣/职业测试、人格测验以及症状评定测验。

一、智力/能力测验

目前常用量表有：吴天敏修订的中国比内量表，主要用于测查儿童的智力发展水平；龚耀先等人修订的量表，分别对成人、儿童和幼儿的智力水平进行测量；张厚粲主持修订的瑞文标准型测验，是一种非文字测验，测验由 60 张图片组成，适用范围是 5 ~ 75 岁的个体。

二、兴趣/职业测试

1. **MBTI** 职业性格测试

该测验是目前国际最为流行的职业人格评估工具，以荣格关于心理类型的划分为基础，将个体的人格特征从 4 个维度 8 个方面（外向与内向、感觉和直觉、思考和情感、判断和知觉）进行划分，对人的个性和特征进行分析，进而确定其适合的工作类型。

2. 霍兰德职业倾向问卷

该测验由中科院心理所方莉洛老师修订，能帮助被试者发现和确定自己的职业兴趣和能力专长，从而科学地做出求职择业的决定。

三、人格测验

1. 艾森克人格问卷（EPQ）

主要涉及人格的内外向（E）、神经质（N）和精神质（N）三种人格维度。其中神经质和精神质可以通俗地说成是情绪稳定性和倔强性，L 量表是测验受试者的"掩饰"倾向。国内的修订版分为成人版和儿童版，均为 88 题。

2. 卡特尔 16 因素人格问卷（16PF）

该问卷可以测验 16 种主要的人格特质因素，分别是：乐群性、聪慧性、（情绪）稳定性、恃强性、兴奋性、有恒性、敢为性、敏感性、怀疑性、幻想性、世故性、忧虑性、实验性、独立性、自律性和紧张性。题目较多，有 187 道。

3. 明尼苏达多项人格测试（MMPI）

该问卷主要用于判别正常人和精神疾病患者，是目前世界上应用最广、影响最大的人格量表，也被认为是有较高的信度和效度的量表。该测验适用于年满 16 岁、初中以上文化水平及没有什么影响测验结果的生理缺陷的人群，分为 566 项、399 项等几种类别，中国最常用的是 566 项。包含 14 个分量表。

（1）10 个临床量表

Hs：疑病（Hypochondriasis）——对身体功能的不正常关心。

D：抑郁（Depression）——与忧郁、淡漠、悲观、思想与行动缓慢有关。

Hy：癔病（Hysteria）——依赖、天真、外露、幼稚及自我陶醉，并缺乏自知力。

Pd：精神病态（Psychopathic deviate）——病态人格（反社会、攻击型人格）。

Mf：男性化-女性化（Masculinity-femininity）——高分的男人表现敏感、爱美、被动、女性化；高分妇女表现出男性化、粗鲁、好攻击、自信、缺乏情感、不敏感。极端高分考虑同性恋倾向和同性恋行为。

Pa：妄想狂（Paranoia）——偏执、不可动摇的妄想、猜疑。

Pt：精神衰弱（Psychasthenia）——紧张、焦虑、强迫思维。

Sc：精神分裂（Schizophrenia）——思维混乱、情感淡漠、行为怪异。

Ma：轻躁狂（Hypomania）——联想过多过快、观念飘忽、夸大而情绪激昂、情感多变。

Si：社会内向（Social introversion）——高分者内向、胆小、退缩、不善交际、屈服、紧张、固执及自罪；低分者外向、爱交际、富于表现、好攻击、冲动、任性、做作、在社会关系中不真诚。

（2）4 个效度量表

Q：疑问量表（Question）——没有回答的题数和对"是"和"否"都做同样反应的题数。如果在前面 399 题中原始分超过 22 分，566 题原始分超过 30 分，则说明被测试者对问卷的回答不可信。高得分者表示逃避现实。

L：说谎量表（Lie）——是追求尽善尽美的回答。L 量表原始分超过 10 分，结果不可信。

F：诈病量表（Validity）——高分表示受测者不认真、理解错误，表现一组无关的症状或在伪装疾病。F 量表是精神病程度的良好指标，其得分越高暗示着精神病程度越重。

K：校正量表（Correction）——一是判断被试对测验的态度是否隐瞒或防卫；二是修正临床量表的得分。

四、症状评定测验

1. 症状自评量表（SCL-90）

该量表含有 90 道题目，适用于 16 岁以上人群，测查人群中哪些人可能有心理障碍、有何种心理障碍及其严重程度如何。同时，该量表能够测量较广泛的精神症状学内容，从感觉、情感、思维、意识、行为指导生活习惯、人际关系、饮食睡眠等方面要求被试根据自己近一周的实际情况来做评定。

2. 焦虑自评量表（SAS）

用于评出有焦虑症状的个体的最近一周内的主观感受，如果应试者文化程度较低或智力水平较差，则不能进行自评。

3. 抑郁自评量表（SDS）

用于衡量个体近一周的抑郁状态的轻重程度及其在治疗中的变化。如受试者文化程度较低或智力水平较差，则不能进行自评。

第四节　对问题的确认和分析过程

一、采集会谈的内容

（一）来访者填写

通常，我们在开始心理咨询之前，会请来访者填写信息登记表。表中对来访者的基本人口学信息、因什么原因而来、人际关系、兴趣爱好、之前是否做过心理咨询、求助目标等进行一个大致的内容调查。咨询师需确认来访者是否填写了紧急联系人的电话号码。同时要向来访者介绍知情同意书，将保密原则和保密例外的内容细致地告诉来访者，不可忽略。最终共同签署该协议。如果来访者是未成年人，需要直系家属同时填写姓名在来访者处。

（二）咨询师记录

1. 身份信息

来访者的姓名、住址、电话、紧急联系人姓名。年龄、性别、文化水平、民族、籍贯、婚姻状况、职业。

2. 总体外观形象

大约身高、大约体重、来访者的衣着、修饰、举止等。

3. 现在的问题（来访者主诉，直接引用来访者的语言）

什么时间发生？同时还有什么其他时间发生？发生的频率高低？相关联的想法、感受和行为是什么？何时、何地最常发生？有什么事件或人物促使问题的出现？以前解决问题的方法或计划是什么？结果怎么样？这一次是什么原因促使来访者前来寻求帮助？

4. 以往的精神病史或心理咨询史

治疗的类型、治疗的时间、治疗地点或人、当时的主诉、治疗结果和结束治疗的原因、以前的住院经历、因心理或情绪问题使用过的药物。

5. 教育和工作背景

整个受教育过程中的情况：学业优缺点、与老师及同学的关系、工作类型、工作时间、结束或换工作的原因、与同事的关系、工作中的哪些方面最易产生压力和焦虑感、最轻松愉快的方面是什么、对现在工作的总体满意度。

6. 健康和医疗史

儿童期的疾病，以往的重病史、手术史；目前与健康有关的主诉或疾病，如头痛、高度紧张；针对现在的问题所进行的治疗——哪种类型，由谁治疗；上一次体检的日期和结果；来访者家族中的重大健康问题（如父母、祖父母、兄弟姐妹）；来访者的睡眠情况；胃口；现在的用药情况；残疾史；来访者的典型日常饮食；身体运动的情况。

7. 社会或成长史

现时生活状况（居住条件、职业和经济状况、与他人的关系）、社交和休闲时间的活动和爱好、宗教信仰、精神观念、接触的人员（系统、家庭、朋友）、军队服役背景。

在下列发展阶段发生的重大事件：学龄前、儿童时期、青春期、青年时代、中年、老年。

8. 家庭、婚姻和性历史

（1）父母的情况：是否受父母、兄弟姐妹或其他人的身体和心理虐待；父母之间的关系。

（2）兄弟姐妹的情况（包括来访者在家庭中的排行顺序及地位）：哪一个最受宠于父亲及母亲，父亲及母亲最不喜欢哪一个？哪一个与来访者最融洽，哪一个最不融洽？

（3）直系亲属中有无精神病患者及有过住院史；直系亲属中有无药物滥用者？

（4）以往的约会、订婚或结婚状况，解除婚约的原因，现在与伴侣的关系（关系融洽度、问题、满意度等）。

（5）来访者有几个孩子，他们的年龄。

（6）其他与来访者在一块儿住的人或经常来往的人的情况。

（7）描述以前的性经历，包括第一次（注明是异性、同性、双性）。

（8）现在的性生活情况。

（9）对现在性态度或性行为的想法及困惑。

（10）现在的性倾向。

二、评估来访者问题的十项内容

（一）说明评估的目的

咨询师告诉来访者进行评估会谈的原理，使其认识到会谈中将发生什么以及进行评估对咨询师和来访者都很重要的理由，如说："我们今天讨论那些最困扰你的问题。为了准确分析你的问题，我会问你一些具体内容，以帮助我们都明确你想通过咨询达成的目标。你觉得怎么样？"

（二）明确问题的范围

在这里，咨询师使用开放式的引导语，帮助来访者分辨出他们的主要心理困扰。如："今天你来找我，是想跟我谈些什么呢？""目前最困扰你的事情是什么呢？"要知道，来访者是那些需要改变而来寻求帮助的人。"谁求助，谁改变"，如果丈夫希望妻子改变，但前来咨询的人是丈夫，那就是丈夫要改变。

（三）选择优先解决的问题

问题排序是进行评估和建立咨询目标的重要组成部分。通常，来访者主诉的问题只是他们未解决的问题之一，来访者有责任选出最需要解决的问题。下列指导原则框架有助于来访者挑选、排序自己的问题：

（1）从目前存在的问题，即促使来访者寻求帮助的那个问题开始。

（2）从来访者最根本或最重要的问题开始。

（3）从最有可能成功解决且最容易解决的那个问题入手。

（4）从需要最先加以解决进而才能解决其他问题的问题入手。

（四）明确目前存在的问题行为有哪些

1. 情感和情绪状态

询问来访者对自己问题行为的感受和强度。引导语如："你对这件事的感觉怎么样？""你体会到什么样的感觉？""当你儿子无端这样指责你的时候，你当时有什么样的心情？"

2. 躯体感觉

躯体感觉与情感紧密相关。可以用这些引导语如："当这件事发生时，你的身体有什么感觉吗？""当你得知这一切时，你觉得身体有什么不好或不舒服的感受吗？"

3. 外显行为

来访者在描述一个情境或过程时，并不描述自己做了什么事情，以致影响了与对方的关系。如"我看到老师就害怕""我的小伙伴跟我玩一段时间就不理我了，我觉得好难受"。所以咨询师不但要引出来访者的行为，还要弄清楚来访者是否做得过分，即做得太多、太频繁或太极端（如贪食、无节制的哭喊或者进行攻击）或者做得不足，即发生频率极少，或在某种情境中应出现而没有出现的行为（如不能为自己的利益提出要求，不能与自己的伴侣交流性方面的渴望或想法）。

4. 认知、信念和内心对白

咨询师针对来访者存在的问题，探索其不合理以及合理的信念和想象。通常最具破坏性的信念大致与下面几个方面有关：认为自己、他人、与他人的关系及自己的工作等"应该"如何如何；认为那些不如自己所愿的事情"糟糕至极"或将其"灾难化"；要求自己达到"完美标准"，并将此标准投射于他人；"外部化"，即倾向于认为外部事件应对自己的情绪和问题负责。咨询师还应注意到是否存在认知歪曲及错觉，如过分泛化、过分夸大、缺乏支持性事实而得出结论等。

5. 背景：时间、地点、伴随事件和环境

（1）时间——问题经常发生或不常发生的时间。
（2）地点——问题经常发生或不常发生的情境或地点。
（3）伴随事件——与问题同时发生或几乎同时发生的事件。
（4）文化背景、民族、价值观的影响。
（5）社会政治因素的影响。

6. 人际关系、重要他人和社会支持

来访者的问题经常与人际关系不良、缺乏重要他人和社会支持相关联。咨询师可以使用以下引导语，如："在你目前的生活中，谁对你有积极的影响？""目前你觉得自己跟谁最亲近？""你和某人相处时的感觉怎么样？""当你有问题的时候谁可能会帮到你？"

（五）明确前因和后果

咨询师需要询问在问题发生前/后，来访者在情感、躯体、行为、认知和背景方面的变化是什么样子的以及这些变化如何影响现在这个问题。

（六）找出继发性获益：后果中的特例

来访者有时会有意地使问题行为继续存在，因为问题给他们带来了某种利益。

（七）了解以前的解决方法

（八）了解来访者的应对技巧、个人与环境的潜力和资源

（九）了解来访者对问题的觉知

（十）明确问题的强度

第六章

精神分析

　　精神分析是一种生命和生活的选择，是无止境的心智和人性的持续分析，那是生活的一部分，也是人生的一部分。精神分析不仅是人类文化中的一种专业、一门科学的学科，更是一种思想、一种研究人类经验的方法，它已经成为人类文化的构成要素，同时弥漫在人们体验自我与心灵的方法中。

　　精神分析是第一个现代西方心理治疗体系，其他大多数治疗形式都从精神分析发展而来，它们都受到了精神分析的强烈影响，或者其发展在某种程度上是对精神分析所作出的反应。

　　精神分析（psychoanalysis）最初由西格蒙德·弗洛伊德（Sigmund Freud，1856—1939）提出，他和他的后继者们在临床实践中，发展出了一门学科，将一种心理治疗形式与一个关于心理机能、人类发展和改变理论的模式结合到了一起。这门学科的出现受到了当时精神病学、神经病学、心理学、哲学、社会科学及自然科学等领域发生的各种发展的影响。精神分析的发展还受到了当时正在出现的各种与之匹敌的治疗形式以及精神病理学之间的互动的影响。此外，弗洛伊德为应对精神分析领域之外的学者所提出的理论挑战和批判以及他自己的学生和同事所提出的不同的观点和思想而作出的尝试也影响了这一学科。

　　弗洛伊德关于精神分析技术的理论观点，在其整个生命历程中经历了不断发展的过程。当时许多富有创造力的思想家也在精神分析的最初发展中发挥了一定的作用。到了 1939 年弗洛伊德去世时，精神分析已开始发展成为一种国际运动，在不同的国家产生了一大群不同的精神分析流派和理论。每一个不同的精神分析取向不仅呈现其理论导向，也各自有其传统、风格和来源，诸如弗洛伊德学派（Freudian）、克莱因学派（Kleinian）、科胡特学派（Kohutia）、人际关系模式（lnterpersonal）、拉康学派（Lacanian）、客体关系学派（Object Relations）与独立学派（Independent）等。每一种精神分析理论都会导致咨询师将关注的焦点集中于某些特定的现象，并以不同的方式来阐释同一个案例。

　　本章主要介绍经典精神分析、客体关系理论和自体心理学，以系统认识精神分析理论体系及其对现代人的存在意义。

第一节　经典精神分析

一、主要理论

经典精神分析（classic psycholoanalysis）理论是弗洛伊德在长期治疗癔症与神经症病人的过程中形成的一系列对心理功能、心理发展及异常心理的概念与设想，并在弗洛伊德的后继者们，如荣格、阿德勒、斯泰克尔、亚伯拉罕、费伦齐、琼斯和兰克等人的临床实践中对精神分析进行拓展和修正后形成的理论体系。在精神分析的基本理论中，与心理咨询和治疗相关的部分主要有：关于无意识和压抑的理论；人格构成学说；人格发展阶段理论。

（一）无意识和压抑

弗洛伊德借用地理名词"分域"将人类的精神世界划分为意识、前意识和无意识（潜意识）三个层面，构成"冰山模型"。意识和无意识以"压抑"区分。

1. 主要概念

（1）意识

这是人们可以直接感知到的心理部分。这部分在弗洛伊德的理论中不是很重要，被比喻为冰山露在海面上的小小山尖，而无意识才是海面下边那看不见的巨大的部分。

（2）前意识（preconsciousness）

介于意识与无意识之间，是此刻不在意识之中，但是经过有意的注意和努力（如回忆）可转为意识的东西；前意识在意识之外，进入意识要经过审查（"次级审查"）。

（3）无意识（unconsciousness）

无意识也称潜意识，一是指人们对自己的一些行为的真正原因和动机不能意识到，一是指人们在清醒的意识下面还有潜的心理活动在进行着。

2. 意识、前意识和无意识的关系

无意识是个不通常理的地方，因而很难接近。在无意识里聚集着"未得到满足的本能愿望"，这些愿望的大多数源于本能的性驱力和攻击驱力。这些无意识的愿望想躲过门卫（自我的审查）的阻挡，从昏暗的门廊（无意识）进入明亮的客厅（前意识和意识），就得学会改头换面成为象征欲望的心理表征。在这里，阻拦是一种防御机制，被称为"压抑"。经过"压抑"这一防御机制，从意识里被驱逐出去的内容形成无意识的内容。压抑的原因是焦虑，因为那些本能欲望在意识中是被禁止的，于是就产生了内心冲突，引发焦虑，故而需要压抑。自我的功能是将冲突化解，保持心理的舒适平静，于是使用压抑的防御机制。不断有新的压抑使无意识的内容不断增加。

"压抑从来不会使被压抑的东西消失。"这些东西会以人的口误、笔误、做梦等形式表现出来。

（二）人格结构学说

人格结构由"本我""自我""超我"三个部分组成。人出生时，人格由"本我"和模糊的"自我"所构成。"超我"是从4～5岁开始发展的。

1. 本我（id）

本我由一切与生俱来的本能冲动所组成。它包括生的本能和各种欲望，如食欲、性欲、攻击欲等。本我没有耐性，只要求欲望立刻得到满足，而且回避不愿意从事的事情和义务，只想做能得到满足的事。它遵循"快乐原则"行事，是个体在幼稚和未成熟状态下所采取的行动原则。由本我支配的人，自私、任性、浅薄，但是，本我受到过分压制，人也会变得没有欢乐、缺乏生气。

2. 自我（ego）

自我是现实化了的本能，是在现实的反复教训之下，从本我分化出来的一部分。这部分由于现实的陶冶变得渐识时务，不再受本我的支配而盲目地追求满足。自我遵从"现实原则"，力争避免痛苦，同时又获得满足。自我在人格结构中代表着理性和审慎。它在同外界现实的相互作用中成长，对外感受现实，正确认识现实和适应现实，对内调节本我中本能欲望的宣泄。所以，自我可以说是同时在侍奉着三个严厉的主人：超我、本我和现实。

3. 超我（superego）

超我是社会理性所形成的"道德化自我"，包括"良心"和"自我理想"。超我是从自我分化出来的，大部分是无意识的，能进行自我批评和道德控制，遵循"道德原则"。它反映着儿童从中生长起来的那个社会的道德要求和行为准则。超我最初是由父母扮演，随着儿童的长大，父母权威逐渐内化，超我执行父母早年的职责，其主要作用是监督和控制自我。

健康的人格是本我、自我、超我三个成分处于均衡的状态。作为问题解决者的自我，随时要与本我、超我以及外部现实的要求相遇。世上也不存在人格完美无缺的人。即使是在正常人的内心，也会不同程度地发生本能欲求与非难它的超我之间的斗争。由于这两者之间的斗争，人的内心经常经历焦虑不安。"未成熟的自我"竭力想控制住焦虑，但这并非易事。因此，它只得借助神经症来安抚焦虑，或者索性逃避到精神病症状的后面。"健康的自我"则能够仲裁这一斗争，并在遵从现实环境的情况下，找出一条合理地满足欲望的途径，从而既适应现实又取得心理的平衡。因此，自我越健康，人的心理自由的空间越广阔。

（三）人格发展阶段理论

弗洛伊德的人格发展理论基于生物内驱力学说，它强调了本能欲望的核心作用，通过与躯体部位对应的口欲期、肛欲期、生殖器期乃至性器期的发育阶段的逐步形成来描述人格特征。

父母对儿童心理病因形成的影响有两种：过度满足，使孩子失去成长的动力；过度剥夺，使孩子承受过度挫折。良好的养育环境应是父母灵活地满足孩子的欲望。若儿童在发育早期遭受过度剥夺或过度满足，儿童的心理发育将会受到阻碍，"固着"于出现问题的那个阶段。这种固着将使儿童发育到成人期时表现出某种性格特征。

弗洛伊德把人的心理发展分为五个阶段：

1. 口欲期（0~1.5岁）

口欲期分为两个时期。前期为接受期（从出生到8个月），后期为攻击期（从8个月~18个月）。这时期，幼儿的全部注意力都集中在嘴里，感觉和活动的焦点也集中于嘴，通过嘴获取最大的满足。口欲期人格的特征主要表现在依赖性强，多以自我为中心，付出得少，要求得多。在生活习惯上的特征是喜喝酒、好吸烟、贪食或厌食，耽于幻想。

2. 肛欲期（1.5~3岁）

在这一阶段，若在对幼儿大小便控制的训练过程中，母亲性子急，训练严格，可能会使孩子形成强迫性格。若以孩子随处大小便为由进行惩罚，孩子会在内心产生对母亲的憎恨和恐惧，形成与父母的对立。有些孩子选择服从，惧怕父母，发展成为清洁、服从、完美等"强迫人格"。有些孩子选择反抗父母，发展成为不清洁、固执、缺乏信赖感等反抗性格。在肛欲期，幼儿的自身控制、独立性、自主性及自尊等出现萌芽。

3. 生殖器期（3~6岁，也称俄狄浦斯期）

到了这个时期，孩子会将局限于母亲的人际关系扩大到父亲或兄弟姐妹，并在人际关系中体验诸如嫉妒、愤怒、羡慕、负罪感等情感。尤其是意识到男女之间的性差异后，孩子开始确立自身的性别认同。这时期，孩子对异性父母产生恋情，对同性父母产生嫉妒以及由竞争而生憎恨。弗洛伊德把父亲、母亲和孩子之间的三角关系称为"俄狄浦斯情结"，并认为，"俄狄浦斯情结是人在成长过程中都要经历的，是神经症的核心原因"。这一情结是通过与同性父母的认同得以克服的，即儿子与父亲认同，遵从父亲的教导，把他作为自己行动的标准；女儿与母亲认同，情感会更为健康、成熟，也会从女性角色中获得满足和安宁。

4. 潜伏期（6、7~12岁）

在这一时期，孩子比以前更加认同同性父母，明显地趋向于男性化或女性化。孩子开始接触家族外的人群，人际关系多样化且社会化，因此称之为"社会化时期"。这一时期的孩子会为成功地做成某一件事而心生成就感和自信。未能如愿地被社会承认，或看到自己不如同伴时也可能产生自卑感，甚至出现戏弄和折磨他人的不良行为。

5. 青少年期（又称性生殖器期，12~20、22 岁）

这是儿童期结束后开始转入成人的人生过渡期，他们的身体发生急剧变化。青少年期的初期和中期，会发生从完全信赖父母到完全自主独立的努力，出现毫无理由地反抗父母的现象。这一时期发生与父母的分离-个体化，被称为第二次断乳。青少年的注意力会从父母那里转移到朋友那里，开始和异性交往，形成很强的性身份。青少年通过成长发展的经历以及获得的经验观察自己、思考自己的社会位置、未来以及人生目的等。

人格发展阶段论的优点在于，通过展示个体发育过程的连续性，帮助咨询师去注意儿童特定发育阶段所出现的主题与冲突，从而进一步理解特定的精神病理现象。

（四）防御机制

防御机制是自我为了对抗来自本能的冲动及其所诱发的焦虑，保护自身不受潜意识冲突困扰而形成的一些无意识的、自动起作用的心理手段。虽然正常人普遍应用防御机制，但是如果使用过头，会引起强迫性的、重复性的，甚至是神经症性的行为。当自我功能降低，防御机制上升到意识层面就可能表现为病理性行为。最常见的防御机制从最原始到最成熟排序如下。

1. 分裂（splitting）

分裂是形成于前语言时期的重要的人际过程，此时婴儿通常把事物评价为"好"和"坏"，但尚不能整合，不能理解事物同时具备好与坏的特征。成人在日常生活中，也会不自觉地求助于分裂方式来理解自己的复杂体验。如"魔鬼与天使""他是错的，我是对的"等。

2. 否认（denial）

这是所有人面对灾难时的本能反应，如"啊！不可能！"这源于儿童自我中心式的原始反应："如果我不承认，这事就没有发生。"

3. 投射（projection）

婴儿在不能够辨别体验是来自内部还是外部时，逐渐衍生出投射功能。投射发生时，内部心理过程被个体误认为来自外部。当我们缺乏足够的信息以了解他人时，都倾向于通过投射自己的体验来理解别人的主观世界。良性的、成熟的投射可以构成共情的基础；若投射的内容与客观事实严重不符，或被投射的内容是自我的消极和不能接受的部分，那么人际困难便会接踵而至。

4. 投射性认同（projective identification）

这既是一种内心的防御机制，也是一种人际交流，是诱导他人以一种限定的方式来作出反应的行为模式。在来访者与咨询师的投射性认同的过程中，不仅来访者会根据既往的客体关系扭曲地看待咨询师，咨询师因受到压力，也会不由自主地应用与来访者的幻想相契合的方式来体验自我（Ogden，1982）

5. 躯体化（somatization）

若儿童未能在养育者的帮助下逐渐学习用语言表达感受，他们便可能将痛苦情绪转化为躯体形式（生病）。

6. 退行（regression）

当个体遇到挫折和应激时，心理活动退回到早期的发展阶段，以原始、幼稚的方式应付当前情景。

7. 置换（displacement）

将驱力、情感、关注或行为从初始目标客体转向其他客体，因为若将其施加于前者，将引发焦虑。

8. 情感隔离（isolation of affect）

将情绪从认知中剥离开，以应对焦虑和痛苦。若个体把隔离作为基本防御，生活中注重思维而忽视感受，那么很可能具有强迫型人格结构。

9. 反向形成（reaction formation）

将无意识中不能接受的愿望或冲动转化为相反的形式。例如由爱转恨、妒忌变吸引等。

10. 压抑（repression）

将一些社会伦理道德所不容的冲动、欲望，在不知不觉中抑制到无意识之中，使个体不能意识到其存在。压抑是最基本的一种心理防御机制。被压抑的冲动和欲望并未消失，仍在无意识中积极活动，寻求满足。

11. 抵消（undoing）

以从事某种象征性的活动来抵消、抵制一个人的真实感情。（如丈夫买礼物给妻子，试图补偿昨天脾气暴戾带来的内疚。）

12. 升华（sublimation）

把被社会、超我所不能接受的、不能容许的冲动的能量转化为建设性的活动能量。（如将施虐欲望升华为疗伤的医生。）

二、经典精神分析的治疗方法

（一）自由联想

在经典精神分析中，获得患者分析资料的主要手段就是自由联想。自由联想（free

association）是指来访者将脑海中想到的任何事情都讲出来，无论其如何微不足道、荒诞不经、有伤大雅，都要如实报告出来。咨询师的工作就是对患者所报告的材料加以分析和解释，直到从中找到病人无意识之中的矛盾冲突，即病的起因为止。

通常，来访者在治疗中的大部分时间里都能自由联想，有时也会报告他们的梦、日常琐事以及过往经历。

（二）释　梦

弗洛伊德在 1900 年出版了《梦的解析》一书，他在给神经症病人治疗时发现梦的内容与被压抑的无意识幻想有着某种联系。他认为梦不是病理现象，而是睡眠时自我的控制减弱，无意识中的欲望趁机向外表现。但因精神仍处于一定的自我防御状态，所以这些欲望必须通过化装变形才可以进入意识，成为梦境。因此梦是有意义的心理现象，反映的是个人的生活经验，梦是人们愿望的间接满足。

1. 梦的特点

梦是通向无意识的捷径。在无意识里，被压抑的欲望通过梦的形式表现了出来。弗洛伊德认为，梦是人类精神生活的延伸，通过释梦能够了解隐藏着的精神生活。他把梦分为"显梦"和"隐梦"，显梦是梦境本身，显梦里隐藏的内容叫隐梦。隐梦是无意识的愿望，它在意识里很难被容纳，通过凝缩、置换、象征、退行等防御机制进行歪曲和变形，改头换面进入到意识中来。梦的材料和源泉大多是幼年期材料。孩提时的经历也成为梦的源泉，这种现象在现代精神分析里被称为"心童"。"心童"是隐梦的原型。

梦的目的是实现愿望和化解未得到满足的欲望。梦也有维持睡眠的功能，即使是焦虑梦、创伤梦、惩罚梦亦如此。因为，为了回避负罪感，自我心甘情愿在梦里接受惩罚。自我利用梦，将受罚的愿望以易于接受的形式实现。

2. 释梦的方法

（1）将梦的内容按时间顺序进行自由联想并给予解释，这是传统和经典的方法，也是弗洛伊德认为最好的方法。

（2）选择梦的内容中的特殊成分进行解释，比如印象最深、最清晰、感受最强烈的成分，或者从梦里听到的口头语言开始。

（3）抛开显梦，直接询问："过去是否发生过与刚说的梦相关联的事情？"

（4）如果梦者了解释梦的方法，不妨事先不要给予引导与指示，让梦者随意进行梦的联想。

弗洛伊德认为，无法说这四种方法中哪一个更好、更有效，但与之相关联的日间残余（梦前 24 ~ 48 小时所经历的事件）非常重要。

（三）移　情

移情（transference）是指来访者将自己过去对生活中重要人物（一般是父母）的

情感体验转移到咨询师身上的过程。人们在所有的关系中塑造移情，之所以这样，是因为我们把过去当作一种模式来理解当前的关系，也因为人们似乎有一种心理需求，即重复过往，以有能力去掌控那些情感上非常困难或痛苦的内容。因为心理发展永远包含着困难和痛苦，所以这种"强迫性重复"（compulsion to repeat）和移情的结果在人类的体验中无处不在。在经典精神分析中，精神分析师在和病人的关系中会发展出一种情感异常强烈的移情形式——移情神经症。在这类情形下，病人把构成其情感障碍核心的那些重要记忆、想法、感受、冲动以及冲突附着在咨询师的客体表象上。

移情是来访者对咨询师的情感反应。移情也是一种阻抗，即移情阻抗。弗洛伊德最初把移情视为分析的障碍物，后来他将对移情的形成及理解转变成咨询师最有效的工具之一。通过移情分析，来访者理解了过去体验到的内容以及那些体验如何在此时此地继续存在。咨询师不因来访者移情的产物——如厌恶、愤怒、爱慕、指责等态度而惊慌不安，而要努力发现这些感情和行动背后所隐藏的无意识的意义。

移情分为正移情和负移情。发生不同的移情时，来访者的行动也会发生变化，这叫作移情的迹象。产生正移情时，来访者会喜欢咨询师，会提前到治疗室等候等。产生负移情时，他们会对咨询师心怀憎恨，会经常抱怨因治疗导致的诸多不方便。咨询师应考虑："为什么在这时候说这种话？"或"在你心中我是谁？是你内心世界的母亲、父亲还是……"等，从提问中可以发现有意义的移情。

移情有两个优点。一是来访者把咨询师摆在自己母亲或父亲的位置，这时咨询师成为来访者的超我。二是通过移情，来访者可以全方位地看到自己生活经历的重要部分。

反移情是与移情类似的一种情感或情绪反应，只不过它发生在咨询师而不是来访者身上，因此可以理解为咨询师对来访者的情感反应，又叫反向移情。反移情通常来源于咨询师的无意识冲突、态度和动机，它是咨询师对来访者产生无意识期待和某些神经质需求的外在表现形式。反移情常被划分为两种类型：一致性反移情和互补性反移情。一致性反移情是指咨询师与来访者情感状态的认同；互补性反移情是指咨询师对来访者过去客体（通常是父母）情感状态的认同。

杜波夫斯基提出了判断反移情存在的十一个线索。这些线索总体上可以分为两类。

1. 咨询师异常的情感反应

（1）一种超出正常的强烈情感体验（特别是愤怒、恐惧、内疚、厌恶、同情或者性的诱感）。

（2）感到不能理解来访者的处境，缺乏共感（共情）。

（3）感到经不起来访者的批评与质疑，处于防御状态。

（4）感到来访者没有实事求是地评价自己为他所做的一切。

（5）试图以自己的知识及技术给来访者留下深刻的印象。

2. 咨询师异常的行为反应

（1）违反了惯例，如谈话比平时多或少，提前或推迟、停止来访者的咨询（即违反了咨询契约）等。

（2）发现很难集中注意于来访者身上，而专注于其他事物，感到欲睡或者厌倦。

（3）不关心来访者。

（4）与来访者就某一问题进行争论。

（5）害怕来访者的再次来询。

（6）变得过分专注于来访者，例如与他人反复地谈论这一来访者，渴望或不安地期待来访者下次来咨询。

（四）阻　抗

在某种程度上，阻抗（resistance）贯穿治疗的始末。比如一些来访者在刚开始接受精神分析时会有进步，后来进度逐渐减慢甚至停滞，比如失约、迟到、不支付费用、持续性的移情、在自由联想时停止思考或拒绝回忆梦境和早期记忆等，这是他们在治疗过程中表现出来的多种形式的阻抗。咨询师对阻抗的分析能帮助来访者深刻理解这些行为。咨询师的任务在于揭示来访者是如何阻抗的、阻抗什么以及为什么要阻抗。阻抗的最直接的原因就是避免痛苦的情感，比如焦虑、内疚、负罪感和羞耻感。在这些情感后面，我们总能捕获到触发这些痛苦情感的本能冲动。追根溯源，最终我们还会发现，阻抗所要回避的是那些被创伤性体验所激起的恐惧。如果阻抗问题没有处理好，咨询过程将可能终止。

（五）解　释

在精神分析中，"解释"是最终和最有决定力量的手段。其他的技术都是为解释做准备，或者是为了增强解释的效果，或者应用某种技术本身就会引导出解释。"解释"就是把潜意识的内容意识化。更精确地说，解释是为意识活动的内容寻找潜意识的含义、缘由、模式、形成过程等。要想达到解释的预期效果，解释的过程需要不断地反复进行。咨询师用他自己的潜意识、共情和直觉以及理论知识来达成"解释"，如"也许你认为我像你的继父一样，既冷漠，又疏远，一点都不关心你，只顾着挑你的毛病。"通过解释，我们超越现实表象，探索现象背后的意义与原因。我们也常常根据来访者的反馈来验证我们的"解释"。

三、经典精神分析治疗的实施

（一）治疗对象的选择和治疗规则

精神分析治疗的适宜对象是癔症、强迫症和恐怖症病人。弗洛伊德的心理分析学说虽对精神分裂症的病理心理学机制做了阐述，但对真正的治疗而言，此类病人并非适宜对象。

分析治疗的过程中，病人半卧在躺椅上，咨询师坐在躺椅的一侧后面。治疗环境要安静，不应受到干扰。此外不能有其他人在场旁听。

治疗中要求病人必须遵守治疗的规则，如在进行自由联想的过程中，必须把头脑中的任何想法随时报告出来，不应有所隐瞒。这是因为病人想隐去不报的内容，可能正是无意识之中与症状有关的使其自身感到羞愧、内疚的潜隐动机。

（二）治疗实施过程

经典精神分析治疗通常是每周会谈 3 ~ 6 次，每次平均 1 小时。其治疗疗程少则半年到 1 年，多则 2 年至 4 年。

在正式开始治疗前，还需先经过 2 周的试验性分析阶段，以排除在初次会谈确定的治疗对象中仍存有不适于做心理分析治疗的对象。试验性分析过之后，才要进入四个阶段的正式治疗。

第一阶段，建立治疗的同盟关系；

第二阶段，移情的出现及解释，使来访者对他将过去的经历、体验投射到咨询师身上的情况有充分的认识；

第三阶段，治疗的修通，这一阶段要帮助来访者对移情有更深刻的认识，并着力克服治疗中遇到的各种阻抗，使来访者对咨询师的解释，即其症状的隐义有更为清晰的认识；

第四阶段，结束阶段，这一阶段要解决来访者对咨询师的依赖和拒绝结束咨询的企图。

第二节　客体关系理论

客体（object）指的是一个被投注情感能量的人物、地方、东西、想法、幻想或记忆，被投注的情感能量可以是爱、恨或者爱恨复杂的交织。客体包括内在客体和外在客体。内在客体指的是属于这些人物、地方、东西的想法、幻想或记忆。外在客体则不同，它是一个真正的人或真正的东西。

如果你用精神分析治疗儿童，那你应该认识一下梅兰妮·克莱因……她说的或许对，或许不对，这需要你自己去发现，因为她教的东西是你无法在我和你的分析中获得的。

——詹姆斯·斯特雷奇，写给被分析者唐纳德·温尼科特的通讯

"客体关系理论"最早由英国精神分析学会提出，代表人物有梅兰妮·克莱茵、罗纳德·费尔贝恩、纳德·温尼科特和米歇尔·巴林特等。对弗洛伊德来说，新生婴儿的心智是纯粹的本我，缺少和外在世界相联结的自我。克莱因却认为，婴儿从一出生就有原始的自我，因此也有原始的客体关系。婴儿从出生开始就会遇见并内摄两种对立的经验：① 好的经验，源自成功的哺育、与母亲温暖的身体接触；② 不好的经验，婴儿体验到分离、被抛弃、饥饿、尿湿和冰冷的感觉。这两种经验是形成婴儿爱与恨的基础，受生本能与死本能所影响。

一、梅兰妮·克莱因

梅兰尼·克莱因在精神分析史上是一位悲剧性人物。她充满失落和混乱的生平，正反映在她所描绘特别领域中的严苛景象：即婴儿期的早年岁月以及和该岁月相关联的精神病性的焦虑。

1882年，梅兰妮·蕾瑞斯（Melanie Reizes）诞生于奥地利的一个波兰-匈牙利裔犹

太人家庭中，是四个小孩里年龄最小的女孩。他们住在维也纳，靠着克莱因母亲努力做零售商人来谋生。她父亲的医务生涯由于反犹太主义而被取消，以致只能靠当牙医维生。克莱因深深嫉妒父亲特别钟爱的姐姐艾蜜莉（Emilie），而母亲则宠爱她的哥哥伊曼纽（Emanuel）。另一位姐姐喜东尼（Sidonie），八岁时去世，那是克莱因所遭逢一连串丧亲事件的头一个。

克莱因的母亲黎布莎（Libussa）是一位精明干练又会操控的人，一直是全家情绪与实务的焦点：她掌管财务，负责全家大小生计。克莱因把她的母亲理想化为关心他人又

自我牺牲的人。哥哥伊曼纽是父亲的取代者，注意到她的聪慧并鼓励她学习，不像她父亲一样一直忽视她。伊曼纽二十岁出头时被诊断为结核病之后，他成为一位自我破坏的漂泊者，他死于1902年，这是使克莱因最痛苦的多种事件之一。

克莱因的父亲在那之前两年去世，使家庭财政陷入窘境。1903年，她嫁给一位化学工程师——阿瑟·克莱因。这个婚姻不是一次成功的婚姻，阿瑟的四处旅行意味着他们前几年的关系聚少离多，从1904年到1914年之间，他们生了三个小孩，而克莱因发现她的新生活充满苦恼和无趣，她掉入深度的抑郁症中，没有母亲的帮忙就动弹不得。1914年，母亲黎布莎去世，在此危机期间，克莱因在初次阅读弗洛伊德的著作后，灵魂深受启发，因而和在布达佩斯的弗汉奇（Sandor Ferenczi）一起进入精神分析领域。他是位温馨且充满感情的男性，克莱因（的情感）开始非常依附他。受到弗汉奇的鼓舞，她开始从事一个未开发的领域：即儿童的精神分析。同时，克莱因的婚姻也摇摇欲坠。在冗长的抚养权争夺之后，她和阿瑟终于在1926年离婚。克莱因在1924年接受亚伯拉罕的分析，她对亚伯拉罕的强烈情感依附也如同对弗汉奇般，或许正反映出她在专业上的孤立以及觉得被父亲所忽略。克莱因在柏林的生活陷入极端的困境，但她从未再蹈入早年无尽的忧郁症里，这正显示其分析的疗效。

德国的精神分析师并不接纳她：她是位女性，受教育程度不高，而且没有医学训练，在一个只要离婚就是丑闻的年代离了婚，又是波兰裔背景，又是犹太人。1927年，她和最小的儿子艾力克（Erich）搬到伦敦，而另两位较年长的孩子则仍留在柏林继续

完成他们的教育。1938年弗洛伊德来到英国，之后精神分析理论急速地分裂。安娜·弗洛伊德和其追随者涉入这场反对克莱因的争战，而使分裂更显紧张。克莱因的个人失落仍继续。除了离婚，克莱因和她女儿的关系也由不稳定到相当脆弱，女儿梅莉塔成为一位分析师之后，她和她的丈夫以及其他的分析师都一起带头反对克莱因的做法，无所不用其极地想要把克莱因逐出英国精神分析学会。显然从克莱因和母亲黎布莎之间开始的纠缠与剥夺，在克莱因和女儿梅莉塔之间继续下去。梅莉塔根本就没有参加克莱因的葬礼，也没有回复关于哀悼的信函，即使是来自她的兄长。

1934年，她的较大儿子汉斯（Hans）在捷克斯拉夫的一次登山意外中丧生，而梅莉塔肯定地认为他很可能是自杀身亡。只有她最小的儿子——艾力克留在她身边，她晚年所亲近的人就是他的孩子们。

她的前夫——阿瑟在1939年去世，而她所羡慕欣赏的姐姐艾蜜莉，则在1940年去世，因此，克莱因的一生是不断处于哀悼状态中的。她以她的痛苦去详细探究失落、愧疚、寂寞、嫉妒以及迫害的早期状态而成就其理论。在汉斯去世后，她对顿失方向感以及痛苦所做的描述中，轻描淡写地把自己的身份掩饰为"A太太"，令人读来倍感辛酸（Klein，1940）。虽然她得到了大家的肯定，获得了极大的成就，但她仍焦虑她的工作不会使她得以长久。她被某些人所崇敬，被其他一些人憎恶，而没有人和她是亲密的。在她住在医院的生命的最后几个星期里，隔壁房间中一位婴儿的哭声使她一直担忧和不适。或许此一回应正好可让她这个人盖棺定论。她死于1960年。

（一）主要观点

克莱因始终认为她是一位弗洛伊德的忠实追随者，她说她的工作建立在弗洛伊德的基础之上，并有了不同于他的发展。她对客体关系理论做出了巨大的贡献。她运用弗洛伊德的术语和概念，例如本能、结构和客体，但又扩展了它们的含义。她保留了弗洛伊德对本能的强调，但认为本能与客体有内在的联系，就是说，驱力是表示关系的。克莱因扩展了弗洛伊德的客体和客体关系的概念。弗洛伊德对发展的理解，是从本能能量在人类自己的身体上的表现来理解的，例如口欲或肛欲阶段。而克莱茵从关系的角度看待发展。

克莱因指出，婴儿的客体关系发展包括两个基本的状态。

1. 偏执-分裂位（paranoid-schizoid position）

从婴儿出生开始，一直到生命最初的三到四个月，婴儿表现出最初降临世界的特征。克莱因觉得，出生时的痛苦以及子宫内的安全感的失去使婴儿觉得在被迫害、被攻击、因此她使用了"偏执"这一术语。后来，根据费尔贝恩的著作，她又把这一状态改为"偏执-分裂状态"，以描述这一时期不可获取的内容——分裂。在"偏执-分裂"期，婴儿开始接触他的第一个客体—乳房。婴儿与这个客体（更确切地说，是"部分客体"）之间的互动构成了婴儿第一个真实的客体关系。这也是婴儿不得不应对自己的破坏性冲动的第一个机会。

婴儿的焦虑是对自我极端保护的妄想。自我害怕它将被杀戮；破坏性的冲动、迫害的妄想和施虐的焦虑占主要地位。他们受挫的耐受性低，情绪的活动是两极的，要么极端的好要么极端的坏。婴儿通过投射他自己的恨和恐怖，来保护所需要的好的客体，疏离坏的客体。这样，婴儿以精神分裂的方式分离这样的情感。因而，婴儿把这个世界看成他自己一样，有同样的破坏性，他是个万能者。精神分裂或分裂性防御是普遍的，并且其目的在于消除内部和外部的迫害。这样，当婴儿对一个客体生气或沮丧时，客体就不再是原来所体验的那个客体，而像是一个新的客体。这种体验是对自体和客体的不连续性的体验。

2. 抑郁位（depressive position）

抑郁位这个状态是这个时期所体验到的显著的感觉。这是心理组织的成熟形式，并且将在整个生活中连续地发展。这个阶段大概在第四个月开始，那时，婴儿有一个较强的能力，去与完整的或整个客体相处。伴随着自体比较稳定的体验，婴儿在整合方面有所进步，并且以比较真实的立场去看世界。婴儿逐渐认识到，爱的客体是在自体之外的。此时的中心任务是在自我的核心中，建立一个好的、安全的、完整的内部客体。当婴儿在妄想性精神分裂状态下，担心自己的破坏冲动时，他就担心好的客体将要绝种。

在抑郁位状态下，发展的自我有更多的与整个客体有关的复杂的、矛盾的情感和压抑的焦虑。婴儿体验到对于先前朝向爱的客体的攻击性倾向的罪恶感，而现在需要因先前的攻击向客体补偿。婴儿需要关心这个爱过和需要过的客体。现在，保护好的客体与婴儿自己的自我具有同样的意义。这个阶段的婴儿，变得更认同好的客体，自我变得比较清楚，用他自己的能力去防止内化具有迫害性的客体，同时内化好的客体时也有被恐吓的感觉。由于焦虑，唯恐好的客体死亡或离开，婴儿运用发狂的否认防御和全能感去防御自罪、绝望和灭绝的感觉。这时可能有一个更成熟的认识：其他的人或事不仅仅是客体（有危害的或有价值的），同时他们也是主体（会受伤的或被关怀的）。

（二）客体关系心理防御机制

本文只介绍客体关系最主要的两类防御机制，分裂和投射性认同。

1. 分　裂

分裂是一种把内在矛盾的情感、自体表征或客体表征彼此互相隔离的无意识过程，是生命前几个月情感生存的基础。分裂使婴儿可以把好与坏、快感与不快、爱与恨彼此隔离，使正面的经验、情感、自体表征与客体表征可以被保存在安全隔离的心理区间里，免于被它们负面的相对部分所污染。分裂可以被视为一种用来整理经验的生物模式，可以把那些具威胁性的跟受到威胁的区隔开来；之后，它才进一步被发展成一种心理防御。分裂也是自我脆弱的一个根本原因。虽然整合了原欲与攻击驱力之衍生物（二者各自与"好""坏"的内射物相连结）就可以中和攻击性，但分裂可以阻扰这种整合，因此也剥夺了自我某种成长能量的重要来源。分裂的一些临床特征是：① 彼此冲突矛盾的行为与态度交替出现，但来访者却表现出一副无所谓与淡然否认的态度；② 将周遭的每个人区隔成"全好"与"全坏"两大群，这通常也被称为理想化与贬抑；③ 彼此冲突矛盾的自体表征并存，并且交替接连出现。

2. 投射性认同

投射性认同是一个诱导他人以一种限定的方式来行动或做出反应的人际行为模式。一般的投射本质上是一种心理活动，并不需要任何外显反应。投射性认同的投射源自内在世界，并将之置于人际关系的领域中。依赖投射性认同的个体会进行不易察觉地却无疑是强有力的操纵来诱导与他们有关的人以限定的方式来行为。这就像是一个人强迫另一个人在他自己内部戏剧的演出中扮演一个角色——一个涉及早期客体关系的角色，受操纵的人被诱导着从事一种认同，即认同投射者自己否认的那个层面，这就是所谓的"投射性认同"。

投射性认同是困扰的客体关系的病态后遗症，大多数在生命的早期便已经发生。因此这些关系本质上大多是前语言期的，并不能进入意识，因此人们常常难以准确地确定它们的特征。但是人们仍然可以通过与每个投射性认同相联系的沟通方式识别出不同的投射性认同。

（1）依赖的投射性认同

在成人客体关系中，依赖的投射性认同的显著特征是个体表达持续的无助感。他们在做决定或者要采取一些独立行动时，都会求助他人，比如寻求建议，请求指明方向以及其他看上去无关紧要的寻求帮助的表达。他们时常会问："你觉得怎么样？""我应该怎样做？""你可以帮我吗？""我似乎无法靠自己来做这件事"……通常人们可能会被他们的要求吓退，因为他们看上去是有能力依靠他们自己来做那些事情的。而使用依赖的投射性认同的人意图说服那些跟他们有关的人相信，如果他们所需的帮助无法被满足的话，可怕的结果就会随之发生。

结果之一是个体失去了控制。他们会乱发脾气，会歇斯底里地哭泣，情感会激烈地爆发……好像他们的生活就要从裂缝处分崩离析；另一个常见的结果就是抑郁。他们感到自己被独自留下，于是从关系中退缩，并且变得沮丧，甚至出现自杀意图或行为。

假如被投射的人（咨询师或其他人）——提供了帮助或建议时，个体的投射性认同便会被强化，投射性幻想也将持续下去，最后被投射的人会发现，他们正在照顾一个实际上并不需要被照顾的人。当所有的给予都是单向运行时，关系是很难维持下去的。于是，成为被投射的人最终感到自己被榨干并被剥削。他们被有意或无意地引至一种关系——在这种关系中，他们被要求提供一些东西，而通常这些东西只能理直气壮地向母亲索要。

在人们遇到的不同的投射性认同中，那些根植于早年未解决的依赖的投射性认同似乎是最普遍的。依赖的投射性认同的起源可以追溯至个体的早期客体关系。如同人们可能预期到的一样，依赖是早期童年的基础，建议或指导是早年母子互动中的显著特征。

咨询中依赖的投射性认同来访者，将咨询师放置在照顾者的位置上，咨询师被来访者看成是非常敏感、无所不知且无所不能。在这种咨询中，充斥着对建议、指导和支持的要求，而咨询师好像一直都拥有"答案"似的。假若咨询师无意中提供了来访者所要求的建议，更为常见的结果是这个建议无法达到来访者想要达到的事情，最终他会责备咨询师。所以咨询师必须拒绝提供来访者所要求的同情、指导和支持。对于大多数咨询师来说这是难以做到的，因为这样做看上去与他们的专业助人者形象是相反的。

在咨询中想获得一段好的关系，来访者认为唯一方式是让自己表现得很无助，只有表现自己处于需求之中，没有能力自我安排生活，他们才能感到其他人会站在他们身边。以依赖的投射性认同建构人际世界的来访者，还常常以紧急呼叫或反复出现危机迫使咨询师成为拯救者。来访者会打来电话告诉咨询师他的世界正在倒塌或者他认为自己无法挨到下次会谈。经常地，事实证明"危机"被来访者超乎比例地夸大，完全可以在下一次会谈中得以讨论或解决。

（2）权力的投射性认同

权力的投射性认同的基础在于必须处理控制和统治的内在挣扎。这种挣扎根植于早期的客体关系，而权力在这种关系中与接纳感和好坏感相关。在他人身上诱导出软弱感和无能感，是权力的投射性认同在人际关系领域中发挥作用的方式。使用这种类型的投射性认同的个体，他们的语言风格的形式有："完全照我说的去做""服从我的领导""就这样做""遵从我的指示"等。这种沟通的全部目的是产生一种关系，在这种关系中，接收者被迫扮演服从的角色。不管在这种关系中还发生了什么，权力和控制的问题都是显著的。

在权力的投射性认同中，交流的核心内容是："你需要被照顾。"

权力的投射性认同的起源可以追溯至早期客体关系。有助于权力的投射性认同发展的特定互动是这样的一些互动：在互动中，抚养者传递了他们无法照料孩子的信息；不仅如此，他们反而传递出他们自己还需要被孩子照顾的信息。这种倒置颠覆了父母和儿童之间的正常抚养关系，并荒谬地将儿童置于代理父母的位置上。

在这样的咨询中，主要的问题是看上去是谁处于控制的地位。来访者存在这样的假想：如果事情要被解决的话，他必须要控制关系中发生的任何事。于是就出现这样一种情境：咨询师被认为是专家，而来访者努力地指引着事情发展的方向。应用权力的投射性认同的方式与他人交往的来访者，被人描述成驾驭人的、控制的和极度批判性的。他们所有的关系，尤其是那些亲密的关系，是根据等级建构而成的。他们与他人交往的主要问题似乎是谁在上层、谁在底层。无论是在谈论工作关系还是在谈论恋爱关系，最激烈的问题都是谁处于控制之中。

权力的投射性认同在很多方面与依赖的投射性认同恰恰相反。在依赖的投射性认同中，来访者假设自己能力不足，没有他人的支持便无法工作；而在权力的投射性认同中，来访者假设的是其他人能力不足，没有有能力的人来引导方向，他们是无法工

118

作的。

权力的投射性认同在咨询的第二阶段变得最明显。咨询师可以询问来访者对其生命中其他人的感受与他对咨询师的感受之间是否有相似之处。例如，询问来访者对老板的愤怒感受，是否有时候也会在咨询室中体验到？

有时候，咨询师表达的内容被来访者完全否认，或是被认为是"愚蠢的"或是"大错特错的"。比如咨询师说："有时候我有这种感觉，就是在咨询中我们应该做什么事情这方面，你希望我听从你的建议。"实际上的确如此。

在权力的投射性认同中，来访者传递的信息是：没有我，你不能成功（或存活）。诱发咨询师最常见的反移情"无能和即将失败的感觉"。来访者批评咨询师没有正确处理事情，并且没有引导产生出重大的改变。来访者所提出的"危机"或"紧急情况"，似乎咨询师从未能够正确地处理。来访者表现不耐烦，会认为如果是他自己而不是咨询师处于主导地位的话，事情便会真正正确地运转。

因此，咨询此类来访者的咨询师会变得恼怒，并且在心底里产生出要摆脱来访者的幻想。咨询师会希望来访者搬到另外一个城市去，或找到另一个咨询师，最好是突然有一天，他们变好了。然后，生活可以像从前那样令人舒适且可预期地继续下去。其实，咨询师的反移情为其提供了诊断，拥有了这个"知识"，咨询师就可以对来访者做出恰当的回应，而不是带着拒绝和愤怒来回应。对引起反移情的来访者发火，无异于因为来访者生病而对来访者发火。

（3）情欲的投射性认同

情欲的投射性认同是一种人际动力，它意味着通过性的方式来建立和维持关系。投射者用它来诱导出投射目标的情欲反应，并在这个基础上维持彼此之间的关系。因此性刺激成为关系建构的唯一基础，并确保这种关系对投射性认同的接收者来说是有吸引力的。

构成情欲的投射性认同的行为与我们在任何包含性亲昵行为的关系中所见到的性行为并无不同。这些行为包括挑逗调情、穿性感的衣服、进行露骨的引诱等。正常关系和以情欲的投射性认同为特点的关系之间的不同主要在于性活动的驱力本质和排他性。在存在有情欲的投射性认同的关系中，性使其他所有事物黯然失色。性本身就是关系，而不是关系的一部分。

理解情欲的投射性认同的关键在于准确认识构成情欲的投射性认同的信息交流和元信息传递。投射者通过吸引接收者并使其产生性激动来实现与接收者的信息交流，还有性满足感——这种心理上的满足感远远超过器官上的满足感。它不仅表示"我会让你飘飘欲仙"，还承诺"我会让你感觉你在性方面是胜任的"。简而言之，元信息传递承诺要使接收者在性方面感觉完整。与之相反，它还包含了潜在的威胁，即如果接收者不对元信息传递中包含的信息做出反应的话，他将会感觉自己不太完整，在性方面不是很胜任。

使用情欲的投射性认同的来访者的全部目的是要通过确保他们在性方面是有能力的，从而确保在人际关系上的满足感。和其他投射性认同一样，这种形式的关系病理来源于困扰的客体关系，在这种客体关系中，儿童只能通过一种相当局限的行为模式才会被人重视，这种有关一个人性满足的信息传递得越早，则早期客体关系越病态，那么结果也将越具有破坏性。完全基于情欲构建的关系，是确保自我的价值，这种方式严重限制了个体与他人之间互动的范围和质量。一旦这种形式的内在客体关系并入了自体，个体就不得不遵从它们的指示而别无选择。

在做客体关系心理咨询的过程中遇到的主要的投射性认同中，本质上是情欲的投射性认同最为敏感。原因是客体关系心理咨询中，性不仅仅是一个讨论的话题而已。

咨询师常常选择避免将性作为一个关系现象来处理，并且用不太直接的话语来重现建构来访者的性感受，如"你是否对你生命中其他任何人都会回忆起这种类似的感受？"或"这是否让你想起你以前所感受到的某件事情？"诸如此类的问题将咨询师和来访者之间正发生的事情带离了当前，与包含在投射性认同的客体关系问题擦肩而过。如果客体关系咨询的要点是将来访者投射性幻想的关系活生生地展现出来的话，咨询师就必须愿意成为来访者投射的对象。如果性是来访者知道的维系关系的唯一可靠的方式，那么咨询师必须小心谨慎，不要压抑来访者对性的表达。

来访者会将一些含色情成分的东西带入关系，例如一些来访者会详细叙述他们的性问题和性取向，另一些来访者倾向于将咨询室变为一个教室，他们和咨询师在这间教室中谈论有关过时的性风俗和社会性符号。除了语言，通常衣着和暗示性的姿势也具有这种功能。通过非语言的策略，男性和女性来访者都设法向咨询师"呈现"那些他们认为其他人最重视的他们自己身体的部分。

使用情欲的投射性认同的来访者确信其他人之所以愿意与他们保持关系，是因为他们能够在性方面满足他们，或者使他们更加女性化或者男性化。在来访者看来，咨询师并无不同。虽然咨询师会表示他们之所以与来访者在一起是因为工作职责、人文关怀甚至是因为他们要挣钱，但来访者打心底里相信咨询师真正和他们在一起的唯一原因是性。

如同识别其他的投射性认同一样，咨询师依然可以通过自己的反移情识别。简单地说，在面对使用情欲的投射性认同的来访者时，典型的反应是咨询师的情欲被唤起。在客体关系工作中一个指导性原则是，无论好坏都要专注于反移情。咨询师需要自信，无论何种感受，都是在与来访者的互动中激发出来的。虽然这些感受可能是令人尴尬的或是令人窘迫的，都有必要坚持下去，才能让隐藏在投射性认同背后的潜在信息成为当前关系的清楚的一部分。

（4）迎合的投射性认同

在迎合的投射性认同中，关系是刻意建构的，因此接收者会持续地感到进行投射的个体正在放弃一些事情，或者是把接收者的利益放在他自己的利益之上。投射者所做的一切都是为了同一个目的，即诱导他人感激自己所做的事情以及所做出的牺牲。与使用迎合的投射性认同的个体进行互动的时候，人们常会听到这样的一些话："我这么努力，是要使事情对你来说变得容易""我拼命地工作，都是为了你""你并没有意识到我为你做了多少事""你总是认为我为你付出是理所应当的"……迎合的投射性认同是由包含强烈的自我牺牲成分的人际关系模型构成的。使用迎合的投射性认同的个体持续地传递着这样的信息：为了别人他们在不停地麻烦自己。他们提醒周围的人注意，他们是那么地付出，却又感到多么地不被感激。来访者似乎想要获得的全部东西就是一句简单的"谢谢你"，起码由此他们知道自己是被别人感激的。但是再深入审查便会发现他们期望获得更为实质的一些回报。正是在表面信息之下，存在着一个隐藏信息，即"你欠我的"，并且它成了整个病态互动的病因。

成为迎合的投射性认同的目标的个体会持续发现自己处于这样的境地之中，即他们被期望着表达感激和欣赏之情。他们被要求承认，他们的生活由于投射者给予的照顾而变得非常轻松。他们被迫以外显的或内隐的方式，向进行投射的个体保证，无论投射者做什么或说什么，都有助于使他们的生活更加轻松。最重要的是，使用迎合的投射性认同的个体需要知道自己对他人是"有帮助的"。

使用迎合的投射性认同的儿童在早期接收的母亲信息是，他们需要为照顾他人做一些事情，否则他们将不会被爱。这样的儿童被教导，他们的真正价值体现于对别人有用的能力。他们只有通过功利性的活动才可以确信自己是"好的"。结果，他们花费了生活的大部分时间来迎合他人，以维持彼此的关系。

迎合的投射性认同在客体关系心理咨询中得以表达的独特方式，是来访者努力试图成为有所帮助且随和的人。有的来访者会评论咨询师的办公室的装饰，好像他们的评论会促使改变的产生，从而使办公室更加吸引人。他们以多种方式成为咨询的设计师，通过扮演室内油漆工的角色试图让自己对咨询师有帮助。另一些来访者会告诉咨询师，他们会让他们的朋友知道咨询师是多么有能力。在这种情况下，咨询师很难不表达感激之情。因为来访者不仅鼓吹咨询师的能力，而且还通过招揽其他客户来为咨询师提供额外的收入来源。

如果来访者非常熟练于迎合的投射性认同（或者任何其他投射性认同），咨询师或许会毫无察觉地被拖进关系的病态中，这当然是投射性认同得以持续的原因。从某种层次上说，他们是成功的，即使来访者最终为他们的"成功"付出了代价。

来访者在咨询中将迎合的投射性认同诉诸行为的另外一个方式是来访者表示自愿成为咨询师的试验对象。例如，有些来访者会提出，他们愿意成为他们认为咨询师可能想要尝试的新程序或新技术的试验者。一旦清楚了投射性认同的本质，便有必要迫使躲藏在投射性认同背后的潜在（元）信息传递转为公开。

综合来说，在依赖、权力、情欲和迎合的投射性认同中，主要的关系主题分别是无助、控制、情欲激起和自我牺牲。

不管我们正在谈论的是哪种投射性认同，咨询师的任务都是将投射性认同的潜在信息传递转为公开。在咨询能够继续前进之前，咨询师需要获得一个与来访者的投射性认同相关的元信息传递的清楚表达。如果元信息传递继续含糊不清，模棱两可且躲躲藏藏的话，咨询师将会发现在下一阶段里获得预期的结果几乎是不可能的。如果以话语的形式迫使元信息传递浮出表面，如迫使来访者说出离开你他将无法生存或任何其他形式的话语，那么这就是一个很好的机会，咨询师可以借此成功地触及下一阶段的问题。

二、温尼科特

唐纳德·温尼科特（Donald.Woods.Winnicott，1896.4.7—1971.1.25）是一名英国的儿科医生，精神分析师，在儿童和成人精神分析、儿童养育、精神卫生等领域均有卓绝的影响力。他在伦敦的帕丁顿·葛林儿童医院行医的40年间，接诊了近6万个母婴和家庭，不断应用和调整着他的精神分析技术。虽然温尼科特接受了克莱因学派琼·里维埃（Joan Riviere）的分析，也在自己与儿童的精神分析工作中接受克莱因的督导，但温尼科特的思想沿着不同于克莱因的方向发展，被称为中间学派。他的大量

著作和理论出现在电台谈话和专业讲座中，这些文章成为人们闲聊的话题和通俗的声音。

（一）环境和本能

温尼科特强调环境在自我形成中的作用。他认为，当环境（通常是母亲）足够好的时候，会促进婴儿成熟的发展。婴儿依赖环境的供养，并且环境要适应婴儿需要的变化。随着成长，婴儿逐渐地减少对环境或母亲的依赖。

（二）全能的幻想

在成长的最早阶段，婴儿没有与真实的世界相联系，可利用的资源就是想象的主观体验和幻想。因为一些本能的张力，例如饥饿，婴儿产生魔术般的幻想，期待一个好母亲、好客体的来临。在婴儿最初与外部真实世界的关系中，似乎有两条线（婴儿的需要和环境的提供）从相近或相反的方向出现。如果这些线有些重叠或相遇，婴儿就会获得既有幻想又有外部真实世界的体验。当发展得比较好和健康，意味着母亲配合婴儿的冲动，允许婴儿存在一些被婴儿创造出来的幻想（母亲的拥抱、温暖的手臂等）。就这样，婴儿从全能的幻想中，产生了一个健康的或真实的自体（self）。

（三）足够好的妈妈

温尼科特创造了惊人的词："足够好的母亲（good-enough-mother）"，用来描述为使婴儿获得好的生活的开端而提供充分满足的父母的作用。在婴儿与母亲关系的发展中，足够好的母亲能够依据孩子的需要变化，做出适应性的改变。为了强调对于母亲所要求的变化，温尼科特用原始母爱的贯注（primary maternal preoccupation）这个词表达母亲对儿童需要的领会。母亲的全神贯注，是紧随着孩子的需要的。

（四）真自体和假自体

在讨论环境对婴儿适应的重要性时，温尼科特提出了真自体（true self）和假自体（false self）的概念。婴儿在离开全能感和幻想的过程中，发现环境和非我（not-me）的世界，并开始建设"我自己（me）"。客体关系发生在母亲让婴儿发现和接触一些客体（奶瓶、玩具等）的时候。这样一来，具有"我"与"非我"的真自体，就被清晰地建立起来了。在客体关系的最早阶段，当母亲没有满足和提供给婴儿全能感的时候，假自体就会发展出来。婴儿的态度可能反复地被忽视，取而代之的是婴儿用顺从去满足母亲。

（五）过渡性客体

温尼科特对客体关系理论的最著名的贡献之一，是定义了过渡客体（transitional object）这个概念。过渡客体并不是内部客体、主观客体或外部客体，而是第一个无我"not-me"的领地。一般的过渡客体，是一块柔软的毛毯或者一块旧的衣服。婴儿需要幻想一个中间的状态——部分是主观的，部分是现实的，以便从全能的控制感（幻想）过渡到被外界所控制的现实（现实检验）。

三、马勒——个体的心理诞生

玛格丽特·S.马勒是一个内科医生和精神分析师，20世纪30年代，她在维也纳作为一个儿童精神分析师开始了职业生涯。1938年，她从维也纳搬到纽约，成为纽约精神病研究所儿童服务中心的咨询师。在20世纪50年代，马勒在纽约开创了马斯特儿童中心（Masters Childrens Center）。

马勒仔细地把她的工作与传统的本能模式，以及克莱因、温尼科特、雷诺·斯皮茨（Rene Spitz）等人的工作联系起来，从精神分析的角度提出了儿童精神病的概念。后来她将观察范围扩展到正常婴儿和他们的母亲。她通过对母婴相互作用的观察，对发生在儿童内心的前语言心理过程进行了推断。她对婴儿出生后的前三年的内心世界的描述与陈述为心理发育和客体关系的研究作出了重要贡献。

（一）自闭阶段（0~2个月）

正常的孤独性（normal autism）阶段，从婴儿出生的时候开始约持续1个月。在这个阶段，婴儿大部分时间都花在睡眠上，似乎处于一种原始的、幻觉性的定向力障碍状态中。这一阶段是无客体的，但婴儿逐渐有了一个朦胧的感觉：需要的满足不能由自己完成，而必须来自他自身之外的一个什么人。

（二）共生阶段（2~6个月）

从第二个月开始，儿童朦胧地意识到了一个满足需要的客体，这就是共生（symbiosis）的开始。马勒比喻性地将共生用于婴儿与母亲无区别地在一起的内心体验。

在原始认知与情绪的水平上，婴儿有一种与母亲融合的体验以及与母亲统一的意象。

（三）分离和个体化（6~24个月）

在这个阶段，婴儿面对两种发展，一种是个体化的发展——意味着发展内心的自主性；另一种是分离——包括与母亲从心理上分开、拉开距离、解放出来。这一阶段的主要任务就是增加自体与他人的分离意识。

1. 第一个亚阶段：分化阶段（6~10个月）

在这一阶段，婴儿开始把身体从母亲那里拉开一点，这样可以有一个比较好的视野能看清楚母亲。当分化再继续下去，婴儿会去探索妈妈身体的更多部分，如抓住妈妈的头发、耳朵或鼻子，把食物放进妈妈嘴里去。

婴儿也会从过渡客体（一条特别的毛毯、一只玩具熊或是其他柔软圆滑的东西）得到更多的愉悦。分化期的小孩对其他不同于父母的人表现出更多的兴趣。他们似乎要把每一个出现在他四周的人拿来和母亲形象做对比。关于"陌生人焦虑"，马勒强调婴儿在共生期依附中越是有安全感，未来他在面对陌生人的时候焦虑就越少，也会有较多的兴趣反应。

2. 第二个亚阶段：实践阶段（10~16个月）

实践阶段的开始，是以婴儿通过爬行和扶着站立能够与母亲在身体上分开为标志的。真正意义上的实践期，是从自由直立行走开始的。这个阶段的小孩，会在摇摆不定的学步运动中探索更广阔的世界。自大与全能感是这个时期的至上法则。他们发展出了自主功能，感觉到了自己不可思议的能力。自恋处于高峰。反复的实践后来演变成躲猫猫（peek-a-boo）游戏，他闭着眼睛又睁开眼睛，全能般地让母亲消失后再出现，一遍又一遍。马勒建议，摇摆学步中的孩子已经有能力走开，父母对此的适当反应应该是温柔而有情感地帮他一把。这样，父母就提供了一个可以信赖的期待，期待孩子能在这个逐渐扩大的世界里驾驭自己的新技巧。

3. 第三个亚阶段：和解阶段（16~24个月）

在一岁半这段时期，学步儿童的正在成熟的自我已经能够意识到与母亲的分离，也能了解没有母亲是无法真正独立的。全能感的下降和依赖感的增强使儿童返回到母亲那里。在经历了认知和情感生活分化的体验后，学步儿童体验到了一种增强的分离焦虑。他寻求与母亲亲近的需要再度增加，马勒称之为和解阶段。这个阶段的儿童希望与母亲分享他每一个新获得的技能和体验，尤其在情感上进行分享。学步期儿童既能体验到愿望的自我满足（如自己去拿甜甜圈），还体验到了他们征服世界所面临的障碍。自大感逐渐丧失，全能感崩溃。

实践期的儿童兴奋而好动，和解早期的儿童则表现出一点情感的不稳定，到了和解后期，学步儿童已经有能力表达难过、失望，甚至表达关怀。

（四）建立客体恒久性（24～36+个月）

客体恒久性是指维持客体稳定形象的能力，特别是维持母亲的稳定形象，无论她在或不在，她是令人满足的角色或是剥夺的角色。客体恒久性依赖于一个积极的母亲内在意象的内化；积极的内在意象，包括在母亲身体存在的情况下，使儿童感到舒适，并且允许儿童自主活动。马勒所说的客体，是专指儿童向其投注积极情感能量的母亲而不是非生命客体。

第三节　自体心理学

海因兹·科胡特（Heinz Kohut，1913—1981）是自体心理学的创始人。他在维也纳获得医学学位，并在芝加哥大学接受神经和精神医学的训练。他在芝加哥大学担任教授，讲授精神医学至 1981 年。他从芝加哥精神分析学院毕业并在那里担任教师与训练分析师。身为许多专业论文的作者，科胡特写过非常著名的书：《自体的分析》《自体的重建》以及最后一本书《精神分析治愈之道》。他曾是美国精神分析协会的会长（1964—1965 年），国际精神分析协会的副会长（1965—1973 年），弗洛伊德档案馆的副馆长（1971—1981 年）以及奥地利科学院的成员。他曾获得奥地利政府颁发的荣誉十字勋章，与辛辛那提大学颁发的荣誉博士学位。

"不含敌意的坚决，不带诱惑的深情"，这是科胡特著名的论述。

科胡特最引人注目的是他将自体心理学（self psychology）引入精神分析领域中。基于对患病人群（尤其是自恋型人格障碍者）的治疗工作，科胡特建构了自己的一套理论。科胡特认为我们通过自体客体的支持，维持着自体的凝聚力、活力和力量。自体客体（self-object）是我们对另一个人的体验维度，关联于这个人所具有的支持我们自体的功能。科胡特设想自体客体是一个客体，这个客体被体验为自体的一部分而不是一个分离的人。

他的许多理论和临床创新是对弗洛伊德自恋概念的重构。科胡特认为自恋是个体的重要资源，需要被滋养以确保它的成熟和转变。科胡特尤其认为，自恋的成熟是发展各种非常理想的能力的基本要素，如共情、幽默、创造力和智慧。科胡特创造性地阐述自恋成熟进程的概念，假设了三种不同的自恋发展面向：理想双亲影像、夸大自体和孪生移情。

一、关键概念

（一）自　恋

经典精神分析模式认为，具有自恋障碍的人是不能被分析的，因为他们不能把力比多投注到一种人际关系当中，尤其不能投注到治疗关系当中。弗洛伊德把自恋比做睡觉或生病的人，他们把全部情感的投注从外界撤回。这样一个人对他外界的一切都不感兴趣，因为全部的能量和注意都被集中在自己身上。

科胡特彻底改变了关于自恋的精神分析思考，把自恋定义为一种对自体的投注。一个向别人投注自恋性力比多的人，正在自恋地体验别人，即把别人作为自体客体来体验。对一个自恋的人来讲，自体客体是一个为自己需要服务的、人格分化不良的客体或人。自恋者有一种对别人的幻想性控制，其方式类似于成人对自己身体的控制。科胡特反对蔑视自恋的普遍论调，如"自恋是婴儿式的自体投注"。他把自恋"从一种幼稚的形式"重新概念化为"活力、意义和创造力的源泉"。在科胡特看来，自恋不是需要被超越和清除的人格特征，而是至关重要的个体资源，有待滋养以确保它的成熟。科胡特相信自恋的成熟会带来宝贵的品质，例如成熟、幽默、创造力和智慧。在科胡特看来，精神分析治疗的首要目标之一就是促成自恋的成熟。

（二）自　体

在狭义的范围内，自体（self）是人格或心理的特殊结构，广义的自体是指一个人精神世界的核心。科胡特认为，自体由不同的成分组成，包括遗传与环境因素的交互作用、孩子与依恋对象最早的自体客体体验，这些形成凝聚的、持续的结构。每个人的自体都有相当一段历史，也就是有过去、现在和未来。

自体是在发展过程中逐渐显现出来的，这个过程开始于父母对孩子的期望和梦想。出生之后双亲的期望和回应继续对婴儿发展中的自体施加巨大影响。当婴儿的先天装置（生理机能、气质等）和依恋对象对婴儿自体客体需要的选择性回应相互作用，显现的自体就出现了。科胡特指出，由于这个选择性过程，可能在生命的第二年显现出持续一致的人格组织，他称为"核心自体"。科胡特设想的核心自体起初是双极结构：一极是夸大性、展示性的自体，另一极是被理想化的双亲意象。第三极自体是孪生自体，发展于潜伏期。

（三）自体客体

科胡特认为，自体客体的定义是个体把另一个人体验为自体的一部分，或为自体提供一种功能而被用于为自体服务的人或客体，用于满足自体的需要。儿童的初步自体，是与自体客体合并在一起的，自体客体参与他的组织良好的体验，并且使他的需要被自体客体满足。自体客体仅仅意味着体验性的人，它不是一个客观的人或真实客体。

科胡特认为，儿童通过早期的自体客体关系寻求满足两种基本的自恋性需求。一种需求是要去炫耀其正在发展的能力，并且因为这些能力而受到赞赏："如果他人认为我好，那么我一定是好的。"另一种需求是要对双亲之一，通常是母亲，形成一个完美的印象，以使自己体验到一种与其融合的感觉。这两种需求都是正常的。第一种需求构成了健康的全能感，第二种需求构成了对于联系的健康欲求。

（四）镜　映

镜映自体客体需要是指需要被肯定和认可、感到自己是被接受和欣赏的，尤其是当（个体）展示某些有关自身价值的事物的时候。科胡特坚称每个孩子都需要被镜映的感觉——被喜悦的双亲愉快且赞许地注视着，被视为"母亲眼里的光芒"。

典型的镜映发展性体验是孩子向父母展示某个新近掌握的技能，例如，第一次骑单车并寻求父母眼中的回应——骄傲的爱的光芒。科胡特相信，双亲欣喜的回应（兴趣、骄傲和兴奋）对孩子的发展极其重要。这带给孩子一种自我价值感和被重视的感觉以及有价值的自体感。相反，父母以敌意、过度批评或是冷淡的回应模式反馈给孩子，孩子就会缺乏价值感和被重视感。这样的态度压制了孩子的价值感和自信的成长。因此，科胡特认为，镜映体验对发展并维持自尊和自信至关重要。当然，有效的镜映必须在发展上是适当的和切合实际的。比如表扬 4 个月、4 岁、8 岁阶段的孩子的方式是不一样的。

父母回应孩子的需要时必然会有"失败"，若变成一而再再而三的痛苦，孩子也许会试图通过变得完美、聪明或可爱来补偿。换言之，孩子推测没有得到应有的确定自体感的镜映回应，一定是因为他不够格。如果教导孩子理解父母自身力量的局限，科胡特相信，这些镜映中"恰到好处的失败"能够促使孩子发展内在的方式，以维持自尊、忍受不可避免的挫折并追求恰当的抱负。于是孩子发展中的镜映需要能够逐渐地成熟，从古老的对完美和持续关注的需要发展为自尊和自信，镜映需要得到修正，只是偶尔需要深切的认可和称赞。

（五）理想化

理想化需要指感到与钦佩的他人相连接，产生一种平静、抚慰、安全、有力量或有激情的体验。

理想化概念包括两个不同但相关的功能。（1）双亲或抚养者给痛苦的孩子提供平静、安抚的功能。虽然最初只有特定的母性行为——母亲说话的声音、母亲触摸的感觉、母亲怀抱婴儿的方式——具有让婴儿平静和抚慰的作用，随着时间及足够好的发展，许多让婴儿或幼儿想到母亲的事物将产生同样的作用。一些理论学家推测这些作用是婴儿体验他的母亲的结果。（2）作为理想人物，给年幼孩子提供安全感和在这个世界上受保护的感觉。这是一个理想化功能，稍晚于平静抚慰功能的出现。如果父母能够坦然接受并以足够好的方式回应孩子的理想化需要，他们就会帮助孩子享受基本的安全感。这种安全感将非常有益于儿童的发展和幸福感，包括更能忍受各种不适感，例如焦虑、恐惧、挫败、悲伤，而且拥有更大的、敢于探索世界的自由感，将更具探索性且坚定自信。

（六）双极自体

科胡特认为，自恋可以被区分为两种形式，一种是夸大性自体，另一种是理想化的双亲意象。在这两级之间，似乎存在着张力，围绕着夸大性自体聚集着雄心和野心，而围绕着理想化意象，聚集着完美的典范。自体两极间的张力和心理能量，在自己的雄心的驱使和完美典范的引领下，发出个人的行为。

（七）孪生自体

在科胡特最后的著作《精神分析治愈之道》中，他提出第三个自体客体需要，孪生自体客体体验。因而，他隐然地把他的双极自体概念修正并扩展为三极自体概念。科胡特对孪生自体客体需要的定义是"从出生到死亡，需要体验到基本的相似性"，赋予孪生自体客体体验需要与镜映和理想化移情同等和独立的地位。"人们在孩子四周单纯地存在——他们的声音和身体的气味、他们所表达的情感、他们从事各种活动发出的响声、他们烹饪和食用的食物散发出特殊的香味——这些就在孩子那里创造了安全感，一种归属感和参与感……这些感觉来自他确定感到自己是其他人所属的人类社会中的一个人。"

随着个体的发展，他或她表现出这个阶段特定的自体客体需要。通常是从融合特性的孪生体验，发展到能够容忍差异和个体化的密友体验，如小女孩会穿妈妈的高跟鞋，跟妈妈一起打扫卫生，小男孩模仿爸爸的样子一遍一遍地刮胡子。科胡特认为这些类型的体验有助于产生与他人相似以及属于人类社会一部分的感觉。儿童期常见的假想同伴现象也可以被理解为需要确认相似感的另一个例子。有时在他们的环境中没有充分地体验到这种相似感，孩子将会尝试幻想一个志趣相投的假想同伴来满足这种需要。

（八）转换性内化

科胡特设计了一个转换性内化的过程，通过这个过程，自体客体被吸收进入儿童自体。通过被科胡特命名为"转变内化作用"的机制，两种外在客体关系被转变成两种内在的关系构象，第一种自体映像由这样一些信息所构成："我是完美的，你必须欣赏我。"第二种自体映像则包括诸如这样的信息："你是完美的，我是你的一部分。"

正常双亲偶尔会延迟或缺少对儿童需要的满足，这种理想的挫折，使儿童能够以转换性内化这种特殊功能方式摄入自体客体。

（九）攻击性是一种分解产物

科胡特不仅将传统上被拒绝的自体爱（即自恋）视为更高形式的自恋生长的土壤，如创造力、幽默以及对死亡的接纳，他还提出，人类的攻击性并不是天生的本能，而是没有反应的环境产生的一个分解产物。婴儿的夸大性自体原本期望能够完全掌控本应具有反应的环境（如母亲），结果却发现她没有共情，甚至威胁到自体的基本需要。

于是儿童体验到摧毁自体客体的冲动。但是，他的暴怒唤起了母亲的反攻击，可能转回到了他自己身上，导致他产生了自我厌恶和绝望，而这很可能导致强迫性受虐。这一结果对于健康的自体和客体关系都具有极大的破坏性。

二、自恋型人格

自恋型人格，是指个体需要不断从外部获得认可来维持自尊的一种人格特征。有些人过度寻求"自恋的补给"或自尊的支撑，映衬得其他需求都黯然失色。

自恋型个体十分在意自己在他人眼中的形象，时常感到自己因名不副实而招人厌恶。所有形式的自恋者都有一个共同点，都觉得或担心自己不够优秀、懦弱、低劣（Cooper，1984）。

（一）自恋者的驱力、情感和气质

自恋者的病理特征通常比较隐蔽，对社会的危害也不明显。在很多领域获得成功的自恋型个体，都可能受到尊崇和效仿。但自恋者为追求大众认可所付出的代价却很少有人能看见，就连他们因自恋而沽名钓誉所造成的对他人的伤害，也常被解读为成功所必需的付出（"舍不得孩子套不着狼"）。

临床咨询师的假设之一是自恋性格的个体天生对内隐性情感可能更加敏感，善于觉察他人尚未言表的情感、态度和期待。这类孩子长大后会产生困扰，不知自己究竟应该遵从内心的想法还是外界的要求。假设之二认为典型的、浮夸的自恋型来访者可能内心具有一种强烈的攻击驱力，他们试图回避这些让自己感到恐惧的驱力和欲望。临床文献中指出自恋型人格群体的主要情感是羞耻和嫉妒（Steiner，2006）。克莱因的研究（Segal，1997）也证明，自恋者容易产生嫉妒心理。当自己的不足遭遇对方的完美无缺，自恋者最好的办法就是竭力谴责、藐视或嘲弄，直至摧毁对方拥有之物。

（二）自恋者的防御

自恋者会利用各种各样的防御，主要依靠理想化和贬低这两种方式。一旦自我被理想化，他人自然受到贬低，反之亦然。科胡特（1971）最先使用"夸大自体"来描述自夸和优越感的个体。这种夸大可以是一种内心感受，或可能被投射于外界事物。自恋者对待现实事物的方法，通常以"排名"来衡量：谁是"最好"的医生，什么才是"最棒"的幼儿园？哪里才有"最严格"的训练？对他们而言，现实的优劣已经完全被浮夸的功利所取代。

艾力克斯（来访者）：你认得我吗？

保罗（咨询师）：抱歉，我应该……认出你吗？

艾力克斯：别人告诉我你是最出色的医师，应该对身边的事都有所了解。对，我觉得你应该认得我。

保罗：谢谢，但我觉得在这行里，所谓的"最出色"只是个人的看法。

艾力克斯：我不知道。"最出色"也可建立在事实和数据的基础上。你是最好的，我做过调查。从你以前治疗的几个患者以及你读研究生时就认识你的人那里打听了点。这样你觉得有压力吗？

保罗：对你来说，知道我是最出色的，这对你来说很重要吗？

艾力克斯：是的。对事不对人，但我总是找最出色的，牙医、修车师傅……你知道他们怎么说，"该花的钱早晚都得花"。

摘自《扪心问诊》1-2

受自恋倾向驱使的人容易陷入追求完美来达到防御的目的。他们心中满存好高骛远的空想，要么装作已达成目标（华而不实），要么将失败归咎于天命（令人沮丧）。有时自恋者会把自尊的感觉转嫁他人（理想化客体），将恋人、导师或英雄视作完人，再通过认同此人（"他特别厉害，而我是他的学生！"）来体验自我膨胀的感觉。

（三）自恋者的关系模式

自恋型人格障碍在与人交往时常常困难重重，而咨询师也很难让他们真切地体会到：不带批判性的眼光，不含剥削性质地接受他人，不用理想化来防御以及不畏惧真诚地表达自己究竟是何感受。

（四）自恋性自体

自恋型个体的常见自体体验有：模糊的虚伪、羞耻、嫉妒、虚妄以及自卑感受等，或是与之相应的相反体验：浮夸、自傲、藐视、防御性自立和虚荣。科恩伯格（Kernberg，1975）将这些相对立的体验描述为自恋者内部的自体的两极状态：非此即彼。自恋者的内心体验常常在这两种极端状态中徘徊。而"足够好"（good enough）这样的整合性体验毫无立足之地。

咨询师在面对自恋型来访者时，如果能够忍受无聊和消沉的反移情，帮助自恋者接纳自我，放弃自我吹捧、贬低他人，便属功德圆满。大部分咨询师们表示一部分自恋型来访者符合科胡特对自恋症的病理和治疗方面的构想，另一部分则更符合科恩伯格的理念。

第七章

认知和行为

第一节 行为治疗

一、行为治疗的历史背景和基本理论

（一）历史背景

行为治疗（behavior therapy）的概念最早是在 1954 年由斯金纳（B.F.Skinner）等人提出的，是基于科学实验心理学的成果，关注可观测、可塑造的行为，同时结合来访者的特点与个人经历，由咨询师和来访者共同确定治疗策略，对行为改变成效进行评估，确保治疗效果，致力于将个体的非适应性行为转变为适应性行为。行为疗法理论并没有公推的开山鼻祖，从一开始便百花齐放，许多著名的学者如沃尔普、巴甫洛夫、华生、斯金纳、桑代克等，均不约而同地提出了自己的学说。这些学说共同组成了行为疗法的理论基础。目前，行为治疗被广泛运用于治疗焦虑障碍、抑郁、药物滥用、进食障碍、家庭暴力、性问题、疼痛以及高血压等方面。

（二）基本理论

1. 经典条件作用

经典条件作用的发现得益于俄国生理学家巴甫洛夫（1849—1936）的实验研究。他在研究狗的消化过程时，无意中发现了应答性条件作用（respondent conditioning），即经典条件作用（classical conditioning）。他注意到，狗在进食过程中，不仅仅是在面对食物（无条件刺激物）时会分泌唾液（无条件反射），而且当食物与其他中性刺激（条件刺激）反复多次配对呈现后，单独呈现这一中性刺激也能诱发狗的唾液反应（此时称为条件反射），于是经典条件作用得以形成，这便是行为习得的基本过程。而进一步研究发现，当后期只呈现条件刺激，而忽视了无条件刺激，经典条件作用也会随之逐步弱化直至消退，这便是行为消退的基本情况。此外，巴甫洛夫还通过深入研究提出了泛化与分化作用。他用上述实验结果来解释行为的建立、改变和消退。

经典条件反射学说最基本的理论之一，便是利用条件反射的建立或消退的规律，

消除不良行为、塑造健康行为。

2. 操作性条件作用

操作性条件作用（operant conditioning）也叫工具性条件作用（instrumental conditioning），是美国哈佛大学心理学家斯金纳通过自制"斯金纳箱"从实验对象（鸽子或小白鼠）身上所获得的重要发现。在斯金纳箱中，安放有一根杠杆装置和一个食物盘。如果按压杠杆，就会有食物落入盘中。把一只饥饿的小白鼠放入箱中，它在寻求食物时可能偶然碰压了杠杆而获得了食物。如果这种偶然重复几次，小白鼠便会主动去按压杠杆。也就是说，它学会了按压杠杆来获取食物的行为。食物是按压行为的奖励，因此这也被称为"奖励性学习"。根据同一原理，斯金纳还设计了"惩罚性学习"的实验。操作性条件反射的实验有力地说明了：行为的后果直接影响该行为的增多或减少。后果是奖励性的，该行为发生频率增加，称为正性强化；后果是惩罚性的，该行为发生频率减少，称为负性强化。根据这一原理，可使行为朝预期的方向改变，逐渐建立原来没有的行为模式，称为行为塑造（behavior shaping）。

3. 社会学习理论

早期行为疗法都聚焦于将直接经验看作学习的主要来源。但是班杜拉（1977）指出个体可以替代性地学习，就像从直接经验中学习一样。人类更大量行为的获得，并非通过条件作用，而是通过示范、观察、模仿等途径进行的。我们不仅可以观察或模仿他人的行为，而且像书籍、电影、电视、图画等一切信息载体都可能成为被观察或模仿的载体。直接强化固然可以进行行为塑造，但间接强化和自我强化也能达到行为习得的效果。班杜拉的经典波波玩偶（Bobo doll）研究揭示了操作学习也可以被观察学习（Bandura，1965）。在这项研究中，孩子们观看一部影片，在影片中模特对波波玩偶表现出攻击行为，这种攻击行为或被强化、或被惩罚，或没有意外事件发生。在接下来的自由玩耍阶段，那些观察到模特行为被强化的孩子们更倾向于模仿攻击行为，观察到模特因此被惩罚的孩子则较少有攻击行为。通过儿童攻击行为的观察实验，班杜拉向人们证实了观察学习存在的真实性，并指出了观察学习存在四个具体过程：注意、保持、运动再现以及动机过程。

不论是社会公允或赞扬的适应性行为，还是为人所诟病、排斥的不良行为，都可以经由观察、模仿获得。正如实验里儿童观看了击打人偶的视频后，变得极富攻击性；个体不经意留意到别人通过买彩票中大奖后，自己也跃跃欲试等情况，都说明了观察学习无处不在，"榜样的力量是无穷的"。

二、行为疗法的特点与基本过程

（一）行为疗法的特点

秉持行为治疗理念的咨询师在治疗过程中可能会依据来访者的具体情况采用不同的治疗手段，制定不同的行为改变计划，但是这都无法掩盖其背后所蕴藏的行为治疗的重要特征。正是由于这些特征，使得行为治疗从林立的治疗流派中脱颖而出，成为众多咨询师的首选。这些特征如下。

1. 聚焦行为改变

行为治疗的目标锁定在行为改变，主要包括：增加适应性行为（如社会技能）的频率、降低非适应行为（如惊恐发作）的频率、提升个体行为的灵活性。在行为疗法看来，所有的心理问题与障碍的背后是否存在更深层次的内部动因不在他们的考虑范畴。

2. 关注外部环境因素的作用

行为主义的学习理论强调，人的一切行为（包括异常行为）都是通过学习获得的，如果一个异常行为得以持续，环境中必然存在维持它的条件。例如儿童的说谎、欺负行为，正是因为环境中的不利因素（如忽视、监管不力）提供了温床，才滋长了个体的这类行为。行为治疗的重头工作就是：分析是哪一些条件导致不适应行为的获得和维持；考虑怎样重新安排这些条件来消除非适应性行为。

3. 行为疗法根植于经验主义

行为咨询师采用实证的方法开展治疗，围绕治疗目标，他们通过收集数据来检验目标的有效性与达成情况，以此来确保治疗效果是否合乎预期。来访者也可以对治疗进度和效果形成清晰的认识。

4. 行为治疗强调维持行为的变量

行为疗法只关心当前问题的解决，对问题的溯源、自知力或领悟的确认并不重视。只要困扰来访者的问题行为得到解决，来访者能够灵活运用新的行为模式适应当下环境并重新开始生活，行为治疗也就基本宣告结束。

5. 对来访者主动性的高要求

在行为治疗中，学习与练习新的行为模式是重要内容，咨询师期望来访者主动作为，加强对新的行为模式的练习，逐步冲破问题行为的桎梏。在这个过程中，来访者或需要监控自身的活动与思想，或需要参与到新的活动或实践中。咨询师也会经常要求来访者自己发起、管理以及评价他们的治疗，并对自己的变化负责，将治疗中的进步应用到实际生活中。咨询师主要负责给来访者布置日常生活的治疗任务和家庭作业，收集相关的数据，对下一步的计划进行指导并做好追踪。

6. 行为疗法透明

在很多案例中，行为疗法理论的基本原理会被清楚地告知来访者，来访者明白他们正在使用的策略以及使用每种策略的原因。

（二）行为疗法的基本过程

（1）确认来访者的不良行为，据此可指定治疗目标、选择治疗技术和方法；

（2）以适当的技术方法对不良行为进行矫正，帮助来访者建立新的行为方式；

（3）记录靶行为的基线水平及变化过程，以评价治疗过程。

三、行为疗法的常用技术

行为治疗技术是依托行为主义的学习理论所创立的，并且随着行为治疗流派的不断试验与完善，目前行为治疗技术的种类可以说是相当丰富的，不仅受到行为治疗流派咨询师的青睐，其他治疗流派的咨询师也会因时制宜地选择一些行为治疗技术加以使用。下面我们将针对一些主流的行为治疗技术进行介绍。

（一）系统脱敏法

系统脱敏法（systematic desensitization）是由美国学者沃尔普基于交互抑制理论所创立和发展的治疗技术。系统脱敏法是让一个原本可以引起微弱焦虑或恐惧的刺激，在来访者面前重复暴露，同时让来访者以全身放松予以对抗，从而使这一刺激逐渐失去了引起焦虑或恐惧的作用。通过一系列步骤，按照刺激强度由弱至强，由小至大逐渐训练来访者心理的承受力、忍耐力，增强适应力，从而达到对真实刺激不产生"过敏"反应，保持身心的正常或接近正常状态。系统脱敏法对各种焦虑、恐惧症状（如社交恐惧、考试焦虑、演讲恐惧、广场恐惧、动物毛发恐惧等）的缓解与消除效果显著。

系统脱敏法的治疗程序如下。

1. 放松训练

放松训练有助于来访者在经历或想象焦虑或恐惧事件时，学会控制其生理警觉的程度，从而减轻焦虑症状。同时，还可以让来访者认识到，除了回避之外，还有其他方法可以帮助其控制或处理害怕和紧张情绪。来访者首先在咨询室练习放松训练，后将其作为家庭作业在家练习。

放松训练的实施环境应光线柔和、气温适宜，周围不应有过强的干扰刺激。让来访者靠在沙发上，全身各部位均处于最舒适的位置，可轻声播放舒缓、柔和的音乐，来访者集中注意于某一特定肌肉群，首先紧张 5~10 秒，然后放松，注意紧张与放松之间的不同感受，着重注意伴随放松出现的感觉，如握紧拳头，然后松开，咬紧牙关，然后松开。领会紧张与松弛的主观差别之后，开始练习放松前臂（前臂放松最容易掌握），然后依次放松头面部、颈、肩、背、胸、腹及下肢。来访者首先学会体会焦虑时的生理反应，学会在日常活动中迅速放松，其次学会在引发焦虑的场合中运用放松技术，要求达到"呼之即来"，可随意使用放松技术。常见的放松方式还有呼吸放松和想象放松等。

2. 建立恐怖（或焦虑）的等级

咨询师与来访者共同找出所有使来访者体验到焦虑和恐惧的事件，并记录每一件事情使来访者感到恐怖（或焦虑）的主观体验程度，这被称为主观不适单位（subjective units of discomfort，SUD）。区间从 0 到 100，两端分别代表着使来访者体验焦虑最轻（被称为控制事件）和最强烈的事件。在脱敏过程中，控制事件常常需要在来访者出现紧张或不适时引用，帮助个体重新放松。一般而言，焦虑等级应控制在 6-10 个左右，最多不超过 20 个，见表 7-1。

表 7-1　演讲焦虑的不适层次

事件	主观不适单位（SUD）
1. 出发前往演讲地点的路上	20
2. 到达指定的演讲地点	30
3. 看见演讲地点拥挤的人群	40
4. 看见讲台以及台下坐着的观众	50
5. 上一个演讲即将结束，马上就轮到自己	60
6. 走向讲台开始环视周围的观众	70
7. 整理思路，准备演讲	80
8. 演讲开始，面向观众表达内容	90

该层次表应由来访者完成或得到来访者的认可。最低层次的刺激所引起的不适，应小到足以能被全身松弛所抑制的程度；各层次之间的极差要均匀适当；极差过小会拖长疗程，事倍功半，极差过大，欲速则不达，导致咨询失败。

3. 系统脱敏

咨询师引导来访者通过放松训练进入平静状态，然后按照构建完成的焦虑层次，由小到大逐级脱敏。脱敏过程需 8～10 次，每日一次或隔日一次，每次 30～40 分钟。

咨询师：请你闭眼想象你正在前往演讲的路上。

（来访者闭目想象，当想象中的画面逐渐清晰并如身临其境后，以手势向咨询师示意已进入角色。）

咨询师：请告诉我你的感受如何？

（来访者以一个手指示意不适程度为 20，表示有些紧张。）

咨询师：请抹掉你头脑中的想象，放松全身的肌肉。

（来访者停止想象，放慢呼吸依次放松全身肌肉。几分钟后来访者示意不适程度为 0，表示心情恢复平静。）

咨询师：再次想象你正在去往演讲的路上。

（来访者闭目想象……）

经过想象、放松、再想象、再放松……重复多次以后，来访者在想象去演讲的路上时，紧张感觉逐渐减轻，直到不再紧张，算一级脱敏。然后想象到达演讲地点、看到拥挤的人群、看见台下的观众……逐步升级，如法炮制。最后，在置身于开始演讲的想象中仍无紧张的感觉时即算脱敏完毕。在脱敏期间或脱敏之后，将新建立的反应迁移到现实生活中，不断练习，巩固效果。

（二）冲击疗法

冲击疗法也叫满灌疗法（flooding implosive therapy），即把能引起来访者极大恐惧的刺激暴露给来访者，猛打猛冲，置其于极其恐惧的情景，试图物极必反，从来消除来访者的恐惧情绪。治疗程序如下。

1. 体　检

冲击疗法是一种较为剧烈的治疗方法。在进行冲击疗法之前应让来访者做详细的身体检查及必要的实验室检查，如心电图、脑电图等。

2. 协　议

向来访者认真地介绍冲击疗法的原理、过程和可能出现的各种情况，如实地告诉来访者在治疗中必须付出的痛苦代价，同时也告知疗效之迅速可能是其他任何心理咨询方法所不及的。当来访者和家属经慎重考虑，下定决心接受这种方法之后，来访者和家属同意，需在咨询协议上签字。

3. 咨询前准备

首先确定刺激物。刺激物应该是来访者最害怕和最忌讳的事物或场景，也是引发症状的根源。再根据刺激物决定治疗的场地。如果刺激物是具体的、无害的且可带入室内的，最好带至咨询室，在咨询室中实施治疗；如果刺激物并非某具体物件，而是一份氛围、一种特定环境，此时治疗场所则应在相应的特定现场中进行。为防止意外，治疗前应准备安定等应急药品。

4. 实施冲击

来访者在接受治疗前应正常饮食，排空大小便，穿戴宽松。如在咨询室指定位置后，咨询师迅速猛烈地向来访者呈现刺激物。来访者突然接触到刺激物后可能会出现强烈的情绪反应，表现如惊叫、失态等，咨询师不必顾及，应持续呈现刺激物。如来访者有闭眼、捂耳或面壁等回避行为，应及时予以劝说。治疗过程中大多数来访者会出现心悸、气促、出汗、头晕目眩、四肢震颤等症状，应严密观察。除非情况严重，否则治疗应继续。如果来访者提出提前终止治疗，甚至出言不逊，咨询师应保持冷静与理智，酌情处理，并尽量说服来访者坚持，鼓励其成功在即，否则将前功尽弃。

来访者有花圈恐惧症，于是咨询师在咨询室四壁张贴花圈图案，地面、桌椅上均摆满了花圈。将来访者带进咨询室后关闭门窗。来访者突然置身于遍地花圈之中，紧张焦虑、四肢发抖、汗流浃背，称无法忍受，要求终止咨询。咨询师密切观察来访者强烈的情绪反应和生理反应，并严格执行治疗协议，直至来访者筋疲力尽，坐卧在花圈之中平静下来为止。

一般需治疗 2～4 次，每日或隔日一次，每次 30～60 分钟。少数来访者只需要治疗 1 次即可痊愈。冲击疗法主要用于治疗恐惧症。优点是方法简单、疗程短、收效快。缺点是它无视来访者的心理承受能力，来访者的痛苦大，实施困难。

（三）角色扮演

角色扮演或行为排演（role-playing）指的是通过创设模拟情景或表演情景，让来访者扮演或模仿一些角色，重现问题发生的部分场景、情节及后果，从而真实地表露自己或角色的人格、情感、人际关系、内心冲突等心理问题，充分地体验这些心理问题给自己、他人乃至群体环境所带来的不良影响。多用于改变来访者的不良行为和进行社会技能训练。在角色扮演过程中，来访者可以学习改变旧的行为或学习新的行为，进而改变自己对某一事物的看法。

1. 扮演方法

（1）问题及情景说明。来访者向咨询师，或小组成员向其他成员讲述某件事情的发生经过，对事件、场景与参与者进行确认。

（2）角色分配。来访者或该小组成员做主角，咨询师或该小组成员从其他成员中挑选配角。

（3）咨询师的指示语——扮演要求。来访者或该小组成员要带着自己的问题去扮演，要像真的一样。中途有问题不要停下来进行说明，等全部扮演结束时再讲。

（4）信息反馈。将扮演情况、做得好的方面、存在的问题及时反馈给来访者或小组成员，也可生成录音、录像，扮演结束时呈现给来访者或小组成员。

（5）模仿学习。指导来访者采纳咨询师或其他人的意见练习新的行为，咨询师也可亲自示范，由来访者进行模仿。

（6）结束时的工作。围绕来访者在扮演中所习得的新行为进行强化，并鼓励来访者将新行为运用到现实生活中。

2. 角色扮演的作用

（1）避免了可能因语言表述不当造成的误解。
（2）将来访者的观点、行为甚至情绪进行更完整的呈现与表达。
（3）来访者能获得有关其行为结果的反馈。
（4）推动来访者从他人角度看待问题。
（5）为来访者提供体验某种情景、角色的机会。

（四）决断训练

决断训练（assertive training），也被称作肯定性训练、果断训练、自信训练，目的在于改善个体在社交情景中挣扎、窘迫的行为表现及相伴随的焦虑反应，帮助个体以正确、恰当的方式开展社交，有效表达个人的情感和观点。

1. 决断训练的适用人群

（1）无法表现生气或愤怒的人。
（2）很难拒绝别人的人。
（3）对他人过于客气并让他人利用自己的人。

（4）难以表达喜爱之情或其他积极情感的人。

（5）自认为无权表达其想法、信念及感觉的人。

（6）存在社交恐惧的人。

2. 决断训练的过程

决断训练的基本假设是：人有权利（但不是义务）表达自身。决断训练的一个目的是提高人们的行为选择，以便使人们决定自己是否需要在特定情境中表现出决断行为。另一个目的是教会人们在照顾他人的感觉和权利的情况下表达自己。

（1）确定问题。明确来访者不能表达决断行为的情境是什么？具体表现如何以及在该情景中适宜的行为表现是什么？

（2）提高动机。帮助个体认识决断训练的价值和意义。

（3）确定恰当的行为。确立与情境需要相符合的适宜行为。

（4）实际训练。通过言语描述或想象重现问题情境，来访者在咨询师的指导下通过角色扮演、模仿等形式练习新的反应。咨询师除了指导外还需要提供强化和反馈以促进这一学习。

（5）迁移巩固。包括处理学习进程中的某些新问题（例如来访者在实际生活中的决断反应招致了他人的攻击），在其他场合运用学到的经验自主产生适宜反应等。

一些学者也建议将决断训练与一定程度的认知矫正相结合，以提升治疗效果。决断行为的缺失，一定程度上伴随着认知上的问题。在练习前，对来访者认知上的偏差进行分析与矫正，这都会帮助个体积极投入到后期的练习，更自觉地将所学的行为运用到实际生活中。

（五）强化法

强化法（reinforcement methods）建立在操作性条件作用的原理上，被用作行为塑造与矫正的主要手段。其中常见的方式有塑造、代币制和消退法。

1. 强化的类型

（1）正强化：给予一个刺激。为了能建立一个适应性的行为模式，运用奖励的方式，使这种行为模式重复出现，保持下来。奖励的方式可以是给予对方喜爱的实物、代币、金钱，亦可以是微笑、称赞和表扬。

（2）正惩罚：施加一个坏刺激。这是当不适应的行为出现时给予处罚的一种方法，往往是给对方一种不快的刺激。如批评、罚款等。使用这种惩罚必须注意，惩罚的是什么，意义要明确，时间要适当。如乱扔垃圾，当即批评即是正惩罚的一种。

（3）负强化：去掉一个坏刺激。为引发所希望的行为的出现而设立。例如年龄较大的孩子依然有吸吮手指的习惯，这种行为一出现就受到指责，一旦他不再吸吮手指了，就立即停止对他的批评。

（4）负惩罚：去掉一个好刺激。当不适当的行为出现时，不再给予原有的奖励。如小孩完成作业之后允许看动画片，没有完成则不让他看了。

2. 强化的方法

（1）塑造（shaping）：是通过连续强化的方式，矫正人的行为，使之逐步接近某种适应性行为模式。这是行为治疗中最常用的方法之一。在行为塑造的过程中，要注意制定适当的目标。目标设置跨度过大，强化匹配不到位都容易造成行为塑造的目标落空。同时也要注意营造有利于对方出现该行为的环境，通过良好治疗氛围的营造，一步步引导来访者接近治疗目标。

（2）代币管制法（token economics）：是利用强化原理促进个体产生更多的适应性行为的方法。在代币制中，咨询师需要与来访者共同确定代币的形式（如小红花、小票券、小铁牌等）、币值（一定量的代币能兑换多少实际强化物）、实际强化物的类型（如食品、文具或其他来访者认可的物品）、获取代币的行为标准以及兑换方式，之后就可以以代币作为奖励帮助来访者改变行为或者生成更多的适应性行为。

我国许多精神病院均采用代币管制法管理病人，使精神病人的不良行为减少，生活秩序好转。它也可以用于培养儿童的适应性行为。

（3）消退法（extinction）：是对不适应的行为不予注意，不给予强化，使之逐渐削弱以至消失。例如，小孩借哭闹的方式引起大人注意，若大人对此不予理会，孩子哭得没意思了，即会自行停止该不恰当的行为。

在使用消退法时，注意要同时强化对方出现的适应性行为。尤其是孩子哭闹的时候，大人一定要坚持住，不发火、不生气，让孩子意识到哭闹是没有用的。等孩子平静下来之后再对孩子进行安抚，不能始终置之不理。

第二节　合理情绪疗法

一、合理情绪疗法的历史背景和基本理论

（一）历史背景

二十世纪五六十年代，正值行为治疗技术大行其道之时，认知治疗也开始登上舞台，并逐步进入舞台中心。随着如贝克（A.Beck）、埃利斯（A.Ellis）、梅钦鲍姆（D.Meichenbaum）等作为领军人物的认知疗法阵营的不断壮大，认知疗法的理念与技术开始受到广泛关注和认可。

合理情绪疗法（Rational-Emotive Therapy，简称 RET）正是在这样的背景下崭露头角的，它由美国享有盛名的心理学家埃利斯所创立。埃利斯早期师从于卡伦·霍妮，在她的指导下学习心理分析，并由此开始进行心理治疗。在前期的治疗实践中他发现经典精神分析的治疗手段和效果与自己的期待并不契合，在不断的探索与实践中，他渐渐放弃了精神分析，转而发展出了一套独特的、更符合个人信念的、主动的、指导式的心理咨询方法，这便是合理情绪疗法最初的由来。从 20 世纪 50 年代开始，埃利

斯著书立说，向世人介绍他的治疗理论，直到 1962 年，他将个人的观点和方法做了系统梳理，出版了《心理治疗中的理性和情绪》一书，这本书的问世被人们认为是合理情绪疗法正式获得认可的标志。

随着合理情绪疗法的发展与完善，其影响力不断扩大，越来越多的心理咨询师们开始加入学习与运用合理情绪疗法的行列，大量的学术著作和文章开始涌现，甚至于还有专门的研究机构（如理性-情绪治疗研究所、理性生活有限研究所）为其宣传发声，足见其浩大声势。

（二）基本理论

1. 人性观

众所周知，合理情绪疗法的理论核心在于 ABC 理论，该理论是基于它对人性的看法和理解而建立的，大致总结如下：

（1）人既有理性、合理的一面，同时也存在着不理性、不合理的一面。人在面对外界和自我时总是容易在两者间来回游移，当人们按照理性去思维与行动时，个体变得充满能量，有秩序感，有愉悦的情绪体验，反之则不然。

（1）情绪是伴随着人们的思维而产生的，情绪上或心理上的困扰是由于不合理的、不合逻辑的思维所造成的。

（3）人具有一种生物学的和社会学的倾向，倾向于存在有理性的合理性思维和无理性的不合理思维，人就是这样的矛盾体。

（4）语言是思维的载体，思维活动离不开语言。当个体不断地用内化语言重复某种不合理信念就会导致无法排解的情绪困扰。

（5）情绪困扰的持续是内部语言持续强化的结果。埃利斯曾在书中提到过："那些我们持续不断地对我们自己所说的话，经常会变成我们的思想和情绪。"

2. ABC 理论

ABC 理论的中心思想便是：情绪不是由诱发事件本身所导致，而是由个体对这一事件的解释、看法和评价所引发的。在 ABC 理论模型中，A 代表的是诱发性事件（Activating events），即个体所经历的当前事件或是与事件相关联的过往的回忆与经验；B 所代表的是个体在诱发性事件后所产生的信念（Beliefs），即个体对这一事件的看法、解释和评价；C 则指的是当前事件发生后，个体出现的行为和情绪上的结果（Consequences）。一般而言，人们总是想当然地认为是诱发事件直接引发了个体行为和情绪方面的变化，对个体在事件发生后所生成的解释、看法和评价并未给予足够的重视，这也是许多治疗案例效果不佳的原因所在。ABC 理论正是将以往治疗中忽视的要素进行了重新审视，并且坚信：诱发性事件 A 只是引起情绪及行为反应的间接原因；而 B——人们对诱发性事件所持的信念、看法、解释才是引起人的情绪及行为反应的更直接的起因。这为合理情绪疗法开展治疗提供了理论指引。

你坐在公园的椅子上打瞌睡，有人走过，踩到了你的脚（事件 A）。你醒了，很生气（情绪 C）。但是当你发现他是个盲人时（解释 B），你就不气了。同样是被踩，你选择生气或不生气，就是因为认知的作用。

从以上事例不难看出，人们的情绪及行为反应与人们对事件的想法、看法存在密切的联系。这些想法、看法背后其实都反映了人们对同一类事物的共同看法，这就是信念。合理的信念会引起人们对事物的适当的、适度的情绪反应；而不合理的信念则相反，会导致不适当的情绪和行为反应。当人们坚持某些不合理的信念，长期处于不良的情绪状态之中时，情绪障碍的产生将不可避免。

3. 不合理信念的特征

引发情绪障碍、行为失调的不合理信念，在人们的日常生活中并不少见，相信大多数个体或多或少都曾遭遇过，甚至也因为不合理信念的裹挟而焦头烂额、苦不堪言。对于人们所抱持的不合理信念，韦斯勒（Wessler）曾对其特征进行了如下总结：绝对化要求、过分概括化以及糟糕至极。

（1）绝对化要求（demandingness）

这是指人们常常以自己的意愿为出发点，认为某事物必定发生或不发生的想法，这在不合理信念中是最为普遍的情况。它常常会使个体将"希望""想要"等愿景绝对化为"必须""应该"或"一定要"等看法。例如："我必须要成功""我一定不会错""别人必须对我好"等。这类观点不仅让个体自身承受巨大的苦楚与挑战，同时也会让周围的人面临考验、陷入麻烦。这种绝对化的要求之所以不合理，是因为每一个客观事物都有其自身的发展规律，根本不可能以个人的意志为转移。对于个体而言，他不可能在每一件事上都获得成功，周围的人或事物的表现及发展也不会按照他的意愿来改变。因此，当事物的发展与个体对事物的绝对化要求相悖时，他就会感到难以接受和适应，从而陷入情绪困扰之中。合理情绪疗法帮助个体认识到不合理信念的不合理、不现实之处，代之以符合客观规律、社会准则的理性信念，让个体学会以理性思维去看待自己和周围的人和事。

（2）过分概括化（overgeneralization）

这是一种以偏概全、以一概十的不合理思维方式的表现，它常常把"有时""某些"过分概括化为"总是""所有"等。用艾利斯的话来说，这就好像凭一本书的封面来判定它的好坏一样，是不合逻辑的。它具体体现在人们对自己或他人的不合理评价上，典型特征是以某一件或某几件事来评价自身或他人的整体价值。例如，有些人遭受一些失败后，就会认为自己"一无是处、毫无价值"，这种片面的自我否定往往导致自卑自弃、自罪自责等不良情绪。而这种评价一旦指向他人，当别人稍有差错就会认定他很差劲、一无是处，一味地指责别人，进而产生怨忿、敌意等消极情绪。我们应该认识到，"金无足赤，人无完人"，正如雨果在《悲惨世界》里感慨的："尽量少犯错误，这是人的准则；不犯错误，那是天使的梦想。"每个人都有犯错误的可能性，每一个人都应接受自己和他人是有可能犯错误的人类一员。

（3）糟糕至极（awflizing）

这种观念认为如果一件不好的事情发生，那将是非常可怕和糟糕的，对于自己来说将无异于一场灾难。例如："我没考上大学，一切都完了""我的男朋友不要我了，我的世界全毁了""我没当上领导，以后也不会有什么前途了"。背负这种观念的个体，往往很容易陷入极端不良的情绪，如耻辱、自罪自责、悲观、绝望的恶性循环中难以自拔。相对于一般的挫败体验而言，糟糕至极无疑是将这种负面情绪推向了极致，因而其破坏性、杀伤力更强。这种想法是不合理的，因为对任何一件事情来说，都会有比之更坏的情况发生，所以没有一件事情可被定义为糟糕至极。但如果一个人坚持这种"糟糕"观时，那么当他遇到他所谓的百分之百糟糕的事时，他就会陷入不良的情绪体验之中一蹶不振。此外，糟糕至极还常常与人们对自己、对他人、对周围环境的绝对化要求相联系而出现，当绝对化要求中认为的"必须"和"应该"的事物并未如他们设想的那样发生时，他们就会感到难以接受现实，无法忍受这样的情景，他们的想法也就会走向极端，认为事情已经糟到极点了。

在人们的不合理信念中，往往不难发现这三类特征的影子。每个个体或多或少都具有一些不合理信念，当这些不合理信念开始侵占个体的认知体系，驱使个体以错误的方式对待自己、他人和周边的事物，导致个体出现了较为严重的情绪障碍时，合理情绪疗法就需要发挥其应有的功效了。

二、合理情绪疗法的治疗过程与常用技术

（一）治疗过程

1. 向来访者说明 ABC 理论的工作原理和基本要求

通过介绍，让来访者意识到问题的根源是来自他不合理的信念，同时也让他清楚接下来的治疗流程，以取得来访者的信任与配合。甚至也可以与来访者确定在咨询中的任务（如阅读、思考、练习等），以便来访者有所准备。

2. 检查并确认不合理信念

在问题探索阶段，咨询师就以积极的、说服教导式的态度帮助来访者探查隐藏在情绪困扰后面的"自语"，借此来明确问题之所在。咨询师坚定地激励来访者反省自己在遭遇刺激事件后，在感到焦虑、抑郁或愤懑前对自己"说"了些什么。

3. 引导来访者与不合理信念辩论（Disputing）

这是合理情绪疗法的核心，咨询师运用多种技术引导来访者主动对抗不合理信念，展开辩论。让来访者清醒地意识到不合理信念的不合理、不现实之处，认识到它们的危害，进而产生放弃这些不合理信念的愿望和行动。

4. 明确合理信念、替换不合理信念并加以巩固

这是除旧布新的过程，也是最后的环节。咨询师需要进一步诱导并帮助来访者找出对于刺激情景和事件相适宜的、理性的信念和行为反应，以此来代替不合理信念。

同时鼓励来访者将咨询中收获的理性信念迁移到生活实践中，以全新的思维和理性信念去应对和解决实际问题。

整个的治疗过程便形成了合理情绪疗法的完整模型，即 ABCDE 模型：

A——Activating events，诱发性事件；

B——Beliefs，由 A 引起的信念（对 A 所形成的看法、解释和评价）；

C——Consequences，情绪和行为的结果；

D——Disputing，与不合理信念的辩论；

E——Effects，new emotive and behavioral effects，经过治疗达成的情绪与行为的治疗效果。

（二）常用技术

合理情绪疗法在治疗过程中所运用到的治疗技术种类繁多，不单单是认知技术，还包括情绪技术与行为技术，这些技术中既有自身独创的、也有从其他疗法中吸收过来的。

1. 与不合理信念辩论

当不合理信念被检查确认后，面临的重头工作便是引导来访者与不合理信念辩论，这是合理情绪疗法的中心环节。国内学者曾指出："与不合理信念辩论的工作实际上包括'破'与'立'两方面，即一方面设法动摇、破坏来访者的不合理信念和自我挫败式思维，一方面设法树立理性信念和思维，用理性思维取代不合理思维。"而辩论便是帮助来访者划破旧有思维的一把利刃。

在辩论环节，咨询师要积极主动地、不断地向来访者发问，对其不合理信念进行质疑。对来访者发问时可采取两种提问形式：质疑式和夸张式。

（1）质疑式

咨询师可以直截了当地向求治者的不合理信念发问，如"你有什么证据能证明你的这一观点？""你得出这个结论是基于什么理由？""是否别人都应该照你想的那样去做？""你有什么理由要求事物按你所想的那样发生？"这类问题可根据实际交流情况灵活设置，无固定框架。关键是要抓住来访者信念中不合逻辑、违反常理、与经验事实相悖的地方，促使来访者进行反思，正视自己所持有的不合理信念，一步步瓦解其固守的信念。

当然，来访者很难轻易地放弃自己可能已"根深蒂固"的信念。面对咨询师的质疑，他们势必会想方设法为自己的信念辩护。因此，咨询师在辩论环节的循循善诱和耐心非常重要，通过一场持久的、充满强烈对抗色彩的辩论，使对方感到自己理屈词穷，从而让他们认识到：第一，那些不合理的信念是不现实的、不合逻辑的；第二，那些信念是站不住脚的；第三，什么是合理的信念，什么是不合理的信念；第四，最终以合理的信念取代那些不合理的信念。

班主任：让我们谈谈其他小孩说你什么，他们怎样称呼你？

小学生：他们叫我兔子。

班主任：他们这样称呼你，你有什么感觉？

小学生：我感到不舒服。

班主任：让我猜猜看，当别人这样称呼你时，你可能觉得你看起来很滑稽。

小学生：是的。

班主任：他们这样想有什么了不起，他们凭什么这样说你？

小学生：不知道。

班主任：让我看看你的牙齿。来，先看看我的牙齿（班主任给他看自己不整齐的牙齿），看看谁的牙齿更难看（班主任用镜子给小学生照照他自己的牙齿）？我的，还是你的？

小学生：你的。

班主任：好，这是事实，我的牙齿比你的难看，所以你的牙齿并不太难看。

小学生：不太差劲。

班主任：好，你知道有一句俗话是"棍子和石头……?"

小学生：是的。

班主任：接着是什么？

小学生：你知道如何接下去。

班主任：是的，但我要听你把它念出来。

小学生：再念一遍？

班主任：棍子和石头会打断你的骨头，但……，下文呢？

小学生：名字永远不会伤害我。

班主任：对了，但你并没有告诉自己这句话，名字不会伤害到你，现在名字的确伤了你，其实它不应该。所以现在你应怎么说呢？

小学生：名字不会伤害我。

班主任：对呀，我为那些挑剔你而让你觉得不舒服的人难过。假如他们取笑你，那真是他们自己的问题。

上述案例中，学生对"被人贴标签"的看法和解释就是"我确实是这样的，我的牙太难看了"，因为这个想法而感到极不舒服。班主任通过质疑式提问与之展开辩论，帮助学生走出这个虚假"标签"所造成的误区。

（2）夸张式

为了使质疑更深入人心、发人深省，撼动来访者的认知观念，咨询师还会经常性使用夸张式提问。针对来访者信念的不合理之处故意提一些夸张的问题，其落脚点与质疑式提问是一样的，只是方式上略有区别。这种提问方式犹如漫画手法，是把对方信念的不合理之处、不合逻辑、不现实之处以夸张的方式放大给他们自己看。

一个患有社交恐怖的来访者说："别人都看着我。"

咨询师问："是否别人都不干自己的事情了，都围着你看？"

对方回答："没有。"

咨询师："要不要在身上贴张纸写上'不要看我'的字样。"

答："那人家都要来看我了!"

问："那原来你说别人都看你是否是真的?"

答："……是我头脑中想象的……"

在以上的辩论中，咨询师正是抓住了来访者言语中的不合理之处，以夸张式提问引发个体思考，进而让他意识到之前的想法是不切实际的，因此产生了信念动摇。夸张式提问所带来的效果要优于质疑式提问，它更能使来访者在辩论中意识到自己原先的想法、观念是可笑的、经不起推敲的，因而容易让来访者心服口服。

2. 合理的情绪想象技术

合理的情绪想象技术（Rational-Emotive Imagery，REI）由马尔茨比（M.Maultsby）所创立，在合理情绪疗法中发挥着重要的作用。使用这一技术时，咨询师将引导来访者通过想象技术完成如下工作：

（1）让来访者想象曾使自己心烦意乱的情境，使其重新体验这种不适情绪。

（2）帮助来访者改变这种不适情绪，并代之以适宜的情绪体验。

（3）停止想象，引导来访者思考自己情绪体验产生变化的轨迹和原因。此时咨询师要强化来访者新的合理的信念，必要时可启发其他理性思维。

来访者是一个人际关系出现问题的大学生，特别在意别人对她的看法，认为别人都不喜欢她。

咨询师：好，现在请你闭上眼睛，尽可能坐得舒服一些。现在请你开始想象，你和一些同学在一起，其中有认识的，也有不认识的，有男的，也有女的，你坐在他们中间，尽可能想象得像真的一样。现在请继续想象，有几个人好像在议论你，用那种眼光看着你，好像你有什么特别的地方。慢慢地，越来越多的人都对你流露出讨厌的神情，请尽可能生动地想象这些情境，能做到吗？

来访者：嗯，我在努力这样做。

咨询师：你现在有什么感觉？

来访者：我快要受不了了，那么多人在议论我、讨厌我，真是糟透了!

咨询师：请继续想象，你现在体验到什么？

来访者：我感到很害怕，很伤心，也很焦虑。

咨询师：是的，你经常体验到这些情绪。现在请你把这种情绪转变为一种失望和遗憾。请仍然保持刚才的想象，但你仅仅感到失望和遗憾，能做到吗？

来访者：我在努力，但是，很困难。

咨询师：他们只不过是不喜欢你而已，有什么理由必须让别人都喜欢你呢？即使他们真的不喜欢你，那又怎样？你不是还好好地坐在这里吗？并不是真的受不了，对不对？你只是对他们的反应感到失望而已。现在感觉怎么样？

来访者：好一些。对，我只是感到有些失望。我在告诉自己，他们不喜欢我，但这没什么关系。

咨询师：好极了！现在请停止想象，告诉我你是如何改变最初那种感觉的？

来访者：虽然他们不喜欢我，但我并没有因此而死去，正像你说的，我还好好地坐在这里。看样子，我把问题想象得太严重了。

咨询师：很好！你能讲一讲你从刚才的练习中都获得了哪些东西吗？

来访者：我想是因为我的想法的改变才使我不再感到那么伤心和焦虑。事情并不像我想得那样糟糕，只要我不去想别人到底怎么看我，我就会觉得自己还行，当然，可能不是像我希望的那样好，但是我想这会改变的。

咨询师：好极了！你已经发现了你以前想法中的不合理的地方，并在努力用新的想法来代替，这正是我们要做的。如果你能继续下去，并亲自实践，你就会发现自己进步得更快。

合理的情绪想象技术还存在另一种变式：在引导来访者以想象技术诱发出相应的情绪体验时，要求来访者报告此时支配自己的信念。帮助来访者识别出其中的不合理信念，并与之辩论，最后实现以理性信念取代不合理信念的终极目标。

3. 认知的家庭作业

除了在咨询过程中致力于来访者的认知干预外，合理情绪疗法也关注来访者在会谈外的信念转变的情况，因此会经常给来访者布置家庭作业。

（1）合理情绪治疗自助量表（RET Self-Help Form）是根据 ABCDE 治疗模型的主要内容所生成的一种表格（见表 7-2），来访者通过回答量表中所规定的内容和问题（A 和 C），逐步找出不合理信念（B），并独自完成与不合理信念的辩论（D），产生新的理性信念，最后确认达成的情绪和行为方面的效果（E）。

表 7-2　RET 自助表

（A）诱发事件（使我感到情绪困扰或产生自损行动之前发生的事件）	（B）信念（导致我产生情绪困扰或自损行为的不合理信念）	（C）情绪和行为（在我身上出现的，也是我想要改变的情绪困扰或自损行为）	（D）辩论（与自己的不合理信念辩论）	（E）有效的理性信念（取代不合理信念的理性信念）

常见的不合理信念如下：

♤　我一定要得到每个人的爱和赞赏。

♤　我必须在每个方面都够格、能干、有成就。

♤　世界应该是公平的，我应该永远受到公平待遇。

♤　人们的信念和价值观应该跟我相同，他们做事情的方式也应该跟我相同。

♤　有些人很坏，他们的为非作歹应该受到谴责或惩罚。

♤　如果我没把事情做好，那么我就是一个坏人、一个白痴、一个失败者。

♤　世界应该提供我所需要的东西，生活应该过得舒舒服服，我不应该遭罪，不应该遇到麻烦。

- ☼ 事情如果没有按我喜欢的方式发展，就太糟了。
- ☼ 面对问题、处理问题，还不如逃避问题那么容易。
- ☼ 心情是由生活境遇决定的；当事情进展得不顺利，我就不可能开心。
- ☼ 如果有可能发生坏事情，我就应该左思右想。
- ☼ 任何问题都有一个正确答案。如果我找不出答案，就太糟了。

（2）与不合理的信念辩论（Disputing Irrational Beliefs）是相对简单的作业形式，来访者只需要回答一些具体的问题：

- ☼ 我打算与哪一种不合理的信念辩论并放弃这一信念？
- ☼ 这个信念是否正确？
- ☼ 有什么证据能使我得出这个信念是错误的或正确的这样的结论呢？
- ☼ 假如我没能做到自己认为必须要做到的事情，可能产生的最坏结果是什么？
- ☼ 假如我没能做到自己认为必须要做到的事情，可能产生的最好的结果是什么？

（3）合理的自我分析（Rational Self-Analysis，RSA）是一种完全由来访者自己完成的报告，报告重点围绕辩论开展，没有其他特殊的规定和要求。这种自我分析操作简单，不需要专业指导的介入，个人也可以完成，特别适合有需要的普通群体。以下是合理自我分析报告的样例：

失恋后的合理自我分析报告（RSA）
——给曾经失恋过和正在失恋阴影中的人

事件 A：失恋，女友/男友离开自己和别人好。

情结 C：抑郁、对女友/男友怨恨。

信念 B：我那么爱她/他，可是她/他却不再爱我，做出这样的事，真是太不公平，太让我伤心了。

辩论 D：

① 我有理由要求她/他必须爱我吗？难道仅仅是因为我曾爱过她/他？

② 我爱她/他那是我自愿的，她/他并没有强迫我这样做，那我有什么理由强迫她/他？难道这样对她/他公平吗？

③ 她/他做出这样的选择一定有她/他的原因，我有什么权力要求她/他必须按照我的意愿做事？

④ 如果我爱过她/他，就要她/他一定一直爱我，那简直是不可能的事。这种绝对化的要求真是太不合理了。

新观念 E：

① 每个人都有选择爱的权利，她/他可以去选择别人，而我也可以有新的选择。

② 要像希望别人如何对待我那样去对待别人（黄金规则）。而不是我对人怎样，别人就必须对我怎样（反黄金规则）。

③ 虽然互相爱慕、相守一生是件好事，但并非每个人都能做到这一点，这就要看各人的缘分了。

④ 感情上始终如一是值得赞赏的，但人的感情也会变化，不能要求事情必须按照自己希望的那样，始终不变地发展下去。

类似于像"失恋""职场失意"等人生中不可避免的挫败事件，来访者均可借助这样的合理自我分析帮助个人渡过难关，改善不良的认知和情绪行为反应，完成自我疗愈。

第三节　认知行为疗法

一、认知行为疗法的历史背景和基本理论

（一）历史背景

认知行为疗法（Cognitive-Behavioral Therapy，简称 CBT）自 20 世纪 50 年代问世以来，其影响力主要得益于以阿伦·贝克（A.Beck）为首的咨询师们的潜心摸索与勇于实践。在这些声名显赫的咨询师中，除了贝克进行了大量开创性的工作外，其他咨询师如雷米、梅钦鲍姆也做出了卓有成效的贡献。大量临床实践研究表明，认知行为疗法在对抗抑郁、焦虑障碍、进食障碍、慢性疼痛、人格障碍、药物滥用等病症方面成效显著。此外，在面临重度抑郁、双相障碍以及精神分裂症等严重精神疾病时，可以通过药物治疗与认知行为疗法相结合的方式，增加其疗效，这显示了其相对于其他心理治疗手段的独特优势。

（二）基本理论

认知行为疗法（CBT）是一组通过认知与行为技术的实施，借以改变功能不良的思维或信念与行为，以消除不良情绪与行为的治疗体系。该理论核心在于：个体的思维与信念对其情感与行为具有决定性作用，唯有改善、修正个体的错误、歪曲或紊乱的认知问题，改变个体对自己、对人、对事的看法和态度，才能根治其表现出的各类心理问题与障碍。这是认知行为治疗的基本理论遵循，不过主要贡献者对此有着不同的理解，接下来将进行简要说明。

1. 贝克的认知疗法

在 20 世纪 50 年代末和 60 年代初，贝克决定检验这样一个精神分析概念：抑郁是敌意指向自我内部的攻击。他调查了抑郁症患者的梦，发现他们的梦境中只有很少的关于敌意的主题，而有很多关于剥夺、有缺陷和丧失的主题。他认识到这些主题与患者清醒时的思维是对应的。

（1）自动化思维

随着贝克不断地倾听他的患者，他意识到他们常产生一些迅速而简短的评价思维，它们并非深思熟虑的结果，因而许多判断、推理和思维看上去是模糊、跳跃的，很像

148

一些自动化的反应，贝克将之命名为"自动思维"。这些"自动思维"有时很难觉察，或者即便注意到了，个体也可能会不假思索地接受，认为它们是正确的，进而接受它们的指令，表现出相应的情绪与行为反应。与自动化思维伴随出现的是个体的情绪，基于这一线索，我们可以检验与这些情绪相关联的自动化思维是什么。因此咨询师经常会引导个体思考这样的问题——"你刚才大脑中在想什么"来帮助其明确自动化思维的存在形式。

（2）图式

贝克认为个体在认识现实世界的过程中遵循一定的模板和规则，即图式，用以支持较为表层的自动思维内容。图式是持久的思维原则，形成于童年早期并被很多生活经验所影响，这些经验包括父母的管教和示范、正式与非正式的教育性活动、同伴体验、创伤体验和成功体验等。贝克和其他人曾指出，在抑郁和其他症状中，各种适应不良的图式可以处于休眠状态，直到发生了一件产生压力的生活事件激活核心信念为止。然后，适应不良的图式会被强化到一个点然后刺激并驱动负性自动化思维的出现。

来访者小力在失业前并不抑郁，但是当他在寻找新的工作遇到困难时便产生了很多自我怀疑。当小力看到招聘信息时，他会被这样的一些自动化思维所迷惑：

他们不需要我；

我再也找不到像之前那么好的工作了；

即使我有机会进行入职前的面试，我也会紧张得不知道该说些什么。

在开始认知行为治疗后，咨询师帮助小力发现了与他的能力相关的几个根深蒂固的图式，它们已经在意识表面之下徘徊了好多年了。其中之一就是"我从来都不够好"，在日子过得比较顺利的时候，这一核心信念会潜伏下来，但是每次当他要找工作时，这一信念所激起的负性自动化思维就会喷涌而来。

（3）常见的认知错误

贝克和他的同事们在检索功能不良的思维与信念时指出，这些自动化思维和其他想法的逻辑中存在一些特有的认知错误，并且将之细化成了6大类别。

① 选择性概括。在看到了一小部分信息后就得出结论。在这一过程中其他信息被忽略，并且整体背景的重要性也被忽视。如一位低自尊的来访者在未能收到一位老朋友的节日问候之后，他想："我正在失去所有的朋友，没有人再来关心我了。"他忽略了其他朋友送来的节日问候，也忽略了这位老朋友过去很多年里风雨无阻的问候。

② 过度概括。由一个偶然的孤立事件得出一项结论并将之不适当、不合逻辑地推广应用于不相关的事件和情境中。比如来访者有一次考试不及格，于是他产生了"我什么事都做不好"的自动化思维。

③ 主观推断。在面对相反的证据或在缺乏证据的情况下得出结论，包括"灾难化"或在大部分情境中都想到最糟糕的情况和结果。比如一位害怕乘坐电梯的女性预测自己乘坐电梯会掉下来受伤，却完全无视科学数据：发生灾难性电梯事故的可能性几乎可以忽略不计。

④ 夸大和缩小。一种特征、事件或体验被夸大或缩小。

⑤个性化。在缺乏证据的情况下，将一些外部事件与自己联系起来的倾向。对于消极事件过分地承担责任或感到自责。比如只要妈妈心情不好，女儿就认为是自己的错。实际上，引发妈妈心情不好的因素有很多。

⑥绝对化思维。全或无、非黑即白、非此即彼的思维方式，将对自己、个人经验或他人的判断归入两个极端中的一种。

贝克认为，改变功能失调的情绪和行为最有效和直接的方式便是修改不正确的及功能失调的思维。咨询师需要帮助来访者确认这些歪曲的、功能失调的认知，并且与来访者共同致力于将这些错误认知与现实情况区别开来，以认知修正和思维革新促成个体适应性的行为模式的形成。

2. 雷米的认知治疗理论

雷米（V.Raimy）在从事认知行为治疗之前，师从于人本主义心理学家卡尔·罗杰斯。正因如此，关于心理问题发生机制的阐释，雷米拥有着不同的视角和理解。贝克关心的是错误的认知过程以及在这些过程中所产生的错误观念，而雷米则主要在意的是这些错误观念的存在状态，即这些观念是以什么样的顺序和方式表现出来并发生作用的。

在雷米看来，这些错误观念主要是指个体对自我的不正确或不适当的评价，雷米将其称之为错误的自我概念。更为重要的是，这些错误的观念并非独立存在，而是以群集的方式表现出来。每一错误观念的群集都对应着一类情绪障碍。例如，与抑郁情绪有关的群集包括："我过去、现在和将来都是没希望的""无论过去、现在、未来，我都是毫无价值的""我永远都是孤立无援的"或"我永远不会受人重视""我无法从事正常活动"等，这些观念都会以类似的语句来进行表述和强化，它们都不同程度上存在着认知歪曲的成分，正是这些大量的不正确的判断和观念引发了非适应性的情绪和行为模式。

对错误的自我概念的存在状态的理解，雷米则提出了"中心-边缘"模型来加以说明。他认为，在这些观念群集中的错误观念并非同等重要，有一些观念是主要的、基本的，它支配着那些较为次要的观念。这些基本的、处于核心位置的错误观念通常隐藏较深，难以被觉察和识别。只有解决了那些表层的或边缘的错误观念，才能逐步揭示出那些处于中心位置的基本错误观念。因此，在认知治疗过程中应采取循序渐进的方式，首先从表层的、边缘的错误观念入手，逐步接近并挖掘出那些核心的错误观念，最终予以矫正。

3. 梅钦鲍姆的认知行为矫正技术

梅钦鲍姆（D.Meichenbaum）在具体的治疗实践中，更关注的是来访者自我言语表达的改变。思维规定了语言，同样，语言也塑造着思维。因此他设计了认知行为矫正技术（简称CBM）来帮助来访者摆脱这种错误的自我陈述所带来的不良情绪和行为反应。梅钦鲍姆认为一个人的自我陈述与别人的陈述一样能够影响个体的行为。所以在使用这一技术时，咨询师要致力于帮助来访者认识到自己是如何想的、感受的和行动的以及自己对别人的影响，这是行为改变的先决条件。要发生改变，来访者就需要打破行为的刻板定势，这样才能在不同的情境中评价自己的行为。

梅钦鲍姆在引导来访者进行自我觉察时使用了自我指导训练技术，在治疗过程中咨询师需要教会来访者怎样完成自我陈述，咨询师和来访者一起进行角色扮演，通过模仿来访者现实生活中的问题情境来练习自我指导和期望的行为。重要的是要获得对一些问题情境具有实践意义的应对技能，其中的一些问题包括强迫和攻击行为、考试恐惧和演讲恐惧。

此外，在梅钦鲍姆的治疗体系中，认知重组也是重要的组成部分。他认为认知结构是思维的组织方面，它似乎监督和指导着想法的选择。认知结构好比一个"执行处理者"，它"掌握着思维的蓝图"，并决定着什么时候继续、中断或改变思维。因而在关注整体疗效时，梅钦鲍姆认为，想要期望行为改变彻底发生，必须要关注内部言语、认知结构和行为的相互作用及随之而来的结果。这三者的交互作用的情况不能被忽视。

以上三个理论和技术体系均得到了不同程度的支持和拥护，但就其影响力和治疗效果而言，贝克的认知治疗体系更具说服力。因此，接下来的治疗过程将主要依据贝克的认知治疗体系来展开说明。

二、认知行为疗法的基本原则和治疗过程

（一）基本原则

认知行为疗法在具体实施过程中，可能会存在因为来访者的情况差异而导致的一些技术和结构性调整，但总体上还是遵循着一套共同维护的适用于不同来访者的基本原则，这使得认知行为疗法与其他心理治疗流派得以区别开来。

1. 个案概念化是开启认知行为治疗的工作基础

个案概念化主要关注的是来访者适应不良的思维和行为是如何维持的，它们又怎样引发了来访者的痛苦与功能损伤。咨询师要综合诸如评估和症状，成长的影响，近况和人际交往，生物学、遗传和医学因素，长处或优势，典型的自动思维、情绪和行为模式，潜在的图式7个方面的关键信息，形成"工作假设"，并据此确定相应的治疗计划。

2. 良好的治疗联盟是重要保障

认知行为疗法同样看重咨询关系的作用，他们在咨询过程中同样表现出真诚、积极关注、友好和共情的特点，在压力前表现镇定，以获得来访者的信任。认知行为治疗的咨询关系更像是一个研究团队，咨询双方形成各种不同的假设，然后共同协作以形成健康的认知方式，建立应对技巧并扭转无效的行为模式。

3. 强调合作与积极参与

为了确保治疗目标的达成，咨询师还要力争让来访者更为主动地投身于整个治疗计划，当然治疗计划的制定，也需要双方共同完成。咨询师可以鼓励来访者承担更多

的责任，比如决定要谈论的问题、识别歪曲的思维、总结重点、设计家庭作业甚至于包括会谈的时间和次数等。让来访者真正成为问题解决的"主人公"，避免在其他疗法中因被支配或消极应对而导致的治疗效果不佳的问题。

4. 以目标为导向，聚焦问题，服务当下

认知行为疗法不主张回到过去，而是直面当下的问题，致力于帮助来访者识别其陷入痛苦和麻烦的事件背后的功能不良的思维与行为模式。无论对来访者的诊断是什么，咨询都是从对当下问题的检验开始的。当然也不排除存在探讨过去经验的可能性，比如来访者表达出想要探索过去的强烈愿望。

5. 明确的时间限制

贝克所创立的认知行为疗法具有时程短、结构化等治疗特点。通常，面对单纯的抑郁和焦虑障碍，治疗时间大约是 6～14 周。咨询师的目标主要是使症状减轻、促进障碍缓解、帮助来访者解决其最迫切的问题、教他们防止复发的技巧。但在面对一些存在并发症状或者抗拒治疗的情况时，治疗时限将会适当地延长。

6. 鲜明的结构化特征

基本上所有的会谈都会遵循着特定的结构，包括引入部分（心境检查、简要回顾上周、共同设定会议议程）、中间部分（复习家庭作业、讨论议程上的问题、布置新的家庭作业、总结）和最后部分（引出反馈）。在这个特定结构下，来访者对整个治疗计划有着清晰完整的认识，这将极大地提升他们在治疗结束后开展自助治疗的可能性。

7. 多种技术的结合使用

为了促成个体期望的改变，认知行为疗法会根据个案情况进行各类技术的搭配运用。他们信奉"不管黑猫白猫、抓到老鼠就是好猫"。所以在检验个体的功能不良思维中，咨询师经常会使用"苏格拉底式提问"（一些能够激发个体好奇心和求知欲的提问方式）来引导个体进行功能不良思维的真实性验证。

8. 具有教育功能，旨在引导来访者成为自己的咨询师

在诸多个案中，认知行为咨询师常以"教练"来形容自己所扮演的角色。教练向来访者传授新的策略和方法，鼓励来访者多开展练习和提供技术支持帮助其磨炼技术要领，使其治疗结束后也能完成自助治疗，古人所谓"授人以鱼不如授人以渔"，正是如此。

9. 强调复发预防

学习如何维持治疗效果是认知行为治疗中不可或缺的方面。咨询师通过引导个体理解功能不良的思维和行为模式的发生机制和运行模式，并鼓励其不断练习技术和独自解决问题，这将有助于个体在治疗终止后将有益的知识和经验继续用于维持新的行为模式中去。即便后期因为环境或偶然事件再次诱发了相关问题，个体也能有效应对和妥善处理。这些因素都充分解释了为何在治疗抑郁和焦虑症方面，采用认知行为治

疗的复发率要远低于药物治疗。

（二）治疗过程

运用认知行为疗法来处理情绪困扰或心理障碍问题时，咨询师并非简单地参照症状运用相关技术进行治疗，更不能随意为之，漫无目的，整个治疗过程应体现鲜明的结构化特点。除了上述基本原则应当明确外，咨询师在治疗过程中的工作要点和注意事项也应当进行明确。

1. 工作要点

（1）个案概念化

在这个环节，咨询师除了考虑来访者的生长发育史、遗传、生物学因素以及躯体疾病史等方面的影响外，应将评估重点放在来访者目前的症状、人际关系、社会文化背景以及个人的优势方面，这些丰富的信息对咨询师判断个体是否适用于认知行为治疗具有重要作用。咨询师在会谈中对以上关键信息进行搜集和确认，综合上述信息形成工作假设，根据工作假设初步确立相应的治疗计划，使之能够对每一个治疗干预提供一个连贯有效的指导。

为了构成一份精炼的、质量高的个案概念化，咨询师需要完成如下的工作：① 完成一份详细的评估；② 来访者目前生活中遇到的典型的压力状况，对其中的认知行为成分作交叉领域分析；③ 考虑纵向因素（如生长史）对来访者信念和习惯性行为策略的影响；④ 形成工作假设；⑤ 设计一份治疗计划，针对来访者的主要问题和优势，运用有效的认知行为治疗技术，见下例。

CBT 个案概念化工作表（样例）

来访者姓名：小桐（化名）   日期：2021.2.1

评估/症状：来访者暴食持续时间长达四个月，主观感受非常痛苦，难以缓解，并且已经较严重地影响到学习、生活和人际关系。来访者本人的人口学资料符合暴食症易发人群特征。当前表现为大学新生环境适应不良、人际关系适应不良、暴食症症状。

成长因素影响：其一，来自沿海富足城市，不习惯目前所在小城市的环境和所在大学的新校区，觉得荒凉压抑，时刻想离开。其二：人际关系差，人际交往压力大。家人特别是母亲希望自己结交"高素质的人"，自己也认同母亲的观点，因此逐渐轻视周围的同学，认为同学们多来自小城市或者农村，不想与大家交往。以往的好朋友现在形同陌路。

年龄状态：19，大一新生，女性。

生物、基因：无家族病史、无器质性疾病。

长处/有利条件：外形姣好，家境优越。学习上进，有目标，成绩优秀。思维意识清晰，知、行、意统一，无精神病倾向。

治疗目标：1. 协助来访者树立正确的人际交往概念，掌握良好人际交往技巧，获得较好的人际关系，进而适应环境；2. 帮助来访者正确认识暴食症及其与自我的关系，改善其自我意识，提高自尊，获得新的压力应对方法；3. 降低暴食行为的发生频率直至消除此行为。

事件1：出现暴食行为。在无人的时候大量进食，直到胃部难以承受。严重负罪感、沮丧感伴随无法自控的感觉。一次次出现在暴食之后，为了不增加体重，使用药物催吐。该过程持续时间为4个月，近日感到暴食频率上升，身体和心理皆难以承受。此过程一直秘密进行。

自动化思维：如果别人知道了，一定会觉得我怎么会这样，一定会觉得我很丑陋，会很讨厌我的。

情绪：痛苦、无法摆脱的沮丧。

行为：暴食行为没有减少反而呈增加趋势。

事件2：只愿意结交"高素质"的同学，而开始疏远同学。

自动化思维：自己出身较高贵，他们不能与自己交往。

情绪：一直处于孤独状态。

行为：想要逃避现在的生活。

事件3：对新环境学校不满意。

自动化思维：这里太破太荒凉了。

情绪：不满、气愤。

行为：时刻想离开。

核心信念：爱面子，在乎他人看待自己的观念。

工作假设：应用认知行为疗法可能解决这等情况。

治疗计划：

阶段一：了解基本情况，建立良好咨询关系。

阶段二：分析已存在的错误人际交往认知，树立正确的人际交往观念；

阶段三：学习优秀的人际交往榜样，实施新的人际交往策略；记录每日饮食习惯，特别关注暴食发生前的环境、心境等情况。

阶段四：以新的认知思维看待压力情景，发展多方面的应对策略，摒弃完美主义，学习接纳不完美的自我。进一步缓解自罪心理及内疚感。

阶段五：发展新的兴趣爱好，拓宽人际交往圈，转移注意力，丰富生活。用合理情绪及认知替代暴食前后的不合理情绪。

阶段六：巩固咨询成果，树立自信，协助来访者脱离咨询过程实现独立自控。

阶段七：回顾咨询过程，肯定来访者的自我成长，建立积极的发展心境，结束咨询过程。

（2）明确的结构化

在这个环节，咨询师要向来访者释放一个积极的信号：通过结构化的治疗安排，来访者能够集中精力、方向明确地围绕着核心问题去主动作为，这将提升来访者战胜问题的信心和勇气。一些学者建议在这个环节，咨询师可以将制定治疗结构和教育方案进行融合。因为有效的制定结构计划，在良好、有效、有目的的组织运作下，可以促进学习过程。而良好心理教育干预，如家庭作业练习、记录治疗笔记都有益于认知行为治疗的结构。两者的整体目标都是激发希望，启动治疗程序，提高治疗效率并且帮助来访者建立良好的应对技巧。在制订结构中，特别强调目标设定、议程设置、症状检查、每次治疗的衔接、反馈及治疗节奏、家庭作业等情况的处置和安排。而教育方案中，可以通过开展小课（主要针对理论与认知干预所做的解释）、记录练习内容、完成治疗笔记（笔记内容可以是练习的情况、家庭作业、关键思考的记录、所涉及的量表等）、引导阅读以及辅助认知行为治疗等方式来完成。咨询师应当尽量将制订结构和教育方案自然地融入整个治疗过程之中，这样可以使来访者表达得更加充分，更加富有感情。这项工作在治疗前期发挥着重要作用，后期双方主要围绕着处理自动思维和矫正不适应图式开展工作，这时制订治疗结构和教育方案就没有最开始那么严格和迫切了。

（3）处理自动化思维和矫正不良图式

识别与改变适应不良的自动思维是需要咨询师耗费治疗中大部分时间来完成的。需要注意的是，在帮助来访者识别自动思维以及引导思维走入积极方向这两部分的工作其实并无明显界限，它们经常作为发展合理思维方式的有机组成部分一起出现。常用的识别与改变自动思维以及识别图式的方法如下表 7-3、7-4、7-5。

表 7-3　识别自动思维的方法

识别心境转换
心理教育
指导性发现
记录思想
意象练习
角色扮演练习
使用检查清单

表 7-4　校正自动思维的方法

苏格拉底式询问
记录思维改变
引出合理选择
识别认知错误
验证
去灾难化
认知演练
使用应对卡片

表 7-5　识别图式的方法

运用多种询问技巧
实施心理教育
确定自动思维模式
对过去的生活进行回顾
利用图式清单
保持个人图式的清单

2. 注意事项

第一，认知行为疗法看上去似乎是万能的、无懈可击的，但事实并非如此，并非所有的问题都需要运用认知行为疗法。

某种程度上，有时间限制的认知行为治疗最适合那些易于治疗的来访者（如身体健康的成人；相对急性的焦虑障碍或没有合并精神病性症状的抑郁障碍；有良好的语言表达能力；既往人际关系良好；有治疗的动机）。一些研究表明，认知行为疗法是否适合有时间限制的认知行为治疗，需要从以下维度来加以确认。

（1）病程和复杂程度。对于一些长期存在的问题，个体可能存在多种问题缠绕不清的情况，其治疗时间通常要求更长，这样的个案应当被排除在认知行为治疗之外。

（2）对于有机会治疗成功的乐观程度。当个体处于极度悲观状况时，对于治疗的要求和安排是难以服从的，既定的计划和要求完成的作业、训练都会受到排斥，进而影响治疗效果。必要时建议其住院治疗。

（3）如果觉察出来访者对于认知行为治疗的热情并不高，不能勉强而为之。对那些准备改变，并对心理社会因素对症状的影响表现出极大兴趣的来访者，可能更容易接受认知行为治疗，并从中受益。

（4）对认知行为基本原理的兼容程度。当来访者对该疗法给予了积极评价以及对完成家庭作业或自助练习具有良好意愿时，治疗效果要更好。

（5）有能力识别自动思维和相应的情绪。通常能进行有效思考、能够运用积极手段解决问题的来访者（比如高文化水平的群体），他们在进行认知行为治疗时呈现的治疗效果才是更好的。

（6）参与治疗联盟的能力。咨询师可以从最初的访谈中获取相关信息来对个体是否具有良好的参与治疗联盟的能力加以判断。

（7）有能力保持和解决焦点问题。在一些学者看来，这主要集中在两个方面：安全操作和聚焦。前者是指当来访者在治疗中遇到心理威胁的时候，来访者运用潜在的干预治疗行为去恢复情绪使自己感到安全，比如：① 来访者尝试在访谈中过度控制谈话的节奏和话题；② 避免情感极其强烈的素材；③ 长篇大论（多方面）的谈话。后者是指来访者在认知行为治疗访谈结构下进行工作的能力以及从会谈开始到结束都能持续保持注意与咨询师讨论与疾病最相关问题的能力。

第二，认知干预处于主要位置，行为技术和其他指导性技术则是实现目标的辅助手段。

认知行为疗法的中心工作在于帮助个体识别自动思维，然后学习矫正功能不良思维的方法，同时引导个体的思维进入一个更为积极的方向。而其中，咨询师通常需要使用大量的认知干预技术，识别心境转换、心理教育、指导性发现、记录思维、想象、角色扮演、苏格拉底式询问引出合理选择、识别认知错误、真实性验证、去灾难化等主要的认知干预手段都会出现在这个中心工作中，行为技术更多地被运用于解决个体呈现出的活动水平降低、焦虑水平过高和回避模式等外化行为问题上，一些指导性技术则被用来搭建良好治疗联盟。有经验的成熟的咨询师在技术运用上面可以做到"有的放矢"，但是新手咨询师可能存在技术运用上的误区，主次混淆，导致治疗效果迟迟达不到预期。

第三，矫正图式和识别自动化思维一样，均是认知行为治疗核心环节的重要组成部分，作用不可替代。

如果说自动化思维是可以觉察的冰山一角，那么图式（或者贝克所提到的规则）则是潜伏在水面下的、不易觉察的更重要的那部分冰山。图式作为核心信念，是人们认知行为过程的模板，包括了对环境信息的筛选、做出决定以及驱动行为的独特模式。压力素质模式指出，不适应的核心信念通常是不显露的，且在正常情况下几乎不存在消极影响，只是在应激事件后，不适应的信念就完全强势地控制了来访者的思维和行为，导致个体出现相应的情绪困扰和心理障碍。需要指出的是，聚焦于矫正不恰当的图式能够发挥两方面的作用：一是减轻个体当前的症状；二是提高个体对应激源的抵抗力，因此矫正不适应的图式在治疗中心工作中也是不容忽视的一环。

三、认知行为治疗中的常见问题和改进建议

在认知行为治疗中，当然也包括运用其他疗法开展治疗时，咨询师都可能会经常遭遇一些问题和挑战，导致治疗进程放缓甚至搁浅。因而需要对这些常见问题加以认识，通过适当的方式给予处理。

1. 引出自动思维的困难和建议

在会谈中，个案对涉及自动思维的重要信息可能表露不深，或者只进行粗略的表述，当然也可能是难以通过语言对自动思维进行准确表达。面对这种情况，咨询师可能会感觉要被迫通过补全故事情节、假定来访者所想和所感来帮助来访者探索故事的细节，这种做法其实是不可取的。咨询师这种主观臆断的猜测和做法有可能导致无法挖掘出真正的自动思维，并且让来访者感觉自己被误解了，造成治疗联盟的破裂。

因此，在会谈中当来访者面对"你现在头脑中正在想什么"这类问题无法给出确切答案时，咨询师可以做以下尝试：

（1）询问他们当有情绪时他们是怎样感受的，是身体的哪部分在感受；

（2）引出对问题情境的详细描述；

（3）要求来访者想象那个令他痛苦的场景；

（4）针对具体情境进行角色扮演；

（5）引出意象；

（6）提供一个与你假设的来访者实际想法相反的想法；

（7）询问这个场景对来访者的意义；

（8）用不同的方式表达问题。

2. 未完成家庭作业者及其建议

不论是认知行为治疗还是行为治疗，来访者未按时完成家庭作业的情况比比皆是。原因可能是多方面的，比如来访者并未做好准备；布置作业过于容易或太具挑战性，导致来访者放弃；来访者自身缺乏足够的精力、动力不足、健忘或者对作业持怀疑态度等。

为避免作业无法按计划完成，咨询师可以做如下努力：

（1）设计家庭作业时要求来访者参与；

（2）提前练习家庭作业；

（3）对上一次布置的家庭作业进行随访；

（4）谨慎使用"家庭作业"这一术语。

3. 过度叙述来访者的应对及建议

在治疗中，不难碰到这类"侃侃而谈、滔滔不绝"的来访者。他们可能会占用大部分时间去描述那些与应激事件有关的细节，甚至一些无关的琐事，这对于识别自动思维、推动治疗进度十分不利。因此，为了避免这种情况的发生，咨询师需要进行以下工作。

第一，使来访者在治疗中"社会化"。在初次会谈时，向来访者解释认知行为疗法的理论和基本要求，强调治疗联盟的重要价值。加深来访者对认知行为治疗的认识，使其主动聚焦于工作重点，避免无关行为的发生。

第二，打断来访者并说出你的不安。来访者在叙述中可能存在逻辑不清、层次混乱、话题跳跃性大的特点，这时咨询师需要坚定地进行阻断，引导来访者回归到焦点问题的探讨。如果发现来访者对集中谈论焦点话题存在困难，那么可以回顾这一话题，并用礼貌的方式打断他，如："如果我打断一下，你会介意吗？你刚才所说的一些内容的确很重要，而且我想要了解更多内容。"

第三，传授来访者概述故事的方法。在会谈中，尝试着向来访者示范怎样通过简洁的语言来高度概括他们所谈论的故事或治疗干预的重点，这对来访者特别重要。它能有效避免来访者因不得要领而始终在琐碎的叙述中原地打转，推动治疗朝着既定目标前进。

4. 行为模式固着来访者的应对及建议

针对来访者的行为问题，有时难以一击即破。特别是这样的行为模式已经持续很长时间，成为一种固化的行为模式的时候，通过短期的行为矫正恐怕难以奏效。咨询师可以进行如下的尝试：

（1）密切留意来访者打破旧习惯时可能存在的问题以及可能干扰新的行为模式养成的因素；

（2）引出并改变那些使来访者拖沓、逃避和无助感的认知；

（3）讨论来访者的当前症状将如何干扰他去改变行为的计划并进行适度调整；

（4）鼓励来访者自我监督；

（5）采用由易到难的方式降低来访者的畏难情绪。

当然，在具体接触来访者当中可能还存在一些其他问题，比如移情、阻抗、沉默等情况，咨询师需要结合会谈中的实际情况进行合理应对。

总体而言，认知行为疗法是一个值得信赖、可操作性强、易见成效的心理治疗体系，同时它还融入了一些管理适应不良的认知与行为的新技术，比如正念、接纳等。这个目前还在不断地成长和壮大中的认知行为治疗体系，对于一些立志于迈入心理咨询领域的初学者而言，属实是一个不错的理想选择。

第八章

人本主义

第一节　以人为中心疗法的起源和发展

以人为中心疗法的基本体系是由罗杰斯（Carl Ransom Rogers，1902—1987）一手发展起来的，但罗杰斯走上心理学的道路并非一帆风顺。在当时，最具影响力的治疗方法是精神分析和行为主义，罗杰斯也不由自主地陷入精神分析和行为主义的治疗方法的斗争中。但这两者之间的冲突，也使得罗杰斯能够考虑各方的优点从而避免受到任意一方的劝诱。

在精神分析方面，罗杰斯受到奥托·兰克（Otto Rank）的影响。奥托·兰克是一名奥地利精神分析学家，他认为精神分析很少注意到个体的"意志"或自主权；同时他还认为，体验到一种与咨询师之间的强烈的、积极的关系，是促进来访者心理成长的主要手段。行为主义范式的科学性、经验性准则为他建立另一个视角奠定了基础。尽管罗杰斯的兴趣在于治疗关系，但他仍赞同行为主义心理学家希望用自然科学准则来理解和形成人类行为的想法。

1902年罗杰斯生于美国伊利诺伊州芝加哥市近郊的一个叫橡树园的地方。家里有五男一女共六个孩子，他排行老四。父亲沃尔特在威斯康星大学受过高等教育，罗杰斯出生时，沃尔特作为一位土木工程师和承包商，生意正红火兴旺。罗杰斯的母亲茱莉亚也在威斯康星大学受过两年高等教育。当时，大学教育还是一件很奢侈的事情。两家的祖上都出过一些名人，对当地社区乃至年轻的美国都做出过不小的贡献。

罗杰斯的父母都是虔诚的宗教信仰者，父母的信仰和对任何情感表露的压抑迫使罗杰斯循规蹈矩，没有任何的个人自由。因此，罗杰斯的童年时代是在孤独中度过的，这迫使他不得不将自己的精力转移到大量的阅读上。罗杰斯四岁的时候就在妈妈和哥哥姐姐的辅导下学习阅读，任何他能搜罗到的书籍都读，包括百科全书和字典。读得最多的是一本圣经故事，翻来覆去读过很多遍。以至到正式上学时，校长在认真测验一番后确定，罗杰斯甚至能流利地阅读四年级的课文。所以一开始就把他放在了二年级的班上。

12岁那年，罗杰斯一家搬到芝加哥以西30英里处的一个大农庄。这样一来，罗杰斯就更难有与别的少年交往的机会了。这种社交隔离情形一直持续到中学毕业。不过在农场生活的机会也使罗杰斯有机会发展对科学的兴趣，这种兴趣多少影响了他后来的学术生涯。父亲沃尔特鼓励罗杰斯几兄弟用科学方法来经营和管理农场，于是几个

男孩们有的得到一群鸡，有的得到几只羊羔和猪……罗杰斯简直成了一个像模像样的农学生，他不仅学到了技术，14 岁的少年把莫里森的一套多卷本巨著《饲养学》细细啃了下来。从这本书里，他明白了什么是科学实验，如何设计实验的种种细节，控制组、实验组以及随机过程等。于是他在 1919 年高中毕业时考取了威斯康星大学农学院，他的志向是用一套最现代化最科学的模式来经营一家农场。1922 年，罗杰斯来到中国北京，并在北京生活了半年之久。"就是在去东方旅行的六个月中，我的思想有了最重要的转变。"回到威斯康星大学后，罗杰斯从农业转向了历史专业。1924 年，罗杰斯从威斯康星大学毕业后进入纽约联合神学院学习，选修了一些心理学课程并产生了浓厚的兴趣，于是，他到与神学院一街之隔的哥伦比亚大学选修了更多的教育学和心理学课程。他逐渐发现，自己被儿童指导工作吸引住了。1926 年，罗杰斯正式转入哥伦比亚大学攻读临床和教育心理学学位，1928 年他在纽约罗彻斯特的社会儿童研究中心防止儿童虐待协会找到一份正式的工作。罗杰斯一边工作一边攻读学位，于 1931 年以关于儿童人格适应的测验为题获得博士学位。罗杰斯在罗彻斯特工作了 12 年，发展出了非指导的或以人为中心的心理治疗方法。

齐姆林和拉斯金（Zimring，Raskin，1992）、博扎思（Bozarth）及其同事们（2002）对罗杰斯的理论发展进行了追溯，最终他们界定出了四个发展阶段。

一、第一阶段（20 世纪 40 年代）：非指导性治疗

在担任俄亥俄州立大学教授期间，罗杰斯（1942）出版了《心理咨询与心理治疗：实践中的新概念》（*Counseling and Psychotherapy: Newer Concepts in Practice*），第一次使非医学的和非精神分析的心理治疗成为现实，将心理治疗和咨询联系在一起。书中描述了非指导性治疗的实践及哲学。在书中，罗杰斯将治疗关系描述为温暖和彼此关怀的；咨询师要关注、倾听和理解来访者每时每刻的体验，而非给出他自己的意见或建议；强调对来访者自身体验的"回应"的过程，咨询师重复或重组（用不同的话来描述）来访者之前的话，以此来深化来访者的个人体验，增强自我认识和自我接纳，从而使个体拥有个人自主。

罗杰斯强调，咨询师需要创造一种接纳性的、非指导性的治疗氛围。这些观点与

当时普遍采用的解释、指导方法相比，是一个激进的转变。在他看来，诊断性的概念和程序是不足的、容易导致偏差且极易被滥用的。非指导性的咨询师不会和来访者过多地分享自己，而是将大部分的注意力放在思考并明晰来访者的言语及非言语信息上，以便能帮助来访者了解并领悟自己的感受。

二、第二阶段（20世纪50年代）：以人为中心疗法

一些心理学家批评非指导性疗法，认为其是一种过于简单的工作方法，是对来访者的"鹦鹉学舌"（Kirschenbaum, 1979）；并指责罗杰斯无法提供详细的关于人格的心理分析及引起心理障碍的原因的分析。于是罗杰斯在1951年出版了《来访者中心治疗》（*Client-Centered Theraph*），以回应那些对他观点的质疑。这本书很好地总结了他的主张，非指导性更多的是指咨询师对来访者的态度，而"回应"之类的技术是实现这一态度的一种可行方式，咨询师的态度比技术更为重要。罗杰斯还描述了以来访者为中心疗法的人格发展理论，这一部分被广泛看作是极具洞察力和极为重要的。同时，罗杰斯吸收了实验科学的准则，为自己的观点提供了全面的心理学证据。在此时期罗杰斯的体系叫"来访者为中心疗法"（Client-Centered Theraph）。

这个阶段，以人为中心理论的焦点从明晰来访者的感受转换到了聚焦来访者的现象学世界上。罗杰斯的假设是：要了解人们的行为，最好的途径就是从来访者内心的参照系入手。他更加明确地认识到了来访者改变的首要动机是来访者的自我实现倾向。

三、第三阶段（20世纪50年代末到70年代）：治疗过程的充要条件

1963年，罗杰斯发表了他最成功的和最具影响力的书——《个人形成论》（*On Becoming a Person*），其中谈及了人们"成为真实的自己"的本性。在书中，他描述了"成为自我的经验"，其特点为：经验的开放性、信赖自己的经验、内控的评估倾向以及愿意努力进步。这本书还详细介绍了以来访者为中心的准则在生活各个领域中的应用。这本书产生了巨大的、积极的反响，让罗杰斯成为一个家喻户晓的名字。

在这一阶段，罗杰斯及其同事们继续对以人为中心疗法的治疗过程及结果进行了广泛的研究。罗杰斯感兴趣的是来访者如何能在心理治疗过程中获得最佳的帮助，他还研究了来访者—咨询师的关系对引发来访者人格改变的作用。根据这些研究成果，罗杰斯（1961）对以人为中心的疗法进行了进一步的拓展和精进。例如，他将以人为中心的哲学运用到了教育领域，即以学生为中心的教学（罗杰斯，1994）。该疗法同样也运用到了会心团体中（罗杰斯，1970）。

四、第四个阶段（从20世纪80年代到90年代）：以人为中心广泛发展

这一阶段，罗杰斯的以人为中心疗法已经拓展到了教育、工业、团体治疗、冲突解决以及促进世界和平等领域。罗杰斯的影响日益扩大，而其名称也从"以来访者为

中心疗法"转变为"以人为中心疗法"。

博扎思（Bozarth）和其同事们（2002）对过去 60 年中以人为中心疗法的研究进行了全面的梳理，他们得出以下结论。

✿　在理论发展的早期，来访者的作用就高于咨询师。这种非指导性的治疗与个体的理解水平的提升、自我探索的深入以及自我概念的改进息息相关。

✿　之后，该理论的焦点从明晰来访者的感受转换到了来访者的参照系统上。罗杰斯的很多观点在此阶段都得到了证实，而且，越来越多的证据证实了治疗关系的价值以及来访者在决定治疗效果方面的作用。

✿　随着以人为中心疗法的进一步发展，越来越多的研究开始把注意力放在了成功治疗所需的充分和必要条件上。咨询师的态度——对来访者世界的共情式理解以及能够以不带判断的姿态去与来访者沟通的能力，被认为是积极治疗效果的根源所在。

第二节　以人为中心的基本理论

一、自我实现倾向

罗杰斯的人格理论中最重要的基础是，每个人在成长发展过程中都有一种固有的生物倾向。这种倾向被视为一种单独的基本动力，驱使人们找到自己独一无二的潜力。罗杰斯将这种基本动力称为自我实现倾向（self-actualizing tendency），一种"内在于有机体的固有倾向，其目的是为有机体的生存或提升而发展各种能力"（罗杰斯，1959）。这个定义意味着人们会自然地朝向分化、成长、整合、自主和自我约束以及高效能去发展。

自我实现倾向是一个基于生物性的主要动机，罗杰斯把这种趋向自我实现的力量比拟成自然法则。他注意到植物和动物的成长都不需要有意识地去努力，只需要提供让他们成长的最佳条件就够了。同样，他相信人具有内在的能力来实现他们的潜能。而且罗杰斯相信，由于这种先天的潜能，人们能够承受困境，并从困境中恢复。

以人为中心的咨询师对自我实现倾向的信任，使咨询师对来访者所具备的资源与解决自己问题的能力保持信任与乐观。如果通向健康之路对来访者而言是敞开的，那么他们能够、将会而且必然朝向健康。

一些并不理解这一概念的批评者认为，罗杰斯过分乐观地看待人类本性。然而，这一概念实际上并没有与道德意义上的"积极"或"消极"相联系，它仅仅只是一种指向持续发展的力量。可能人们发展出来的行为既不是道德的，也不是优化的。

14 岁以前，奈杰尔一直在身体和精神上受父亲的虐待。他的父亲几乎每个星期都会因为一些小事而将他绑起来痛打一顿。稍有不从父亲就会拿出皮带揍他一顿。伤害不仅仅只是生理上的，奈杰尔在学校表现好的时候也会受到滔滔不绝的辱骂。奈杰尔作为一个人只有"苟且偷生"才能活下来。如今，22 岁的他掌管着一家由 40 人组成的毒品交易组织。他高度控制着自己的组织与员工，有时公然残酷地向员工施加自己的权威。他在帮派争斗中获得了最高权力，这种权力部分是通过暴力而得，但最重要的一个原因是他很聪明。

奈杰尔在扭曲的环境中尽量使自己发展得最好，他运用自己的才智来寻求自我表现和发展。但我们不会认为奈杰尔的发展代表了任何"积极的"东西。实现倾向并不是从社会价值观的角度而言的，它只是从以下意义而言：它将促使个体尽最大努力去生存、发展和提高。

二、有关自我概念的理论

罗杰斯和其所倡导的以人为中心的理论认为，有必要将自我和自我概念区别开来。在这里自我（self）用通俗的方式讲，就是一个人真实的自我；而自我概念（self-concept）则是一个人对他自己的知觉和认识。

（一）自我概念

自我或自我概念代表了人们把他们自己看作是谁（例如"我是一个快乐、随和的人"）。自我在一段时间内相对一致，但自我也会受到外界的影响，随着新的体验的发生，人们可能会改变对自己的看法。

在罗杰斯看来，自我不等于自我意识，而是自我知觉（或意识）与自我评价的统一体。它主要包括：

（1）个人对自己的知觉及与之相关的评价。例如："我是个坏男孩。""男孩"是知觉认识，"坏"是评价。

（2）个人对自己与他人关系的知觉和评价。例如："人们都不喜欢我。"（知觉）潜隐的评价可能是"我不好"，"这很令人伤心"，等等。

（3）个人对自己与环境关系的知觉和评价。例如："这个公司能让我发挥自己的才干。"

以下这个例子表现了个体的不良自我概念。这种自我概念不断发展，就会暗中破坏个体当前的或者任何试图去做的事情，使其有一种无价值感和命中注定会被拒绝和失望的感觉。

来访者：我不记得父母曾经为任何事情称赞过我，他们总是挑剔不满。我的母亲总是不满意我的邋遢，说我对任何事都不动脑子。我的父亲总说我笨，当我在中学考试中得了六个A时，他说我通常在冷门学科中干得不错。

咨询师：似乎无论你多么努力，多么成功，在他们眼中你总一无是处。

来访者：我的朋友们也这样对待我。他们总是取笑我的样子，说我是一个长满粉刺的书呆子。我只想躲在角落里不引起任何人的注意。

咨询师：你觉得自己很糟糕，甚至想变成隐形的。

来访者：不仅仅是过去，现在也一样。我的丈夫从来不认可我做的任何事，而且现在我的女儿说她把朋友带回家会感到丢脸，因为我让他们不高兴。所有人都认为我一无是处。如果我消失的话，也许会更好。

以上例子中的来访者生活中充满了"审判者"，那些过去以及现在的审判"专家"造成了如此强大的破坏，她因为自己无法达到他人（如父母、老师、同事和所谓朋友）的期望而感到绝望，并且毫无自尊感和个人价值感。

以人为中心的心理咨询师会尽量避免去扮演这样的"专家"角色。咨询师相信来访者能找到自己前进的道路，他们和来访者建立一种关系，在这种关系中，咨询师尝试使来访者能够感到安全，并开始接纳自我。

（二）价值的条件化

在成长的过程中，儿童对重要他人（通常是父母）的爱的需要甚至超过了自我实现的需要，不幸的是，这些需要的满足取决于重要他人。大多数父母总是根据儿童的"表现"，即儿童的行为是否符合父母的要求来决定是否给予儿童关怀、爱、尊重等。换句话说，父母的爱是有条件的，这些条件体现着父母和社会的价值观。罗杰斯称这种条件为价值的条件化（conditions of worth），即个体会根据他人会不会接纳或关注他，来从事或避免某种行为。儿童反复地从自己的行为后果中体验这些价值的条件化，最终"理解了"什么是好的行为，什么是不好的行为；懂了怎样想、怎样做是好孩子，怎样想、怎样做是坏孩子（实际上这是父母或社会的标准）。逐渐地，儿童会把这些价值观内化，将它们变成自我结构的一部分。当这种内化了的价值观和行为标准形成后，儿童的行为不再受有机体的评价过程的指导，而是受内化了的社会价值规范的指导。或者说，儿童被迫放弃了有机体的评价过程，而依据自我中内化了的社会价值规范去评价。有机体的评价过程，这种过程可以真实地反映实现的倾向；而价值的条件化过程，评价不是建立在个体自身的有机体的评价过程之上的，而是建立在他人的评价之上。

人作为社会性的存在，往往很重视其他人如何看待自己，重视其他人是否喜欢或赞成他们，期望赢得他人的赞赏及其带来的好处，并避免被重要他人抛弃。但对有的人来说，他人的积极认可是如此重要，以至于个体忽视了自己的成长和幸福。他们努力去做那些会得到认可的事情，同时小心翼翼地避免或者压制那些会带来否定评判的想法、感受和行为。他们的价值感有条件地建立在赢得认可并避免否定的基础之上，而这意味着其行为受到了严格限制，因为他们只能遵照他人一定会接受的方式来做出一定的行为。他们是他人强加于其身上的价值条件的受害者。在内心深处，他们知道他们不是在做自己。有时候他们会感到自己像个骗子。然而，这种被喜欢、被接纳的需求是如此强烈，以至于危害到一个人的价值、完整性和自我。因为遭到反对或抛弃的风险可能确实存在，所以，成为真正的自我确实需要勇气。

来访者：刚开始时一切都很好。我知道他欣赏我机智的谈吐和穿着打扮。他也喜欢我向他示爱的方式。当他进来时，我总会与他聊天，并且确信自己神采奕奕，即使我在办公室里已经忙碌了一整天。

咨询师：你知道怎样赢得他的认同，而且你为此感到高兴。

来访者：是的，但是当我怀孕以后一切都变了。我希望能谈谈宝宝的事情，但他似乎不感兴趣。显然他不喜欢我体形上的变化，而且我也很累，没有那么多精力去迎合他。他变得越来越喜怒无常，而我也感到越来越抑郁。

咨询师：你不再被他或者你自己所接受了。

孩子尤其容易受到其父母或其他重要他人所传达的价值条件的影响，认为只有当自己满足父母的要求时，才会被爱。举例来说，父母可能会给孩子传达这样的信息："你要做个好孩子我才爱你""你必须足够聪明才能赢得我的爱"。由于父母（通过言语或行为）向孩子传达了只有当他们满足了父母强加的标准时他们才能被爱、被接纳，孩子们也"学会了"他们必须按照这种方式行动才能获得父母的爱。

一个有很多价值条件的人不能对自己的经验保持开放、接受自己的感受、活在当下、自由地作出决定、拥有信任、同时拥有敌对和喜爱的感受、拥有创造力。他们的自我感受是矛盾的。相反，一旦本真地生活且成为真正的自己，随时随地会带来满足感。尽管这可能会带来与他人的冲突，却使人获得整合感，就像罗杰斯所说的："活着是要冒险的。"

随着个体的成长，他人的价值条件被内化为自己的价值条件。人们将一些行为反思为好的，而另一些行为则被反思为不好的。最终价值条件会被整合进自我概念。

当一位父亲看到儿子没有将碟子里的食物吃光时，会表现出不满；当儿子把食物吃光时，会表现出满意。儿子从父亲那里体验到价值条件，并且学习到，吃光食物是好的，浪费是不好的。久而久之，这个孩子可能就会有这样的自我概念：我是一个节俭的好孩子。

（三）机体评价过程

机体评价过程（organismic valuing process）是指人们有一个内在的、值得信赖的评价机制，依据自身的感受（某种体验是否使人幸福、是否能促进潜能发展）来评价这种体验，引导个体的行为。对以人为中心的咨询师来说，机体评价过程代表了真实或真正的自我（Van Kalmathout，1998）。

1. 机体评价机制与实现趋向有关

那些同实现趋向一致的体验是令人满足的，因此使得个体倾向于接近和保持；那些同实现趋向相矛盾的体验是令人不快的，因此引起个体的回避反应。

2. 机体评价过程是每个人生而具有的内在导向

婴儿能根据自己的感受去评价每一个经验。比如，如果一个经验（例如被拥抱）能增强机体，婴儿就会感觉舒适且满足，并以笑来表达。然而，如果一些经验（例如受凉或者饥饿）不能增强机体，婴儿就会有不好的、不舒服的感觉，并会因此而大哭。

如果一个人在童年时期生活在充满关爱和支持的环境里，能够获得必要的强化来保证实现倾向的发展，那么他就能够相信自己的想法和感觉，并有能力根据自身的感受和愿望而作出决定。用罗杰斯的话说，其机体评价过程将会有条不紊地发展，并使他能够愉快地度过一生。

相反，若一个人在缺少支持性关系的环境里成长，对积极关注的需要过于强烈（价值条件），以至于满足它的渴望超过了实现倾向的发展，就会造成个体的"不一致"，导致内心的混乱，甚至是心理障碍。

三、无条件积极关注

当人们知觉到他们的自我体验中的某些方面（如情感、信念）或行为对其他人有影响，或者受到他人的重视，就会体验到积极关注（positive regard）。在这种状态下，人们就会感到温暖、受欢迎、受尊重和被他人接纳。罗杰斯（1959）把人们对积极关注的需要看作是一种基本需要，对于一个人的健康非常重要。当我们知觉到自己可以被他人不附带任何条件地接纳，我们体验到的就是无条件积极关注（unconditional positive regard）。

人们有获得无条件积极关注的需要，需要被接纳、被尊重，需要温暖和无条件的爱；这种爱是因为他们本人，而不是因为他们做了什么。在成长过程中，当儿童感到被他人（通常指父母）珍视、接纳、理解时，他们开始体验自爱和自我接纳，并形成良好的自我感受，伴随很少的内部心理冲突。一个能感觉到自己有价值的孩子，能够专注于自身的机体评价过程，依据自身的内在体验而做出适宜的选择。

若一个人在成长过程中，缺乏支持性关系，那么他对来自重要他人积极关注的需要可能会变得非常强烈，其强度超过了机体评价过程，这样就可能形成价值条件。

四、不一致是心理障碍的基础

价值条件取代机体评价过程，使得一个人的自我概念和体验之间产生不和谐的情况，被罗杰斯称为不一致（incongruency）。此时人们难以协调自己的思想、感觉、行为以及看待自己的方式。当一个人处于不一致状态，就很容易体验到焦虑、威胁、混乱，并对自我感到困惑。这样，这个人可能会对自己是谁感到不确定或不安全，体验到不舒适以及被模糊的关系困扰。

相对应的，一致性（congruency）代表了个体的理想状态，一个人的自我概念与体验，包括其思想、感觉和行为是和谐的，也即这个人是整合的、完整的或本真的。罗杰斯认为，一致性是心理健康的首要品质。

一个母亲可能传递给一个小女孩这样的信息：她对弟弟的讨厌是不被接受的。这个女孩可能觉得为了得到母亲的爱，她必须做一个好女孩，所以，她可能会否认自己对弟弟的这种讨厌。因此，她学到的是"她的感受是不被接纳的"，而不是"她可以讨厌弟弟，但不能伤害他"。当厌恶的感受被唤起时，女孩无法对其识别，只能一味地压抑这些感受。这样一来，她失去了与自身内在体验的联系。

母亲的价值条件"你应该做一个好姐姐，你应该喜欢弟弟"，被女孩内化为自己的自我概念"我是一个好女孩"。但这与女孩的机体评价过程或者说自己真正的体验是矛盾的——我不喜欢弟弟。

孩子把父母的价值条件内化，将它们变成自我概念的一部分。当这种内化了的价值观念和行为标准形成以后，儿童人格发展中的一个重大事件——罗杰斯常把它看成一个可悲的事件——就发生了：儿童的行为不再受机体评价过程的指导，而是受内化了的社会价值规范的指导。或者更准确一点地说：儿童被迫逐渐放弃机体评价过程，而依据自我中内化了的社会价值规范去评价经验。

不一致会致使个体与其机体评价过程逐渐疏远，并形成与个体天性禀赋和智慧发展相脱离的自我概念。机体评价过程将不再会以任何有意义的方式为个体提供知识或指导。他会犹豫不决，或者很难明白自身的想法和感受。他会依赖于外界权威的指导或者孤注一掷地试图取悦任何人，而这常常会导致无法预测的、反复无常的和前后不一的行为。

事实上，几乎一切人都会体验到不一致，因为童年时的某些价值条件是难以避免的。不一致程度较轻的人，相对来说对经验较为开放，否认、曲解经验的比重较小，客观、准确地知觉经验的比重较大。通过防御过程，他们能够成功地掩盖不一致，以此降低或消除焦虑，从而避免使自我结构受到真正的威胁，从而使得自我的价值条件也得到维护。

当不一致很严重时，罗杰斯称之为心理适应不良（psychological maladjustment），防御手段可能失效，个体不能再成功地歪曲或否认经验和体验。在这种情况下，自我和经验的对立非常明显，但是个体又无法使之协调，完全失去控制局面的能力；而又因为防御的失败，致使个体不得不面对这些他力图否认的经验，这个时候个体的整个自我概念就会崩塌。总之，当一个人意识到"我是怎样"，同时又认为"我不该这样"的时候，内部的紊乱就不可避免。不同程度的心理障碍就会出现，如焦虑、抑郁、低自尊、适应不良等。

五、防　御

罗杰斯（1957）认为，当真实的经验和自我概念之间不一致时，个体就会感觉到威胁。例如，一个人总是做出一副愉快、高兴的样子，而他真实的感受却是愤怒和抑郁。当一个人觉察到这种威胁时，他会表现出焦虑，而个体一旦感觉到焦虑，就会唤起防御。防御过程可以减少体验和自我认知之间的不一致，从而减轻焦虑。防御有两种不同的方式。

（一）知觉的歪曲

即一个人通过替换或曲解自己真实的经验，使它与自我概念相协调。通过歪曲知觉经验，来访者避免去处理那些不愉快的感受和问题，从而来维持自身的观念。比如，一个男人可能认为自己的体重处在平均水平，即使他已经超重很多以至于连椅子都快坐不下了。他可能会对自己说："我吃得并不比别人多。"再如，一个感觉自己没有价值的人在工作中得到了晋升，她可能会曲解自己升职的原因，以便与她消极的自我觉察相一致。她可能会告诉自己，她获得提升的唯一原因就是"老板不得不这样做"或者"没有其他人想要这份职务"。

（二）否认

包括忽视或抨击现实。在这种情况下，人们拒绝承认他们的经验，因为这些经验与他们的自我概念不相符。通过否认经验，来访者回避了焦虑。比如，一位女士在工作中受到不公平的对待，她可能会否认自己对老板的愤怒，因为她内化了父母的信念——愤怒是不好的，并且一旦她表达了愤怒，就会失去爱。她不允许自己体验愤怒，而是认为自己在工作中不够努力或者不够聪明。再如一个自认为很有才华的人去参加一场才艺表演，他可能从裁判那里得到反馈说他才华有限。这时他就被抛进一种受威胁的状态。他可能通过否认（裁判不公平或者没有看到他的真正才华），来维持自我概念的完整。

一定水平的防御对于应对问题是十分必要的。但是，过度的使用防御会导致自我至少付出以下三方面的代价：

1. 主观现实（一个人允许自身体验的事物）会与外部现实（外在的世界）变得不一致

在某种程度上，当一个人无法再去歪曲和否认自己的经验时，威胁和焦虑将会变得势不可挡，自我也会发生解体。比如说，一个孩子可能努力维持一种父母关系很好的错觉，尽管他们每晚都要打架。然而，当他的母亲在没有任何预兆的情况下离开，这个男孩可能因为无法承受这种丧失而不去上学，也不再跟其他人交谈。再如，一个人可能会将自己不想接受的那一部分进行隔离并将它们排除在意识之外（例如否认自己曾遭受过性虐待）。

2. 个体可能会发展出僵化的认知

比如，一位女士可能执拗地相信一个治疗癌症的方法，却不去关注任何能够证明这种方法无效的证据，从而导致她一直得不到有效的方法来治疗她的癌症。

3. 真实自我可能与理想自我不一致

这意味着个人在现实中的样子与自身希望的样子之间有差别。一位女士，可能只有中等智力，但她感觉自己需要更聪明点（特别是当她内化了父母认为她必须足够聪明的价值条件时）。如果现实和理想的差异太大，个体就会感受到不满并产生心理失调（如抑郁、焦虑）。

六、充分发挥机能的人

以人为中心的人格理论不仅是对心理障碍和人格不健全的描述，还包括对个人的潜能及其实现的描述，即充分发挥机能的人的理论。罗杰斯下定决心回避人类机能的亏损模型，而是发展一种基于建设性成长和改变的潜能的实践方法。罗杰斯（1961）认为充分发挥机能的人，有三个主要因素。

（一）坦诚对待自己的体验

充分发挥机能的人是完全一致的，因此他总是在有意识的情况下直接与自己所有的自然体验相接触。在这样的情况下没有必要建立任何心理防御机制，而且个体拥有自己所有的个人体验，无论是痛苦的、焦虑的还是其他的体验。其中不可或缺的部分是，充分发挥机能的人对自己总是无条件积极关注的，因此无须在体验和行为上去尝试适应任何一种价值条件。而其结果就是对自己所有的体验，无论积极的还是消极的，都完全坦诚。

（二）生活在现实之中

充分发挥机能的人不需要任何心理防御机制，他可以享受生活中的任何时刻，完全地关注此时此刻，而不是努力去使自己的行为和体验与特定自我概念或人生观相适应。活在当下，而不是思考过去、担忧未来，这些被视为是一种流动的变化的自我体验。

（三）相信自己的机体体验

充分发挥机能的人的第三个特征是他完全信任自己的机体体验，并将其作为一种依据来决定行为或行动，而不是寻找外部信息来对行为进行指导。罗杰斯认为，这种能力是知道在特定环境下如何做才是正确的，相信自己的内在反应，从而找到行动的最佳方式。

罗杰斯在描述充分发挥机能的人的特征以及他们对美好生活的愿景时，强调的是体验的过程，而不是一系列固定的特征或行为。罗杰斯认为人的功能的最佳状态是对体验和流动的开放性，而不是用特定方式表达自己的感受或行为。因此，充分发挥机能的人并不总是开心的，也不是永远不会悲伤或者愤怒，而是完全坦诚地面对每时每刻的体验。

第三节　治疗过程

一、基本思想

罗杰斯（1959）在人格理论中假定机体体验和自我概念之间的不一致是导致所有心理困扰的主要原因。根据这个观点，不一致的减少则意味着更健康的心理状态。个体要克服这种自我和经验之间的分离、僵化和差异，就必须对歪曲和否认的经验有所觉察。换言之，个体要允许体验的发生并且能够准确地觉察。罗杰斯指出，为了进行再整合，个体需要减少价值条件，并通过从他人那里获得无条件的积极关注来增加积极的自我评价。当一个人本真的一面得到他人的接纳时，价值条件就会失去意义，无法再指导行为。最终，个体重新启动机体评价过程，开始相信内部自我，对经验和感受也变得更加开放。

如果自我仅仅是感受到弱的威胁，而且自我和真实经验之间的差别也不大，在这种情况下，个体可以在没有来自他人的无条件积极关注的情况下实现重新整合。但这很难做到。通常，个体年复一年地按照强加在他们身上的价值条件去反应，变得越来越具防御性。防御机制一旦发展起来就很难再丢掉。因为，人总是担忧会再次受伤。实际上，儿童运用防御机制来应对、适应环境，但恐惧和习惯使得防御一旦形成便很难消除，即便已经不再需要这些防御了。

罗杰斯认为，可以通过"助人关系"帮助个体战胜他们的防御，重新信任他们的机体评价过程。人们能够从生活中支持他们的人那里获得这种关系（例如朋友、亲人、神父或牧师）。在咨询中，这种助人关系体现为"咨询关系"。

罗杰斯非常强调咨询关系在治疗实践中的重大意义。罗杰斯认为"关系"本身就能够促进来访者的成长："我将自己投入到治疗关系中，怀着一种假设或者一种信念，那就是我的热情、我的信心以及我对他人内心世界的理解，都将导致有意义过程的发生。"

持罗杰斯理论的咨询师相信大多数来访者能够在被倾听、被理解和被接纳中获益。这种关系的力量具有极高的治疗性和建设性。在咨询关系中，咨询师试图进入来访者的主观世界，并理解来访者的内在参考框架。咨询师同样努力给来访者提供一种不附带任何价值条件的被接纳和被关心的体验。在某种意义上，心理咨询师试图提供不同的土壤和不同的氛围，使来访者能够从过去的剥夺和虐待中恢复过来，并作为独特个体或真实自我而快速发展起来。

随着治疗的展开，来访者经常把咨询师的共情、接纳和一致的态度加以内化。他们学习到如何更敏感地倾听他们自己，增强自我觉察和自我理解。随着他们将咨询师的观点融合于自身，他们逐渐开始变得更少地批判、更多地自我接纳。随着他们更为清楚地认识自己，鼓起勇气使人们了解他们，表达他们以前往往压抑的思想和感受，他们学会了如何更为真诚一致。同样重要的是，他们变得更能共情、更为接纳和一致，因此使他人以更有意义、更令人满意的方式来对待他们。

我们把以人为中心疗法的基本思路归纳如下：

（1）个体天生就有一种实现取向。在个体的自我开始形成以后，这一实现取向主要表现为自我实现趋向。

（2）有机体的评价过程总是与实现趋向一致。信任有机体的评价过程，依赖它的指导，就能发展出一种健康的自我概念，就会最大限度地减少对真实经验的歪曲和否认，从而促进自我实现。

（3）由于在发展过程中个体或多或少地摄入、内化了外在的价值观，自我中的这一部分越来越多地支配着个体对经验的加工和评价。

（4）当经验中存在着与这部分自我不一致的成分时，个体会预感到自我受到威胁，因而产生焦虑。而自我发展较好，无效的、有害的自我概念较少的个体，能够较为开放地对待任何经验，因而不太可能感到威胁和焦虑。

（5）预感到经验和自我不一致的个体，会运用防御过程（歪曲、否认、选择性知觉等）来对经验进行加工，使之在意识水平上达到与自我一致。如果防御成功，个体也不会出现明显的适应障碍。

（6）如果某个经验特别重大，或者由于别的原因，个体无法通过防御过程使之与自我概念协调，而受到威胁的这个自我概念又在自我中具有重要地位，个体就会出现心理适应障碍。即个体面对内在矛盾束手无策、无能为力，自我不能再发挥其机能。

（7）心理适应问题的根源在于个体自我中那些无效的、与其本性不一致的自我概念。

二、改变发生的充分必要条件

罗杰斯（1957）认为，如果咨询关系能满足以下条件，那么必定会使来访者产生心理上的改变。

（1）两者处于心理接触之中。

（2）来访者处于一种不一致的、不情愿且焦虑的状态之中。

（3）咨询师在此关系中是一致（真诚）或整合的。

（4）咨询师对来访者表示无条件积极关注。

（5）咨询师需要共情来访者。

（6）来访者需要体验到咨询师的真诚、无条件积极关注和共情。

不管到底采用的是哪种流派的心理治疗方法，精神分析或者行为主义，只要维持相同质量的咨询关系，最终的疗效都是一样的。

条件（3）（4）（5）即所谓的"咨询师条件"（Barrett-Lennard，1998），通常被称为核心条件。这些核心条件或者说助长态度（真诚、无条件积极关注、共情）对咨询师来说，是最有用的部分。罗杰斯（1951）认为，助人技术固然重要，但助长态度是助人技术的基础。缺乏助长态度的助人技术不但没有帮助，还可能是有害的。核心条件说起来并不难，但对心理咨询师而言，要想发展并保持这种态度需要毕生的努力和一种承诺，这种承诺不仅是对心理咨询师的职业活动，而且对其整个人生都有着深远的影响。这听上去似乎没什么，但其意义却令人敬畏。

（一）共情

1. 共情是什么

罗杰斯（1980）是这样来描述共情的：共情（empathy）意味着进入另一个人的私人世界并且完全地沉浸其中。时时保持着敏感，跟随着这个人，感受其情感变化的意义，感受他所感受到的一切：恐惧、愤怒、温柔和困惑以及其他任何他所体验到的东西。这意味着一个人暂时地进入了另一个人的世界，缓缓移动并不作任何评价。

共情是一种复杂的现象，它包括态度、价值、技巧和行为。它是一种态度，咨询师具有想要倾听并理解来访者的愿望。它是一种价值或者理想，把人看作是值得去了解、值得被倾听的，而且这种了解和倾听都是不带偏见和评判的。共情是一项复杂的技巧，它需要集中注意力与精力，需要对他人的经验世界进行解码，同时需要用清晰、精确的语言将此经验进行编码。它是一种关系性的技巧，咨询师需要和来访者在一起，敏感地倾听并且不带有批判性。在很大程度上，共情是有效地运用一个人的想象力，通过想象另一个人的生活经历而与他沟通，了解他的生活世界，并且清楚地表达出来。有时，它是一种让人运用直觉对他人获得一种"感觉"或"感受"的技巧。共情需要方法，即聚焦于来访者并且尽量少地使用没有成效的方式来对来访者做出回应。共情是一种行为，是一种积极的反应，是帮助一个人理解另一个人的沟通行为。

共情是一个过程。共情不是咨询师对来访者作出的单个反应或者是一系列反应，它是一个与来访者同甘共苦的过程。在以人为中心的心理咨询中，共情不仅只是发生在一些重要时刻，而是出现在大部分时间里。自从该关系开始的那一刻起，心理咨询师就在尝试走进来访者的参考架构，并陪伴他漫步于自身世界中。

对一名失望教师比尔的共情

比尔：我想我应该知道把它仅仅"当成一份工作"来做不会那么容易；我是说……我本来以为只要自己"不那么投入"就能够拯救自己。

咨询师：但是你发现这并不能"拯救"自己——情况还是很糟或者更糟糕了？

比尔：是的，更糟糕了。我以前不相信事情会更糟糕。我本来以为没有什么会比发现自己对孩子们尖叫、有时关上门一个人哭更糟糕的了……至少那时我还活着。

咨询师：而你现在不是了。

比尔：我现在只是行尸走肉……实际上有时我连行尸走肉都不如。

咨询师：……有时候你甚至连行尸走肉都不如。

比尔：是的——现在我常常不想去（学校）——我一想到要去就几乎要吐——可能我得了学校恐惧症——想想看！……教师得了学校恐惧症！真可笑（笑声)!

咨询师：听起来你并不感到这很可笑。

比尔：（停顿……开始哭泣）。

咨询师：（温和地把手放在他的肩膀上，一言不发）。

共情的感觉常常像是与来访者同乘一辆火车或过山车，不论前途多么崎岖，心理咨询师都参与并陪伴在来访者的旅途中。有时路途平坦，有时停停走走，前无道路，步入僵局，疑惑迷茫。这些旅行有着同样的即时性与紧张性，不论是在游戏室里面对一个六岁孩子，还是在监护病房里面对一个精神分裂症患者，或是在学校咨询室里面对一个无法决定是否离开大学的学生。

共情有别于同情。同情指的是咨询师可怜来访者，将自己置于一个高高在上而不是平等的位置上来与来访者互动。共情也不同于情绪感染，比如咨询师感受到了和来访者一样的感受（例如变得和来访者一样抑郁）而无法保持客观。在共情中，咨询师对来访者的感觉感同身受，但同时，并不迷失在来访者的参考框架里。咨询师以强烈而富有感情的方式对待来访者，又使自己不受控于那些感受，随时可以从中抽离出来。

另一个与共情相似的概念是怜悯（compassion），指的是对来访者的遭遇产生共鸣（Vivino Thompson，Hill，Ladany，2009）。或许，罗杰斯将怜悯视作共情的部分，但是对于咨询师而言，要切记，怜悯是有别于共情的。因为共情需要咨询师对来访者的经历有更深层的理解。

2. 共情的作用

范艾尔施特（Vanerschot，1993）将一些零散的研究汇聚起来，提出一个框架来理解共情是如何对来访者产生作用的。

首先，咨询师营造出共情氛围，通过让来访者体验到自己被他人理解和接受，促使他形成自我接纳和信任。这也就弥补了他所缺少的积极自我关注。

其次，咨询师具体的共情回应有助于加强和促进来访者的体验，帮助他进一步感受自身的机体体验（Brodley，1996）。这与罗杰斯的看法一致。例如，一个女人可能意识到了内心潜在的对丈夫的愤怒，而她以前否认了这种愤怒并将其感觉为"烦恼"。而这种体验直到被指出来才会被处理或认可。这促使了个体将这些新感受到的体验与他对自己的看法（他的自我概念）整合在一起，从而舒缓了由于自我和机体体验不一致而产生的紧张或焦虑，以促进心理的改变。

最后，对来访者的所有共情回应都具有认知上的作用，有帮助来访者重新组织其体验的意义。共情回应帮助来访者集中注意力于其特定体验，从而重忆起与体验相关的信息，或者以更细化和详尽的方式来组织信息的产物，即共情回应可以促进认知重组和重建。

（二）无条件积极关注

1. 无条件积极关注是什么

无条件积极关注和诸如接纳、温暖、尊重此类词语经常被替换使用。简单而言是指对来访者提供一种连续的接纳、非指导和尊重的态度及体验（Lietaer，1984）。布雷热（Braier，1993）则认为，对无条件积极关注最好的理解是把其视为非占有式的"爱"的一种形式，在任何时刻都对来访者热心接受，不评判、不命令，也不忽视。因此，"无条件"这一术语用来指明这一特性——来访者不需要做任何事来使自己被以积极关注的方式看待。

无条件积极关注并不是对来访者的"友善"。"友善"是一种社会化的面具，其目的在于掩盖我们的真实情感，并避免他人评价我们"不友善"。而无条件积极关注是在不对来访者提出要求的同时，深深地尊重他。

下面是以人为中心的心理咨询师对来访者所说的三句话，很多人会认为这些话是"不友善的"。然而，在说出它们时的特定关系中，每句话都是对来访者的极大尊重。

约翰确实很油滑——当我们的关系刚有一点儿进展时，他感到害怕而退却了。但他采用了一种圆滑的方式，因为他通常可以让对方变得沮丧、愤怒，以使对方主动离开他。我也同样被他弄得沮丧、愤怒，但我并没有离开。当我对他说："我觉得你想让我滚开""我觉得你又抛弃了我""所以——是不是——你希望我卷铺盖走人？"时，我是在表达自己对他的积极关注，并且是无条件的。他知道我不是在对他说："不要这么做！"我说的是："约翰，我知道你不得不这么做——而这是另一个人对你的感觉。"我对他说的是："你对我很重要""你和我的关系对我很重要""我将努力维护我们的关系""是的，你可以拒绝和退却——我接受你的行为——我理解你的行为——并且我知道你也知道我理解你的行为""虽然我接受你的行为但我并不会这么做——我并不会因为你需要退却就减少我的付出"。

我愤怒地说："我觉得你想让我滚开。"而它初步地、简短地表达了所有这一切。也许，至少约翰内心的一部分会知道它意味着所有这些，如果他不知道，我会告诉他。

隐藏在这些话语之后的咨询师的目的在于：为了和来访者交流，在来访者的惯常交流模式更深层的水平上去了解他，而该来访者通常与他人保持距离；向来访者表明，咨询师真的很关心他，真心希望他们共同努力，而对于该来访者而言，要认识到这一点很难。

2. 为什么需要无条件积极关注

一个人按照其本来面目被接纳和尊重，可能是一个普遍的需要或诉求。马斯洛（Maslow，1987）把"爱与归属"看作基本的需要，如果没有被满足，将导致孤独、疏离、自暴自弃以及对自我价值的怀疑。对孩子们而言，没有什么比父母的不赞同、拒绝或责骂更令其感到伤害或痛苦的了。阿德勒（Adler）很早就提出，对儿童（以及成人）而言，归属感和在他们的家庭或社群中找到价值有多么重要。我们本质上都是社会性的存在，我们的幸福所倚，很大程度上与那些与我们在情感上有联结、令我们感到安全和爱的人们有关，至少与那些我们生命中的重要人物有关。

无条件积极关注有利于治疗的开展。大多数前来治疗的来访者是低自尊的、自我怀疑，有羞耻感、有不安全感，咨询师真诚的接纳为他们提供了一个安全与舒适感的场所，降低了威胁、防御以及来访者的自我保护。这样，可以使来访者对自己的体验更加开放，更加投入于治疗，揭露自己有问题的、不那么吸引人的部分。

无条件积极关注有利于去除价值条件。那些在价值条件下成长起来的来访者早已认识到，只有自己的行为符合了他人的期望，自己才会被重视。心理咨询师对来访者的无条件关注直接打破了这种条件价值：无论来访者是否符合"条件"，心理咨询师都对其给予重视。这样就打破了迎合价值条件与被重视这二者之间的条件联结。

咨询师的无条件积极关注、接纳和非占有性的温暖、不评价以及肯定的态度和反应强有力地影响着来访者对自我的看法，对来访者重视自己产生直接的影响。从某种意义上说，来访者被心理咨询师的接纳态度所感染，并且渐渐地，他开始对自己也持这一相同态度。只有当来访者开始以这种方式去重视自己，尽管是尝试性的，真正的成长才会发生，而对于许多来访者，这种平生初次自我重视是以下感受的直接结果：

感受到了心理咨询师对自己的重视并认为这种态度是可能的。来访者逐渐学会这样的自我陈述："我就是这样的人，包括我的限制与缺陷，这是可以的。"而且，来访者往往学到尊重他们自己的存在方式，即便这对他们的重要他人而言是不被接纳的。正如罗杰斯所指出的："活着需要勇气。"要忠实于自己。

（三）真诚一致

1. 真诚一致是什么

罗杰斯认为，心理咨询师在治疗中的真诚一致是首要因素。当心理咨询师最真实、最自然的时候也就是他最有效的时候。

罗杰斯（1966）将真诚一致定义为，咨询师在和他的来访者接触的过程中的真实自我。咨询师开放性地让自己的感情与态度渗入来访者的感受中。咨询师的感情是可感受到的，而且他能够在治疗关系中激活它们、体验它们，并且如果他坚持也可以与之沟通。

真诚一致的咨询师并不是在扮演咨询师的角色或躲在角色后面，而是自然地与来访者进入关系。简单来说，以人为中心的咨询师远离任何形式的欺骗、虚伪或操纵行为，无论这些行为的出发点有多么良好。他们不隐瞒任何与来访者相关的东西。真诚一致性一词常与其他形容词互换，比如真诚、本真或透明等。

咨询师：我不知道，是否在你来的前三次会谈中发生了什么特殊事情，或者你不知道自己是否想来？

吉姆：我只是觉它没有什么用。

咨询师：它没有取得任何进展……或者别的什么？

吉姆：谢谢你给我写信。你真是太好了！

咨询师：我很关心你。我不知道你发生了什么事。如果你想结束咨询的话，我会尊重你的选择——但是如果你能继续咨询的话，我还是很欢迎你。

吉姆：所以，你对我感到抱歉？

咨询师：不，我并没有对你感到"抱歉"，吉姆。完全没有，我为你感到有点"伤心"——你曾经说过自己感到非常"迷茫"——我对此感到伤心。但是我并不对你感到"抱歉"。

吉姆：你不觉得我"可怜"？

咨询师：完全没有，吉姆——我没有那种感觉，而且我从来也没有过那种感觉。

吉姆：但是我们最后一次见面的时候我很"可怜"——我一直在哭——我不是一个哭哭啼啼的傻瓜。

咨询师：我并不那样觉得——现在我也不这样觉得。现在我觉得，正如我那时的感觉一样——你是那么寂寞——你一直都那么寂寞。看见你挣扎得那么辛苦，真令我感动。我不知道自己是否有那种力量——在感觉那么寂寞的时候有生存下去的力量——并且一直在努力。

吉姆：（看着心理咨询师）那就是你对我的感觉吗？

咨询师：是的。

吉姆：我没有来，因为我觉得你会认为我很"可怜"。

咨询师：我刚才说了，我的感觉与你说的完全不同，你相信吗？

吉姆：很难……很难相信……但是又很难不相信。

如果咨询师当时没有深入、清楚地表达自己真实的想法，让吉姆意识到他的想法并非吉姆认为的"令人可怜"，那么吉姆的错觉还会继续存在。这是他童年时代父母亲对他的看法，他内化了这种评价，进一步疏远了自我经验。当心理咨询师在对来访者的反应中坦诚地面对真实自我时，其行为方式反映了他的内心体验时，当他对来访者的反应是其体验而不是一种伪装或防御时，心理咨询师就是真诚一致的。当咨询师假装"聪明""胜任"或者"关切"时，他在与来访者的关系中就是虚伪的，其外在行为和内部经验并不真诚一致。

经典精神分析认为咨询师要保持中立、默默无闻，使他的来访者可以将其人际冲突通过移情反应投射给咨询师，罗杰斯的观点与此大相径庭，他认为对来访者透明真诚一致本身就具有治疗效果。

2. 咨询师为什么需要做到真诚一致

罗杰斯认为，真诚一致是所有治疗条件中最重要的一个，因为它是体验无条件积极关注和共情的基础。

不真诚一致（或缺乏自我接纳）的咨询师，其言语往往和其表达（例如语气、手势、姿势等）相矛盾。这是因为咨询师在本质上并没有充分意识到自己的体验（如愤怒）。这些体验无须向他人隐瞒，因此可能会出人意料地、直接或间接地向来访者表明其所言并非全部（Grafanaki，2001）。

不真诚一致会给来访者对咨询师的信任造成不可小觑的影响，在这种情境下，咨询师的共情和无条件积极关注可能就不被充分信任了。如果来访者认为心理咨询师表里如一，那么他会知道，自己从心理咨询师那里得到的反应是坦白而诚实的。他知道心理咨询师并不想操纵自己，因而在咨询关系中会感觉到更自在。

另外，如果咨询师自身不真诚一致，那么咨询师极有可能受到自己的不真诚一致以及价值条件的影响。这将妨碍咨询师的体验及实现共情和无条件积极关注的方式，例如：① 来访者否认某些情感，而咨询师也不能很好地将其识别出来；② 咨询师将自身对来访者的反应（如愤怒）曲解为另一种感觉（如兴奋）；③ 基于自己的价值条件对来访者体验方面的感觉进行判断（如咨询师自己对性别歧视很敏感，认为来访者的愤怒也是由于受到性别歧视）。

真诚一致性揭开了心理咨询师的神秘面纱。神秘性会使来访者对心理咨询师的力量产生错觉；而透明则驱散了这种错觉。当咨询师表现出表里一致的真实，来访者将会看到，他们也只是和其他人一样的人，而不是全知全能的存在。这为来访者带来了新的视角，使他们能够更加接纳自己。

咨询师的真诚一致，往往对来访者有治疗作用。来访者在与咨询师本真地投入中，有时会学习到如何变得更为真诚一致，因为咨询师的真实往往使他们也变得真实起来。当咨询师与来访者之间进行本真的面谈的时候，两者都会因为接触的质量而感到充实。来访者体验到，他们既然能够与咨询师进行有意义的面谈，那么也应可以扩展到其他人那里。对来访者而言，咨询师往往是一个"真诚一致性"的摹本。通过替代性的学习，来访者看到并且体验到什么叫作本真，并且自己也试图以更为通透的方式投入到与他人的关系中。结果，他们的人际关系往往得到丰富。他们学习到，对待他人开放最终会使别人对自己更为开放，这是令人喜悦的事。

（四）心理接触、来访者的不一致和共情的完成

除了共情、一致性和无条件积极关注，罗杰斯（1957）认为来访者发生心理改变还取决于以下条件：① 咨询师和来访者处于心理接触之中；② 来访者处于一种不一致、脆弱且焦虑的状态之中；③ 咨询师与来访者交流中的共情性理解和无条件积极关注会得到最低程度的完成（"哪怕仅仅是在最小的程度上，咨询师与来访者在交流中也要有共情、无条件积极关注"）。虽然这些条件较少涉及咨询师的行为和态度，但它们有助于来访者与咨询师建立治疗关系，因此对于治疗工作有着非同小可的作用。它们往往被称为"关系条件"（Sanders，Wyatt，2001），因为它们指的是任何治疗关系必须满足的最低要求，以使心理改变得以发生（假设核心条件也存在）。

1. 心理接触

咨询师和来访者之间的心理接触是来访者改变的前提条件。普鲁提等人（Prouty et.al.，2002）将患高度妄想性精神病的患者或处于低水平生理功能的人（如患老年痴呆症的人拥有高度不安）命名为"接触受损的"来访者。因为其心理处于失调状态，往往无法持续性地与他人进行充分的关系接触，无法参与到任何治疗关系中。因此这类来访者需要一个被普鲁提称为"前治疗"的过程。其他来访者则能最低限度地与咨询师建立接触，他们拥有诸如基础的注意力和感知功能、与他人的沟通能力以及感知他人的能力等。

2. 来访者的不一致

来访者的自我和经验之间存在着不一致，这种不一致导致来访者陷入脆弱和焦虑。如果来访者感受不到焦虑，就不会有足够的动机参与到助人过程之中。

在有些情况下，人们是被"派"去寻求咨询师帮助的。"派"他们去的，可能是老板、父母或其他年长人士。如果在这种情况下来访者并没有体验到自己的脆弱或焦虑（如在某些情况下，否认和曲解能有效地让来访者保持自己的自我概念），那么以人为中心的咨询师是不能保证来访者发生改变的。

3. 共情和无条件积极关注的完成

除了基本的接触，来访者还必须能够体验到咨询师的共情和无条件积极关注。虽

然"最低程度获得"暗示，这些共情、无条件积极关注的特性并不需要被显著地感知到（不论咨询师在多大程度上交流了这些），但必须要求它们作为促使心理改变发生的因素在一定程度上被来访者体验到。那些在任何程度上都无法与咨询师建立心理接触的来访者，无法体验到咨询师的共情和无条件积极关注，因此有效的治疗就更不可能发生了。同样，那些心理障碍程度过高或者认知能力过低的来访者也仅仅是较少地体会到咨询师的共情和无条件积极关注。在这种情形下，来访者想要发生改变将会变得异常缓慢且困难重重。

第四节　以人为中心的评价和发展

过去 70 年来，卡尔·罗杰斯的观点对于心理治疗的理论与实践具有广泛、深远和革命性的效果。罗杰斯作为一位先驱，其开创性的见解与发现在心理治疗领域具有深远的影响。

他的基本理念，尤其是将咨询关系作为个人成长工具的理念，已经为许多不同的治疗流派所吸纳。罗杰斯比其他任何咨询师更强调教导我们带着敏锐的心去倾听，将理解到的内容与来访者交流。在大多数心理学与心理咨询的研究生培训计划中，都会教导学生们如何进行共情式的回应以及建立关系的技巧。这些也是大多数治疗流派的基础培训。

罗杰斯与其学生是最早对治疗过程做深入研究的人。他们对治疗面谈进行了最早的录音。这些录音为治疗过程、对来访者的治疗效果提供了即时信息，也为培训和研究案例提供了即时的信息。今天，为教学目的而进行录音、录像的做法之重要性已经毋庸置疑，而罗杰斯就是将心理治疗的过程公布于众，使之去神秘化的第一人。罗杰斯也是第一个对心理治疗进行调查研究并发表研究结果的先驱，是对心理治疗领域进行研究的主要发起人。1957 年，他大胆地提出"心理治疗中人格改变的必要和充分条件的理论"假设，这篇简明优美的论文所引发的研究可能比心理治疗领域中的任何理论假设都要多。1959 年，罗杰斯发表了他的代表作《治疗、人格和人际关系的理论》，这是对以人为中心治疗理论的最为正式的阐述。而罗杰斯的理论并非静止不变，许多以人为中心学者与实践者仍在继续扩充并修改着这个充满活力的方法。罗杰斯本人经常支持并鼓励这一理论与实践的继续发展，并且认为他的方法应该继续发展下去。如今，以人为中心治疗已经不是一个模式而是一系列不断发展的模式。

罗杰斯被看作是一个默默的革新者，因为他的许多观点对其他治疗方法提出了根本性的挑战，尤其是对医学模式提出了挑战，后者认为咨询师的主要任务是先诊断病人的问题，再决定恰当的治疗方法以治疗特定形式的心理疾病。罗杰斯用来访者一词取代病人，以传达他的理念，即治疗中的人是有能力、有资源的，而不是有疾病的、无助的、需要指导的。生活中的心理疾病或问题，被理解为来访者应对问题的无效尝试，这与缺点或缺陷说形成鲜明的对比。罗杰斯的方法则如其名字所显示那样，是"非指导的"和"来访者中心的"，它将来访者置于改变进程的中心，信赖来访者有资源和潜力做出积极的改变。咨询师的任务是让来访者感到自由，自由地探索他们自己、他们的人生经历，帮助他们释放或认识自己内在本来具有的成长潜力。罗杰斯这种革命性的观点，对心理治疗理论与实践提出了挑战，也提供了选择。

以人为中心治疗仍在继续发展。罗杰斯期望并且支持其他人将他的理念带入下一个发展水平。随着以人为中心治疗的追随者们继续拓展新的领域，这些进展还会继续发展下去，以人为中心咨询师在帮助他们的来访者方面变得越来越有效能。进展本该如此。

一、理论基础的发展

以人为中心疗法强烈反对心理障碍的医学化方法，这种激进的观点导致了一些批评，反对者们认为以人为中心疗法作为一种治疗模式，无法处理那些有着显著或严重心理困扰的来访者的问题。

这一评论的立足点是，以人为中心疗法的基础并不牢靠，对不同形式的心理不适的详细理论解释不够充分，因此无法让咨询师实施有效的治疗。以人为中心疗法把所有心理困扰都概念化为不一致引起的，导致即便是那些充分准备的从业者也根本无法满足那些患有严重不适的来访者的复杂要求（Cain，1993）。同时，又由于以人为中心从业者没有任何清晰明确的诊断，所以无法确认来访者是否确实得到了适合他们需求的最佳治疗。

在这些批评之下，以人为中心的理论学家们也致力于在医学立场下去发展以人为中心疗法的理论。

兰姆博斯（Lambers，1994）从以人为中心的视角探讨了大量常见的心理障碍，如"人格障碍"和"精神病"，分析特定"障碍"产生的原因，并对其"治疗"中可能出现的问题进行了分析。她还提出了以人为中心理念下的人格理论的术语和概念，从而使以人为中心疗法对这些障碍的理解成为一道独特的风景线。

另外，理论学家沃纳（Warner）提出从过程这一角度，用以人为中心疗法来应对心理障碍（沃纳，2006）。沃纳明确了"障碍"过程的三种形式——脆弱、解离、精神病，描述了它们的发展基础以及以人为中心疗法的最佳应对方式。她的这一工作辩驳了对于以人为中心疗法治疗这些重要障碍没有充分基础的所有疑虑。

二、多元自我

罗杰斯将自我或自我概念构想成一个单一的现象，这使许多理论学家对其重新思考并进行改进。一些以人为中心的专家认为，个体在不同的时刻、不同的情境中会展现自我的不同层面。库珀（Cooper，2007）指出，这些"多元的因素"可以看作是不同的"自我结构""存在方式""内在的人""次自体（subselves）"、"声音"或"部分"。当咨询师注意到来访者提到他们自己的不同部分，这些关于自我的不同观点就出现了。

当来访者说"有一部分的我想要结婚，而另一部分的我喜欢自由自在，无拘无束"，他们往往在阐述其不同层面的自我或冲突中的自我。随着来访者自我的不同层面的呈现，他们对自己的看法也会随之而改变。人类投身于大量的、各种各样的生活体验里，在各种存在的可能性中，会产生身体的、社会的、精神的、认知的、情绪的或心理的自我，多元自我的存在可以被理解为是这种复杂体验的一个自然结果。

这些自我的不同部分，当它们出现问题的时候，往往是极化的、敌对的（如"我讨厌我的这部分自我"），不被接纳的（而且无法接纳），因而被更大部分的自我疏离。为了更准确地把握来访者的不同自我，咨询师需要转换视角，来访者不仅仅只有一个单一的、正在执行功能的自我，来访者在不同的时刻会以不同的方式看待和体验他们自己。来访者与咨询师所面临的挑战是，找到和解与整合不同自我的方式，尤其是当这些自我之间不一致或相互矛盾的时候。

三、实现倾向与社会调节

罗杰斯将所有可能阻碍实现倾向的影响力都归为消极的，当个体信任自己的机体评价过程时，个体才能向着充分发挥机能的人去成长。而这个过程中，他人的评价、期待等都会限制个体的发展。也即"正常的"社会制约没有了立足之地，任何社会制约都被视为一种消极影响。

比尔·库尔森（Coulson，1987）对罗杰斯的这一价值观提出了批评。简言之，库尔森提出，许多社会制约实际上是"正常的"，并且代表了个体与其所处社会环境之间的一种合理调和。对于库尔森而言，社会环境尤其是家庭，代表的并不是抑制力量，恰恰相反，它们为自我表现和自我发展提供了丰富的环境。在社会环境中关注与他人的对话大大增加了个体自我实现的机会。

这种对社会制约的消极看法，限制了罗杰斯理论的发展及将其应用于其他文化和信仰系统的可能性。在一些文化和信仰体系中，个体被视为根植于其生存的社会环境中并无法与之分离。在这种文化环境中，实现的概念只在个体所生活的背景下才有意义。

比如在当今的日本文化中，日本人普遍感到团体很重要，并且这种基本感受交织在生活的各个方面。举例来说，一些以人为中心方法的学校心理咨询师在日本福冈的九州大学接受过培训，他们不仅与学生本人交流，而且还到学生家中与他的母亲或祖母交谈，然后在学校里会见他的家庭指导老师，甚至朋友。世界上其他地区的学校心理咨询师则可能会对这种扩大范围的工作采取谨慎态度，并且会关注保密性的问题。但是不能说这种严格控制范围的工作方式更好或者更坏——它仅仅是反映出了不同文化的差异。在日本，学生来访者希望心理咨询师结合自己的整个团体进行咨询工作，因为作为一个人，他不仅仅是团队的一部分，而且他的团队也是他的一部分（Hirai，Muravama，2006）。

在论述实现倾向时，罗杰斯说："最终，有机体的自我实现会朝着广义上的社会化的方向发展。"（罗杰斯，1951）对社会影响的这一让步是不够的，它既没有反映出与各种遭受不同烦恼的来访者进行会谈的临床经验，也没有反映出在工作中接触到的世界上各种不同的文化。人类是极其社会化的动物，其大部分发展途径在本质上是社会性的。我们与朋友、同事、伴侣以及子女的关系代表了我们自身成长和发展的大多数潜在环境。

因此，在发展罗杰斯的理论时，默恩斯（Mearns）和索恩（Thorne）提出了作为实现倾向缓冲器的社会调解这一概念（默恩斯，索恩，2000）。除了个体具有维持和发展的驱力之外（实现倾向），还假设了一种制约力量，它同样也存在于个体内部，寻求与个体的社会环境形成一个整体。换言之，不允许促进成长的力量不经过某种检查或"调解"而不断增强。通过这一方式，个体不仅促进了自身的发展，并且还与相应的社会背景相协调，而这些社会背景反过来又为进一步的发展奠定了基础。

四、不一致的另一种解释

罗杰斯认为不一致是心理障碍的基础，源于习得的价值条件与真实自我的冲突。但是其他以人为中心的从业者（珀顿，2002）认为这一理论视角并不能解释这样的障碍，即障碍与童年及其后的生活中形成的价值条件毫无关联。例如，珀顿（Purton）指出，15 岁的艾伦对所有的狗都感到恐惧，但他只是最近才被狗咬伤，并很清楚地知道只有极少的狗才可能会对他进行攻击。珀顿问，以艾伦为例，价值条件和由此产生的不一致究竟是如何引起心理障碍的？他还问，最近被咬伤一事是不是艾伦产生心理障碍的根源呢？

珀顿强调"加工"在引起障碍和维持障碍中的作用，认为问题的关键在于体验被加工的方式，有时候机体体验也可能会造成阻碍（如不正确的象征，被狗咬后，认为所有的狗都很危险），它和价值条件无关。

这一理论在约瑟夫（Joseph，2004）对创伤后应激障碍（PTSD）的探讨中得到了进一步的发展。约瑟夫认为，创伤性事件可能会凸显自我概念和机体体验之间的不一致。人们通常会否认意识到现存的消极体验，比如，我们是脆弱的、未来是不确定的、生活是不公平的。虽然很多人会说，他们知道这些早晚会发生，但在这些事情真正发生之前，大多数人都会日复一日地继续生活，貌似自己是刀枪不入的。当那些精神创伤突然出现时，他们体验到自我结构的骤然崩溃。

在这一点上，约瑟夫认为不一致不仅是习得的价值条件的产物，同时也是调整在日常生活中产生的焦虑的一种功能性过程。例如人必然会死亡，这会引发焦虑，为了调节这种焦虑，个体会去否认或忽视这一事实。这与现实体验不一致，然而这种不一致是我们调节焦虑的功能性过程。这种观点引起了大量存在主义哲学家如萨特（Sartre，1956）或是那些指出了人类生存现实中的心理困扰（如死亡的必然性、情感孤独等）的心理咨询师如范多伊伦（Van Deurzen，2002）的共鸣。

第九章

家庭治疗

家庭是社会的细胞，是每个人幼年期的摇篮、青少年期的庇护所、中年期的港湾、老年期的归宿。可以说，在个体的心理问题和疾病中，很少有与家庭完全无关的。个人所承载的家族遗传基因、童年经历对个性特征的影响以及父母在子女成长过程中的教养方式等，都会在个体心理问题的发生、发展和转归方面产生潜在而深刻的影响。

继精神分析、行为主义和人本主义心理治疗之后，家庭治疗被称为现代心理治疗发展史上的"第四思潮"。

第一节　家庭治疗的起源和发展

一、国外家庭治疗的起源

第二次世界大战后，美国政府经历了从战争到和平的重整，这次重整除了使美国家庭的类型增多，也表现出了对美国家庭产生重大影响的三大趋势（Walsh，1993）。第一个趋势是离婚率的急剧上升，几乎与 1946 年开始的婴儿潮同步。在当时离婚率仍然很低，之后就急剧上升到 1990 年才趋向平稳。第二个趋势是女性角色的变化。第二次世界大战后，更多的女性外出求职，她们不再只是家庭主妇，而成为家庭的支柱，20 世纪 60 年代的女权运动也促进了针对女性的新机会的发展。随着女性角色的传统期望被打破，就像任何重大社会巨变带来的难以处理的问题一样，所有在适应调整过程中的夫妇都应该得到帮助。第三个趋势是人们的寿命不断延长，夫妇双方会发现他们比历史上任何一个时期与同一伴侣生活的时间都长。因为以前无例可鉴，所以很多人不确定如何与他们的配偶、伙伴或子女相处。

由此，临床心理学家、精神病社会工作者、婚姻顾问、牧师咨询等都开始为家庭提供帮助。心理治疗将其处理的问题范围扩展到婚姻不和谐、分居、离婚、行为不良、姻亲问题以及各种不需要住院治疗的情感困扰。尽管大部分临床咨询师仍继续关注进行个体咨询，但另一部分人却开始关注家庭系统，并注意到如果个人要获得幸福，那家庭成员之间的互动就需要改变。

除此之外，以下四个看起来独立的科学和临床发展为家庭治疗的诞生打下了基础。

（一）精神分裂症与家庭的研究

第二次世界大战后，在特定的家庭动力背景是否能够解释不同形式的成人精神病问题上，家庭环境提供了一个令人兴奋的验证方向。

1. 弗洛姆-赖克曼和"精神分裂症源性母亲"

弗里达·弗洛姆-赖克曼（Frieda Fromm-Reichmann，1948）作为精神分析学家，她结合弗洛伊德古典精神分析理论和沙利文的人际关系理论，提出了"精神分裂症源性母亲"这个概念。她指出母亲在孩子的成长环境中起着重要的作用，母亲的焦虑或不正当的教育是导致孩子产生精神疾病，尤其是精神分裂症的重要原因。她认为在家庭中，母亲的真实角色取决于文化结构和社会习俗规定的女性的一般作用。由于父权的传统，孩子会惧怕父亲，反而会与母亲更为亲近，因此专横的母亲要比严厉的父亲对婴儿的心理成长造成更为严重的影响。专横的母亲或缺乏爱的母亲可能使儿童很早就发展出对他人的强迫性的情感需求，渴望获得他人的爱和关注，这是儿童缺乏安全感和过度依赖他人的表现，而这种强迫性需求往往会持续一生。同时，由于在童年期产生的对母亲的爱的持续怀疑，他们很难建立起对他人的信任感，总是猜疑任何事情，这种猜疑正是他潜意识隐藏不安全感的面具。她还提出理想的母亲的标准，即母亲应该创设充满自由和安全的爱的氛围，避免儿童产生对母亲惩罚的恐惧或被母亲支配的焦虑。母亲的爱应该是自发的、稳定的，不应依赖于儿童的行为，也绝不能是儿童服从或听话的奖励标准。只有这样，儿童才能够发展出足够的安全感，并且更好地适应社会规则。尽管弗洛姆-赖克曼强调这种养育方式的破坏性，但她仍把精神分裂症看作是个体内心的障碍，她并不建议对家庭一起治疗，相反地，她认为咨询师的作用应该是把病人从父母的有害影响中解脱出来。尽管她的研究仅仅将精神分裂症来访者和家庭生活联系在一起，最终因为过于局限而被更广泛、更系统的对家庭的心理社会研究和社会学观点所取代，然而"精神分裂症源性母亲"这一概念仍在家庭治疗的发展中具有重要的历史意义。

2. 贝特森和双重束缚

1952年，贝特森（那时已进入帕罗·阿尔托退役军人管理局医院）获得了洛克菲勒基金的资助，来研究沟通模式和悖论。很快他招募了相关专业的研究人员，共同研究家庭沟通序列，即家庭内部的病态交流模式与某个家庭成员精神分裂行为的产生和维持之间的可能联系。他们进行一系列研究后提出了"双重束缚（double bind）"的概念，即一个人同时接受两个相互矛盾的信息，而又不能违抗，不管他们做什么都是"错误"的。如父亲责问儿子："你有没有停止偷别人的东西？"儿子无论回答停止或未停止，偷东西这个错误的行为本身就是不被允许的前提。如果这样的情况重复多次，那么就会使被动接受的孩子不安、惊慌和愤怒，作为一种自我保护的手段，他学会了用一种扭曲的方式来处理所有的人际关系，最终失去了理解自己或与他人沟通中的真实意义的能力。无论这种假设是否正确，都指出了一个要点：精神分裂症是家庭沟通系统失败的结果。

3. 婚姻分裂和婚姻扭曲

T. 利兹（Theodore Lidz）等人对入院治疗的精神分裂症患者家庭做了纵向研究后发现，精神分裂症是一种"缺失性疾病症"，源于父母扮演相互支持与互补角色的失败。这种典型的失职情况涉及父母在婚姻关系中没有遵从传统的男性（工具性的）及女性（情感性的）角色。

利兹及其助手（1957）描述了婚姻长期不和的两种模式。（1）婚姻分裂，即父母一方只关心自己的问题，未能创造一个与配偶相容及互补的、令人满意的角色，他们倾向于贬低另一方的价值，并为得到孩子的忠诚、爱、同情和支持而竞争。这样的家庭通常面临着离婚和分居的威胁。（2）在婚姻扭曲的家庭中，存在严重心理问题的父母一方，往往主宰了这个家，另一方通常是依赖的、软弱的，接受这种环境，甚至竭力向孩子暗示这样的一个家庭是正常的。

利兹假设，婚姻扭曲是儿子患精神分裂症的原因，而婚姻分裂是女儿患精神分裂症的诱因。他最初聚焦于个体病理学，后来发展出一种方法，即寻找父母和家庭的功能失调，并视之为精神分裂症的致病源头。

4. 鲍温的研究

19 世纪 50 年代，鲍温（Bowen）经过一系列研究后提出一个有趣的观点，即在家庭成员中的精神分裂行为明显地表现出来之前，精神分裂症的发生至少要历经家庭三代的过程。他提出，一个精神分裂症的父母一方或双方是受困扰的、不成熟的个体，他们和自己的父母经历了严重的情绪冲突，现在又使自己的孩子处于类似的冲突情境中。他们的孩子将选择一个与自己相似的个体（相应地，也是心理不健全的）作为婚姻伙伴，因为鲍温假设一个人的结婚对象往往是与他有相似个性化水平的个体。这种夫妇的孩子反过来更容易产生功能失调，又将"赤字"传给下一代，就这样，最终又造成了精神分裂的个体。

（二）婚姻咨询和婚前咨询领域的进展

婚姻和婚前咨询也是家庭治疗的前奏。它建立在这样一个观念的基础之上，即人与人之间的冲突和个体内心的冲突对心理障碍产生的影响差不多。在经过多年的理论和实践研究后，婚姻咨询变得越来越重视改变婚姻关系，夫妻双方都需要参与治疗。杰克逊（Jackson，1959）引入了"联合治疗"这个术语，用来描述把夫妻或整个家庭放在同一时间、同一地点，一起由一位咨询师进行治疗的情形。到 20 世纪 60 年代末，婚姻咨询师作为一个独立的群体有两个显著特点：一是强调对婚姻关系的理解和改变；二是对联合治疗的偏好。

（三）儿童指导运动的发展

20 世纪早期，儿童指导运动兴起。从阿德勒到其弟子德瑞克斯（Dreikurs）再到精神病学家 W.海利（Willam Healy），他们经过努力，将儿童指导与家庭治疗相结合。纽约儿童指导运动中的精神分析学家和儿童精神病学家内森·阿克曼（Nathan Ackerman，1937）在《堪萨斯心理卫生协会公报》上发表了第一篇专门讨论家庭治疗的论文，将疗法、精神分析和家庭完美结合，试图运用精神分析的词汇来解释他所看到的家庭和更大的社会。在阿克曼之前，精神分析师特意排除了来访者的家庭成员，因为害怕治疗会受其干扰。而阿克曼将精神分析的理论应用于家庭治疗中，使得家庭治疗在精神病学专业领域受到尊重。阿克曼有时被认为是"家庭治疗之祖师爷"。

（四）团体动力学和团体治疗的进展

贝尔（John Bell）是马萨诸塞州伍斯特市克拉克大学的一位心理学家。贝尔（1975）回想起 1951 年他造访英国的塔维斯托克中心（The Tavistock Center）时，无意中的发现引起了他的注意，并激起了他将团体治疗用于问题行为儿童治疗的兴趣。当时著名的心理分析师约翰·鲍尔比（John Bowlby）对正在进行的家庭团体治疗的实验效果做了评论。贝尔误认为鲍尔比治疗的对象是整个家庭，实际上鲍尔比只是偶尔召开家庭会议，用作对问题儿童的辅助治疗。贝尔由此思考定期接待整个家庭这一技术的含义。当他一回到美国，就有一个案例为他提供了试用这种方法作为治疗工具的机会。贝尔对他工作的描述直到十年之后才广为传播（贝尔，1961）。

贝尔视家庭为一种本质上自然的群体，而咨询师的工作就是促进其相互作用，增进沟通、澄清家庭成员的互动过程、解释人际动力——就像每一位团体治疗带领者所做的工作一样，贝尔称他的方法为家庭团体治疗。

二、中国家庭治疗的开端

1988 年 10 月，我国的精神病学家和心理学家初次在昆明召开的中德心理治疗讲习班接触了家庭治疗方面。当时海尔姆·史第尔林（Helm Stierlin）和弗里茨·B.西蒙向来自全国不同省市的 40 名中国同行介绍了系统家庭治疗。这样的研讨会在接下来的六年中又举办了两次，然后逐步发展成一个为期三年的中德高级心理咨询师连续培训项目。从 1997 年到 1999 年，共有来自全国 23 个省的 110 位中国咨询师参加了培训，其中有 40 位参加了系统治疗的培训。与此同时，其他家庭治疗流派也在中国得以推行。熊卫和费立鹏（Michael R.Phillips）将系统治疗、心理教育和认知行为治疗整合成一种综合性的、适合中国背景的连续性干预方案。曾文星和徐静，这两位美国华裔精神病学家和心理咨询师对家庭治疗引入中国也起到了积极的贡献，他们创作的包括家庭治疗在内的书籍在中国很流行。李维榕在 2000 年成功举办了两期结构式家庭治疗培训项目。近些年，北京大学第六医院的精神科医生唐登华、上海精神卫生中心的精神科医生赵旭东等人在家庭治疗的临床实践中做出了突出贡献。

第二节 家庭治疗模型

二十世纪六七十年代，是家庭治疗发展的"黄金时代"。新的流派不断产生，理论技术令人眼花缭乱，最多的时候有超过 20 个以上的流派，可谓"百花齐放、百家争鸣"。目前，中国内地最为流行的两种家庭治疗模式是米纽琴的结构式家庭治疗和米兰系统式家庭治疗。本节在最后还简要介绍了鲍温和萨提亚的家庭治疗模式。

一、结构式家庭治疗

（一）代表人物及理念

1. 代表人物

结构式家庭治疗的创立者萨尔瓦多·米纽琴（Salvador Minuchin）1921 年出生于阿根廷境内的一个俄罗斯-犹太血统的移民家庭。在他的印象中，父亲是慈祥、公正但是有距离感的人，母亲则是一个保护、约束和始终陪伴着他们的人。除了自己的原生家庭外，他还生活在一个很大的犹太家族中，他的祖父母、伯父、姑姑、舅舅、姨妈等都生活在同一条街上，相隔很近，在生意、生活上都彼此联结。他曾说过："当我走在街上时，会感觉到有百来个亲戚的目光正盯着我。"因此，童年时的他就必须学习能自在地处于一个人际关系紧密的环境之中，同时也能尽量分离以维持自己的独立个性。1948 年他以军医的身份志愿加入以色列军队，无偿地提供服务 18 个月。随后在美国，米纽琴被培训为一名儿童精神病医生，相当大一部分培训来自 N.阿克曼的指导，这对他后来的理论产生了重要影响。之后，他于 1952 年返回以色列，为逃避大屠杀的难民儿童及后来来自阿拉伯国家的犹太移民进行治疗。

米纽琴在 1954 年再次回到美国开始学习精神分析，最终成为威尔特维克（一所少年犯学校）的住校精神病医生，这使得他大量接触到生活在纽约市贫民窟的非裔美国人和波多黎各年轻人。他发现这些家庭通常有多重问题和分离的家庭结构，他由此形成了很多极具独创性的行为取向的技术以治疗贫穷的、处于弱势地位的家庭——其成果体现在他的著作《贫民窟家庭》一书中。

1965 年，米纽琴渴望在更宽广的横向家庭治疗中测试他的技术，于是，他接受了费城儿童指导中心主任一职。该中心是美国第一家主要服务于贫民家庭来访者的诊所。1974 年，米纽琴出版了被广为传阅的《家庭和家庭治疗》一书，其中详细阐述了关于通过结构治疗引起家庭改变的思想。

2. 核心理念

结构式家庭治疗是基于对家庭动力和组织的假设而展开治疗的一种方法，其核心理念形成于 20 世纪 60 年代。核心理念包括家庭问题深植于强有力而不可见的家庭结构中，个体的症状必须在家庭的互动模式中才能被充分理解，要消除症状必须改变不良的家庭组织和结构。其中咨询师必须要参与到家庭中去，在症状所在结构中扮演领导角色，重组家庭结构。

（二）基本概念

结构式家庭治疗有三个最基本的组成要素：结构、亚系统（或称子系统）和界限。

1. 家庭结构

和所有适应性的有机体一样，家庭需要某种形式的内部组织来决定怎样、何时以及与谁相关联。相继的互动模式构成了家庭结构（Colapinto，1991）。换句话说，家庭结构是一套无形的或隐蔽的功能性需求，它们组织了家庭成员彼此相互作用的方式（米纽琴，1974）。一旦模式被建立，它就自身永存并抗拒改变，直至家庭不断变化的情况引起系统内的紧张和不平衡，它们才有可能改变。家庭结构的稳定性使得家庭成员感到和谐、安全，有利于培养家庭成员间的忠诚、亲近及顺从，维持家庭的平衡。同时任何想要成长和改变的成员将被视为对家庭的背叛或反叛，所以家庭治疗的目标就在于增加家庭结构的开放性和弹性。

2. 家庭子系统

通常，家庭子系统是根据性别（男性/女性）、代际（父母/孩子）、共同的兴趣（运动的/社交的）或者功能（谁负责什么家务）等来划分的。所有家庭都包含大量共存但是独立的子系统。在不同的子系统内，每个人可能有不同的权力水平、起不同的作用、执行不同的技能，参与家庭内与其他子系统成员不同的相互作用。这里角色的互补性是关键。正如米纽琴（1974）所指出的那样，儿子必须表现得像一个儿子，那么他的父亲才能表现得像一位父亲，但儿子在与他的弟弟单独相处时，又可能会执行一些哥哥的权力。

夫妻、亲子、同胞子系统是家庭内最突出和最重要的子系统，尤其是夫妻子系统的强度和持久性对家庭的稳定至关重要。第一个孩子出生后，开始存在亲子子系统，夫妻子系统必须分化以执行教养孩子的任务。在孩子的成长过程中，父母必须不断调整养育子女的方式以满足他们不断变化的需要。需要强调的是，在养育孩子的过程中，父母仍需致力于维持和加强他们的夫妻子系统，这是正常家庭的根基所在。同胞子系统是孩子的第一个同辈团体，孩子从中获得与同辈交往的经验，如何彼此支持与合作、妥协与竞争、获得认同，当然也会体验到被孤立、被欺辱等感受。

在一个功能良好的家庭中，所有的子系统都以一种整合的方式运行，以保护家庭系统的分化及完整性。

3. 家庭界限

家庭界限是结构家庭治疗中用来描述情感屏障的概念。它被用来规定哪些家庭成员参与哪些家庭交往活动中的规则。家庭内的子系统重要的是界限的品质或渗透性。

（1）僵化的界限（疏离型家庭）：家庭成员之间、家庭子系统之间无法正常交流，是限制性的，缺乏渗透性，关系过于疏远，很少或者根本没有任何的相互作用，并且它只允许与子系统之外的系统进行很少的联系。疏离型家庭中，疏离的子系统是独立的，但是它也是孤立的。从有利的一方面来看，这促进了自主；但是另一方面，疏离限制了情感交流和支持。疏离的家庭在他们被援助之前，必定是处于极度压抑的情况之下。

（2）模糊的界限（纠缠型家庭）：家庭子系统间的界限可能过度渗透，系统间缺乏分化，人际距离过小。具体表现为家庭成员间过于亲密，或者是孩子干涉父母间的相处，或父母侵犯到孩子的自主功能。纠缠的子系统给人以强烈的支持感，但是这牺牲了自由。纠缠型家庭中的父母给他们的孩子提供了过度保护，使孩子的进取心和主动性受损。

（3）清晰的界限：家庭子系统间既能保持独立性，又具有渗透的可能性，具有对家庭的归属感。

大部分功能良好的家庭会在正常范围内，保持清楚的界限。僵化和模糊的界限常常同时存在于一个家庭内。

4. 联盟和权力

（1）联盟：家庭成员在执行家庭任务时所出现的结合或对立的方式，比较偏重成员间情绪与心理上的联结。家庭成员间的联盟形式有：稳定的联盟、三角关系及迂回。

① 稳定的联盟：两个或多个家庭成员结成联盟，始终相互支持，共同反对另外的家庭成员。一个家庭要正常发挥功能、较好运转，必须在夫妻（或父母）间结成坚强的联盟关系。

② 三角关系：当两个家庭成员发生冲突时，冲突并不在他们之间直接解决，而是将第三者拉入他们的冲突中来，都试图利用第三者来反对另一方，使第三者成为冲突的一部分。

③ 迂回：两个家庭成员之间看似平和、相处融洽，为了维护这种平和与融洽，当有矛盾产生时，就会通过指责或者保护第三者（替罪羊）的方式来转移他们之间的矛盾。

（2）权力：谁是家庭的主宰，谁是家庭的决策者，谁是家庭的服从者的问题。权力涉及每个家庭成员对一项操作结果的相对影响力。夫妻角色的互补性：丈夫扮演工具性角色，妻子扮演情感性角色。权力层级的倒置常常被认为是家庭结构中最具杀伤力的。

（三）治疗原则

1. 融入（joining）是基本要素

融入是一种心态，对来访家庭尊重、共情、好奇以及对家庭治疗尽心尽力。通过这种融入，咨询师既可以支持家庭，也可以挑战家庭。

2. 外化症状（家庭带来"错误"的假设）

因为来访家庭根深蒂固的观点是：问题出在某一个家庭成员身上，而不是整个家庭共同造成的。实际上，症状出现在互相纠缠的情境脉络之中。家庭成员所利用的资源，远少于他们所拥有的资源，他们陷在既定的模式中原地转圈。

3. 挑战家庭的确定性，因为它是家庭结构改变的大敌

家庭越是对其问题抱持确定的态度，就越不可能以其他的视角看待问题，因此也不大可能改变彼此相处的方式。

4. 挑战（胡萝卜加大棒）

咨询师就是要挑战家庭对问题的确定看法。这包括① 引入怀疑；② 鼓励好奇心；③ 示范其他的可能性；④ 提供希望。因为家庭成员早已在生活中做出了选择，熟悉彼此相处的模式，因此他们对咨询师的建议具有天然而又强烈的抗拒之心。但咨询师可以通过整合有支持又有挑战的语言，使他的建议更易于被家庭接纳。如咨询师说："我很好奇，你们四人每一个都是好人，却总是用这样的一种方式来互动，致使每个人的生活都变得这么艰难（挑战），这真的是一个谜。"

5. 活现（探索其他可能性）

活现是咨询师扮演交通警察的游戏，他指挥家庭成员展开对话。咨询师是观众，默默地观察家庭成员之间的互动模式。这些互动模式，会被咨询师在后面的治疗中提及，同时让家庭成员也看到这些或者是新奇的或者是他们未曾意识到的模式。

在这个过程中，重要的不是家庭成员交谈的内容，而是互动的过程。活现即是让家庭成员呈现其互动的家庭规则，继而共同探索改变的可能性。

6. 通过内容理解过程

当家庭成员在活现时，咨询师要以听到的内容作为背景，将家庭的互动模式调到前景，鼓励他们谈论未曾涉及的互动模式，凿通思考、认识和行动的崭新途径。

7. 运用隐喻

幽默和比喻的语言以及诗意的想象，都是融入家庭的极好手段，也是挑战确定性的绝佳通道。由于来访者带着家庭所特有的观点和感情来到我们的咨询室，咨询师运用幽默和出其不意的想象，可以拓展他们看待自己及其处境的可能性。比如咨询师向孩子提问："你什么时候成了你妈妈的妈妈？"也许家庭成员不仅会被逗乐，还会理解其中的含义。

8. 在不同层面沟通

（1）知识：家庭咨询师需要向家庭成员传达家庭结构、联盟、冲突模式或边界的确切信息，可以将家庭一直以来认为是无意识层面的模糊认识，转化为更加系统性的理解。这些新的知识会鼓励人们相互对话和转变。

（2）未来的方向：咨询师通过自己的态度和特殊干预，向家庭传达这样的信息：家庭拥有这种可能性，他们从未尝试过。实际上，如果他们共同发挥作用，导致改变，会给整个家庭带来和谐和幸福感。

（3）道德责任：咨询师要让家庭得知，人们对他们所爱的人、亲近的人的幸福负有责任，尽管他们同时也带来了冲突、挫折和绝望。这种对家庭的归属感、责任感，也是咨询师要努力达成的，它能增强家人成为彼此的咨询师的能力。

9. 拓展身份认同

咨询师要帮助每个家庭成员扩展自己看待身份的视野，探索家庭成员的多重身份，可以使他们以更广阔的视野看待自己。当家庭成员担当起比自己习以为常的角色更多的角色、比其他家人片面理解的角色更多的可能角色的时候，他们才可能以新的角度看待自己，以新的方式为人处事。每一个家庭成员都能以新的身份互相影响、相互联结。

10. 利用子系统

家庭中存在多个子系统，各子系统之间相互影响。咨询师要在不同的时刻对不同的子系统工作：有时对夫妻、有时对亲子、有时对同胞等。

11. 打破子系统的平衡：推动和挑战不同的系统

咨询师通过在特定的时刻、特定的子系统制造紧张，同时支持其他的子系统来促成改变，而又会进一步地在随后的治疗中转换、打破或维持别的子系统。

新手咨询师往往想维持家庭平衡。他们认为如果花 5 分钟倾听了丈夫的抱怨，就必须给妻子同样多的时间；如果挑战了妻子在家庭中的地位，也必须同时挑战丈夫的地位。实际上，差异化的紧张感是改变的重要工具，人们能够在更长的时间里重获平衡。新手咨询师同样期待每次治疗结束时家庭能皆大欢喜，满怀希望地离开。实际上，家庭成员在生气或受挫的状态下离开深具治疗意义。咨询师不可能在一次治疗中搞定一切。

12. 选好距离，才能发挥作用

在整个治疗进程中，咨询师要清醒地意识到自己与家庭之间的"距离"，随着治疗的进展思考何时以及怎样变换自己的位置。咨询师可以与家庭靠近、居中或远离，不同的位置是为不同的目的服务的（Minuchin, Fishman, 1981）。咨询师在任何一个位置上工作，均有得有失。距离越近，咨询师就越难放松和思考；距离越远，则对家庭的投入就越少。

缺乏经验的咨询师倾向于采取较近的位置，他们觉得作为咨询师，必须做点儿什么，常常过度卷入到家庭的互动中。诸如活现这样的工具，就是用来制造距离感、使咨询师放松下来、调整呼吸、进行思考的。但这对新手咨询师而言太难做到了。

13. 承担专家角色

咨询师是专家，与家庭进行互动时，一定要展现自己的专长。新手咨询师常困扰于此，他们小心翼翼地在谈话中穿梭，以防将自己的观点强加于来访者。然而家庭之所以来咨询，就是因为他们的思考和行为方式不能摆脱当前的困境。

与安德森（Anderson，2012）一样，我们相信咨询师的专长之一就是为对话制造空间，专长之二是发现家庭失调的功能模式。咨询师将这些呈现在家庭面前并让他们能够意识到，继而指导家庭探索更多的改变。

14. 对咨询师的自我的运用

在治疗过程中，咨询师本身就是核心工具。让家庭对咨询师做出回应，这是一项高深的技艺。

（四）家庭评估与治疗

在访谈家庭时，评估的艺术在于，发掘是什么在阻碍家庭达到其目标，加入（joining）家庭成员，并让他们明了，如何从他们现在所处的位置抵达他们想要达到的目标。结构派家庭治疗的最新发展分四步来完成这项任务。

1. 第一步：拓展目前的主诉

第一步主要针对目前存在的问题和存在症状的人去中心化。这一步（任务）是挑战家庭的确定性，他们确信主要的问题在于个别家庭成员的内在机制。该步骤也是将治疗转化为家庭治疗的一个步骤。这一步骤常用的技术包括：

（1）关注"被认定病人"的能力范围；

（2）对家庭所认定的问题赋予不同的意义（重新建构）；

（3）探索症状本身的表现方式并且重点关注细节；

（4）从不同的视角审视问题，直到症状消失为止；

（5）探索症状出现的背景；

（6）探索家庭其他成员的困难，与"被认定病人"的问题是否类似；

（7）鼓励"被认定病人"描述症状以及他或她所认为的症状的意义，描述他或她自己的其他方面，描述他或她的家庭。换句话说，让家庭其他成员成为听众，而给予他或她一个尊重的空间。

2. 第二步：着重探索维持问题的互动

第二步的主要目的是探索维持目前问题的家庭模式。这一步（任务）要探索家庭成员的哪些言行导致了问题的持久存在。诀窍在于：在不会激起来访者抵触情绪的情况下帮助他们看到，他们的行为是如何维持着他们所带来的问题的。这一步是持系统观念的各种干预方法的基础，有赖于下述假设：如果家庭成员认为他们自己有能力帮助"被认定的病人"，他们便会改变他们的相处模式。

3. 第三步：结构化地集中探索过去

第三步的主要目的是探索重要家庭成员的过去对现在的影响。这一步（任务）是对家庭中成年成员的过去进行简短、有重点的探索，其目的在于，帮助他们理解他们现在看待自己以及他人的狭隘的观点是如何形成的。这一步被视为咨询师与家庭成员在前一步已经揭示的相处风格的探索的延续。因此，这一步应当指向已经揭示出来的导致困境的部分。

在第三步，孩子一直是一名听众，在聆听他们父母的故事。而到了第四步，他们加入近来，成为积极的参与者。第四步不仅使评估更为准确，而且更为有用。

4. 第四步：探索相关的改变方式

第四步的主要目的是重新定义问题并且寻找新的办法。在勾画出一幅究竟是什么维持着家庭的困境以及他们是如何形成这种方式的粗略的图画后，家庭成员和咨询师便会讨论谁需要改变、改变什么以及谁愿意改变或者谁不愿意改变。这一步将评估过程从凌驾于家庭的工作转变为与家庭一起的工作。缺乏这一步，治疗便常常会变成将人们推向他们认为没有理由要去的地方的一个过程，所以人们对这一过程容易予以阻抗。

二、系统式家庭治疗

1975 年，玛拉·赛文尼·帕拉佐莉（Mara Selvini Palazzoli）等四位精神科医生组成了一个团队，并在 1977 年出版了一本引起轰动的书《悖论和反悖论》（*Paradoxon and Gegenparadoxon*）。这本书描写了一种针对精神分裂症和厌食症患者家庭的治疗模式，其简洁的做法和所谓的效果，使得当时该领域的所有方法都变得黯然失色。

（一）发展起源

玛拉·赛文尼·帕拉佐莉出生于米兰一个富裕家庭，自小经历了以疏远为特征的"不幸"教育——由保姆和及家庭教师抚养。一开始，赛文尼·帕拉佐莉作为一名儿童精神分析师受训，当她对治疗厌食症费时且多数没有效果的精神分析疗法不满时，她开始对贝特森博大精深的思想着迷，她的看法发生了急剧的改变。从 1971 年起，她只用了四年时间与路易吉·博斯科洛（Luigi Boscolo）、詹弗兰科·赛钦和朱丽安娜·普瑞塔（Giuliana Prata）在米兰共同发展了在《悖论与反悖论》一书中描述的家庭治疗方法。他们创造性地把循环提问这样具有很强扰动性的问话方式应用在家庭访谈中，并使"假设—循环—中立"成为体现米兰系统式家庭治疗核心理念的招牌性口号（盛晓春，2015）。大概经过十年的合作以后，这四位同事中的两位女咨询师和两位男咨询师分开，分别发展自己的理论和方法。

赛文尼·帕拉佐莉和她的同事们发现，家庭往往处于这样一种似是而非的情况：所有的家庭成员好像都是为了改变前来寻求治疗，却继续以防止改变产生的行为方式行事。正如"改变我们吧，但别动我们！"这个悖论信息需要用"反悖论"来应答："我们只能在你们不改变的条件下才能改变你们！"早期米兰模式的咨询师们将 MRI 心理研究所的悖论干预技术应用到自己的系统理论之中——所有家庭的态度和行为模式只是为了维持家庭游戏的行动，因此是不能正面对抗和挑战的。通过随后的治疗反悖论的使用（实质上是一种治疗性双重束缚），家庭被警告不要尝试不成熟的变化，这使得家庭成员感到更易接受，因为他们的状况不会受到责备；同时咨询师试图发现并攻击家庭似是而非的模式，从而阻断各种重复的、无效的游戏。

早期米兰疗法的两种面谈技术值得关注：积极赋义和仪式处方。积极赋义（positive connotation），是对维持家庭问题的行为的积极建构。在重新建构下，症状被看作是积极的或有益的，因为它们帮助维持系统平衡，促进家庭的凝聚和幸福。通过对原来被视作消极动机的事件（孩子拒绝上学）赋予积极动机（孩子想陪伴孤独的妈妈），系统咨询师向家庭暗示这样的信息：以前被认为是消极的问题行为事实上可能是值得拥有的。问题儿童不被视作是坏的、有病的或失控的，而被认为是有良好意愿的，并且是自愿这样做的。请注意，不是症状行为（拒绝上学）而是行为背后的意图（家庭凝聚力或和谐）被赋予积极意义。当然，这也为接下来的悖论处方做好了准备。当每个成员的行为被认为是积极的时候，所有人都将彼此视作是合作的，因此更愿意履行咨询师布置的作业，从而降低了家庭对即将到来的变化产生阻抗。

家庭仪式，如婚礼、生日晚会、毕业、葬礼等，被用来干预已经建立的家庭模式，促进新的行事方法，这么做反过来可能会改变家庭的思想、信念和关系。仪式常常以悖论处方的形式开给家庭，详细描述家庭要做什么行为、谁做、什么时候做、以什么样的顺序做。通常，仪式的实施要求完成挑战某些僵化而隐藏的家庭规则的任务。米兰小组设计了一系列的仪式，称为"奇偶日"任务。例如，一个家庭中父母对孩子的管教问题互不让步，咨询师可能告诉他们在一个星期的偶数日，爸爸应该负责孩子的行为，妈妈则视而不见。在奇数日，应该由妈妈负责的行为，而爸爸视而不见。这样，这个家庭严格的规则被扰乱了，他们对彼此的反应一定开始变得有所不同。

为了找到更有效的方法来改变精神分裂症患者家庭的游戏规则，赛文尼·帕拉佐莉和普瑞塔发展了"不变的处方"，即不管家庭有什么冲突情况，全都要接受家庭治疗作业。

（二）指导思想和基本原则

赛文尼·帕拉佐莉等人于1981年提出了作为指导系统治疗会谈纲领的三项基本原则：假设、中立和循环提问，它们如同三角形的边，构成了"该模式治疗技术的支点"（Telfener，1987）。尤其是循环提问，已成为后米兰时代鲍斯考勒和凯钦对原来的系统观点进行修正的基石。

1. 假　设

假设是修正后的米兰疗法的核心，因此也是这种治疗方法的第一步。米兰疗法的咨询师认为，假设是一种不断地对家庭状况作出推断和推测的相互作用过程，它为进行系统会谈提供了指导。这种方法允许咨询师搜索新的信息，确立维持家庭行为的联结模式并推测每一家庭成员是怎样影响系统功能的。假设始于家庭的首次电话联系，贯穿于整个治疗过程，代表了咨询师关于家庭功能的治疗思路。

2. 中　立

中立意味着咨询师对每个家庭成员的独特问题感兴趣，能够与所有的家庭成员结盟，避免卷入到家庭联合中去。通常咨询师的这种姿态是低调的且非反应性的，他们不卷入家庭"游戏"，不支持某个家庭成员而反对另一方。中立的咨询师关注家庭系统如何运作，不给建议，而是通过激活家庭自身的能力来解决问题。赛钦（Cecchin, 1987）将中立的特性视为一种好奇心，咨询师对于家庭的假设持开放的态度，并且邀请家庭探索假设。通过自己不持偏见的倾听来展示自己中立的态度，但同时又提出激发思维和聚焦关系的问题。

3. 循环提问

在心理治疗的过程中，提问不仅是一种获取信息的方式，而且能不断地产生新的信息。因为在每个提问中都包含一个隐含的说法，会对人们习以为常的看待事情的方式进行潜在的扰动。反过来，在每个回答中也会有一个隐含的信息，即对事件是如何看的。咨询师和来访者们处于不断地"相互交换对现实的描述"（von Schlippe et al., 1998）的过程中。

一位母亲同她的孩子一起来做治疗并提出她的看法："我的儿子脾气暴躁"。

咨询师提问①："您的儿子做了什么，被您说成是脾气暴躁？"（这个问题提供了一个新的描述：这是一种被母亲命名的儿子的行为，而非他的性格特征）。

咨询师提问②："您的儿子是在奶奶去世之前还是去世之后决定要常常发脾气的？"（表达发脾气是儿子决定采取的行为，这个决定和家庭的关系联系在一起，并且有原因和背景）。

咨询师提问③："面对您的儿子发脾气，家里谁最感到不安？"（儿子发脾气的行为在家庭关系中存在着差异）。

咨询师提问④："假如您的儿子决定少发一些脾气，那么你们夫妻之间的争吵会更多还是更少？"（表明儿子发脾气不仅是一个决定，而且还是可以改变的，并且可能与父母之间的关系有联系）。

咨询师提问⑤："如果我现在邀请您让您的儿子发脾气，您知道要怎么做吗？"（表达儿子发脾气有特定的背景条件，并且有一部分条件掌握在母亲手中）。

常见的循环提问如下表 9-1 所示。

表 9-1　循环提问

类型	定义/功能	举例
关系差异	建立人际关系、子系统和联盟	家庭中你与谁最亲密？你最信赖谁？
程度差异	如果问题可大可小，那么它也有可能终止	谁更担心你们的儿子？是争吵更糟糕还是离家出走更糟糕？在从 1 到 5 的等级上，你对这件事的担忧程度如何？
时间差异	如果问题有开始，那么它就可以有结束	你们分开了之后她哭得更多还是你们在一起时她哭得更多？谁先注意到的？在他变得合作之前谁更有合作性？你们比过去更亲近吗？

类型	定义/功能	举例
假象/未来	建立一种对行为的控制感	如果那时候你离开的话，他可能会做些什么？当你女儿离家去上大学时，你丈夫的反应将会如何？
观察者的角度	帮助个体意识到他们的反应行为和感觉是怎样在家庭交互作用中互相联系的	谁认为这是一个问题？你的父母怎样表达他们的爱？你的母亲可能会得到谁的支持？你女儿会怎样描述你的教训风格？
常态比较	通过建立健康的参考框架来促进健康的功能方式。允许"被认定的病人"感到不太异常	你的家庭比其他家庭的争吵更多还是更少？你的家庭与其他家庭相比，关系更紧密还是更松散？你儿子比同龄的孩子更加吵闹吗？你和你丈夫比其他你知道的夫妇争吵更多吗？
假设引入	通过将工作假设植入问题中，帮助家庭趋向新的醒悟和问题的解决	如果你为隐藏你的脆弱而发怒，那你的家庭会认为你有敌意吗？你认为你害羞是不想与他人靠得太近或选择朋友的一种方式吗？
线性	当要获取历史和特定的信息时所使用的非循环问题	你在哪里工作？你结婚多久了？你还看到其他的什么问题吗？他离开多久了？当他犯错时你怎么惩罚他？

三、鲍温家庭治疗和萨提亚家庭治疗

（一）代际模式（鲍温家庭治疗）简介

鲍温家庭治疗因特别关注家族跨越几十年的关系模式，又被称为代际疗法、代际模型、鲍温流派、代际传递理论。

1. 主要假设

（1）关于自我分化

家庭成员间过度的情感联系与家庭功能失调有着直接的联系，自我分化是家庭成员必要的成长目标。在家庭这个非常复杂的"情绪系统与关系系统的结合体"中，家庭问题源于家庭成员与原生家庭心理上的分化。

（2）关于代际传承

上一代没有解决的问题趋向于传给下一代，即多代传承。鲍温认为，跨代间的家庭互动模式在症状的产生与维持中起重要作用，因此应当分析包括核心家庭在内的三代家庭成员间的关系。

在治疗中，鲍温最为关注两个分化（个体从原生家庭的自我分化和个体的情感功能和理智功能的分化），认为家庭治疗的目的是帮助个体完成这两种分化，最终促进其成长与发展。鲍温发展了包含八个连锁概念和相应对策的完整理论体系，重视对个体的监控，防止其三角化和情绪缠结，并鼓励来访者的认知加工。

2. 塑造家庭功能的八种力量

鲍温关于家庭作为情绪关系系统的理论由八个连锁的概念组成。其中六个概念表达了发生在核心家庭和大家庭中的情绪过程，而情绪隔离和社会退行，指的是在家庭和社会中跨越几代的情绪过程。各个概念紧密结合在一起，是因为有这样一个潜在的前提：生活中，慢性焦虑无所不在，当家庭力图在个体成员的整体感和个体分化感之间保持平衡时，慢性焦虑便由上一代传递下来，其影响现在依然存在。

（1）自我分化

鲍温的家庭系统理论的基石就是自我分化的概念，关于家庭内部导致个别性的力量及与之相反的实现整体感的力量。

这里涉及自我分化的两种过程。第一种自我分化关于人际，是把自我从他人那里分化出来，即个体与原生家庭的分化，个体必须能够体验到与他人的亲密感，但同时作为自主的个体而不陷入席卷家庭的情绪纠纷之中。

第二种自我分化关于内心，指的是理智与情绪之间的分化。个体必须发展使情绪与理智分离的能力，以及选择在特定时刻是受理智还是受情绪支配的能力。也就是说，分化良好的个体能够保持理智与情绪之间的平衡（在表达个体的情绪时能够忠于自己的信念），同时，能够保持客观性和灵活性（能独立于个体的家庭情绪）。情绪和理智的平衡始终是自我分化的目标。分化更多的是指一个过程而不是一个可以完成的目标，即它是一个生活的方向，而不是一种存在的状态（Friedman，1991）。

一个人与父母情绪分离的程度是其成长中的关键：在极端的情况下，依恋是如此强大以至于父母和儿童离开彼此都不能生存。这种"未解决的情绪依恋"相当于个人内部和家庭内部存在高度未分化。理智与情绪达到最大融合的个体（如精神分裂症患者）的功能最差，他们很有可能处在无意识或不由自主的情绪反应的支配之下，即使焦虑水平很低，也容易变得功能失常。

家庭系统理论假定，每一个人都有一种本能的力量推动儿童成长为情绪独立的人，作为一个个体去思考、感受和行动。同时，还有另一种本能的力量推动儿童与家庭保持情绪上的联系。由于这两种相对抗的力量存在，因而没有一个人能够从原生家庭中完全情绪分离。每一个个体的情绪分离程度也是不一致的。分化的基础水平很大程度上是由一个人与原生家庭之间的情绪分离程度决定的，这种分化通常可以持续一生。

（2）三角关系

按照鲍温的观点，两个人的系统是不稳定的，当两个人的关系出现问题的时候，就会拉进一位重要的家庭成员组成三个人的互动，第三者的加入会冲淡两个人的焦虑。于是，"三角化"就成为压力之下的两人系统试图达到稳定的一种常见方式。

一般地讲，家庭融合程度越高，形成三角关系的努力就越强烈且越一致；家庭成员的分化程度越高，就越不需要通过三角化过程来应对焦虑。家庭成员中未得到良好分化的个体更容易被卷入三角关系中以降低焦虑，当焦虑特别大以至于基本的三人三角关系也不能减轻其强度时，随后的苦恼便会扩散到其他人身上。随着更多人的加入，这个系统可能会变成一系列连锁的三角关系。

三角关系也并不是总能降低焦虑。凯尔和鲍温（Kerr，Bowen，1988）指出，三角关系至少有 4 中可能的结果：

① 平衡的两人关系会因为增加第三人而失衡，例如和谐的婚姻在孩子出生后出现冲突；② 平衡的两人关系会因为第三人的离去而失衡，例如孩子离家念书，父母婚姻的不和谐增加；③ 不平衡的两人关系会因为增加第三人而达到平衡，有矛盾的夫妻在孩子出生后把他们的焦虑投注在孩子身上；④ 不平衡的两人关系会因为第三人的离开而达到平衡，在矛盾中支持某一方的人的离开，会使得矛盾减少。

一般来说，家庭成员的分化不良会增加家庭内部三角关系形成的可能性，反过来，依赖三角关系解决问题也有助于维持特定家庭成员的分化。如，在一个丈夫-妻子-儿子的三角关系中，儿子可能倾听了夫妻双方对对方的抱怨并且与双方的关系均很好，但这对夫妻的问题依然没有得到正面的解决。

按照这个理论，假如治疗师（三角关系中的一方）能同时与夫妻双方保持亲密关系而不偏袒其中的任何一方，那么这对夫妻就可能学着把他们自己看成是独立的、分化的自我，同时又是夫妻。

（3）核心家庭情绪系统

核心家庭情绪系统是一个多代概念，讨论的是家庭中的情绪力量，用来描述家庭中过度的情绪反应或纠结。家庭系统理论家相信个体在婚姻选择和其他重要关系中倾向于重复他们在原生家庭中学到的相关模式，并把相似的模式传递给他们的孩子。解决当前家庭问题的唯一有效的方法是改变个体与原生家庭的交互作用。

鲍温（1978）认为人们会选择和自己分化水平相当的人作为自己的配偶。那么，相对未分化的人会被一个与自身的原生家庭融合程度相当的人所吸引。这些分化较低的人可能会变得高度融合，并将产生一个具有同样特征的家庭。在鲍温看来，由此而产生的核心家庭情绪系统将会不稳定，需要各种方法去减轻焦虑和保持稳定。核心家庭融合程度越高，焦虑和潜在的不稳定性发生的可能性也就越大，就越有可能倾向于通过冲突、疏离、一方功能的受损或妥协或联合起来对一个孩子过分关心等方式来解决问题（Kerr，1981）。

（4）家庭投射过程

家庭投射过程是指父母将自己的不成熟与缺乏分化的状态传给其子女的过程。在家庭中，父母并不对每一个孩子以相同的方式作出反应，也就是说，他们以不均衡的方式将其分化水平传递给孩子：有的孩子的分化水平高于其父母，有的则低于其父母，还有的孩子与其父母的分化水平相当（Papero，1995）。鲍温认为，有融合倾向、被关注的儿童对家庭内部的骚动和不稳定的初期迹象最为敏感。

家庭投射过程的强度与两个因素有关：父母不成熟的程度或未分化的程度以及家庭体验到的应激或焦虑水平。一方面，分化不佳的父母，自身未成熟，因而会选择他们所有孩子中最为幼稚的一个作为他们关注的客体，而不管孩子在家庭中的出生顺序如何；另一方面，假如夫妻中的一方对另一方不满时，会选择孩子作为保护对象，将自己的情感倾注在孩子身上。这种情感的投射看似是对孩子的一种保护，实际上在很多方面代替了孩子的意志，使得孩子与家庭产生更多的融合，难以与父母顺利地分离。

（5）情绪隔离

较少卷入投射过程的孩子，可能表现出更强烈的抵制融合、区分情绪和理智的能力。那些卷入较多的孩子尝试各种策略以长大成人。他们可能试图通过地理上的隔离（搬到另一个地方）、心理路障（停止与父母说话），或者自我欺骗（因为实际的联系已经被阻断，所以他们从家庭中解放出来了）等方式断开与原生家庭的联系。鲍温（1976）认为，这种假定的自由是一种情绪隔离，即为了断开情感联系而争取极端情绪的距离，并非真正的解脱。

情绪隔离反映了一个问题（潜藏着代际融合），解决了一个问题（降低了保持联系时的焦虑），并产生了一个问题（疏远了可能在亲密接触中获益的人）。情绪隔离通常会发生在焦虑水平和情绪依赖水平较高的家庭中，这两种家庭都是和谐的、具有凝聚力的家庭，但是，过度的依赖会使个体无法进行客观的思考，因而就会为了保护自我而寻求距离。

（6）多代传递过程

这是指家庭的情绪过程通过一代至另一代的长期传递的过程。也就是说在一代中表现出的家庭问题的方式对于下一代有预测作用。假设两个分化最低的家庭成员结婚，他们的孩子中至少有一个由于投射过程，将有更低的分化水平。这个人最终的婚姻——可能又是找一个类似的自我分化水平低的人——将更低的分化水平传给下一代成员，下一代成员又会依次传给下一代，等等。由于家庭中的问题有着多代传承的特征，为了对多代的家庭特征进行评估，鲍温引进了家谱图这种技术。家谱图作为一种实用性的工具有利于我们更好地理解家庭的特征。标准的家谱图有希望成为追踪家庭历史和关系的一种通用的语言。家谱图已经在家庭咨询师、家庭医生、健康保健的提供者中广泛应用。

（7）同胞兄弟姐妹的地位

鲍温相信托曼（Toman，1961）关于出生顺序和人格之间的关系的研究，这澄清了他自己关于同胞地位对核心家庭情绪过程的影响的想法。托曼假定儿童在家庭中的出生顺序形成了某些固定的人格特征。他提供了10种同胞情况（诸如哥哥、妹妹、弟弟、姐姐、独生子、多胞胎）的基本人格，指出如果婚姻中的双方在各自家庭中的排行越相近，那么这个婚姻成功的可能性就越大。于是，老大和另一个家庭的老二结婚会相处很好，老幺应与排行靠后的人结婚。他进一步主张，一般而言，那些在有异性同胞的家庭中成长的人比仅有同性同胞的人婚姻成功的机会更大。鲍温意识到夫妻间的交互作用模式可能与对方在其原生家庭中的位置有关，因为出生顺序时常预定了他或她在家庭情绪系统内的特定角色和功能。因此，可以预期与老幺结婚的老大，可能承担责任、做出决定等，老幺也根据其在家庭中的排行最小来期待这样的行为发生。两个老幺结婚，可能都会感到在责任和决策上负担过重；两个老大结婚，可能过度竞争，因为每个配偶都习惯于担责（Kerr，1981）。然而，请注意，这里所讲的是个人在家庭系统中的功能地位，而不是实际的出生顺序塑造了他们的未来期待和行为。

（8）社会退行

这一部分是鲍温理论体系中最不完整的一部分。在对社会退行（社会情绪过程）的理解中，鲍温认为社会与家庭一样，也包含了分别指向未分化和个别化的两股相反的力量。在慢性压力之下（人口增长、自然资源耗尽）和由此产生的社会焦虑氛围之中，很可能出现要求整体感的浪潮以及相应的旨在达到个别化的力量的销蚀。鲍温认为，其结果很可能是更多的不适和更进一步的焦虑。

3. 治疗理念

代际模型家庭治疗的基本治疗目标有两个：降低焦虑，减轻症状；提高每个家庭成员的自我分化水平。治疗的关键点在于必须重新开放封闭的家庭联结以及化解三角关系。

（1）家谱图

鲍温认为，家庭中任何症状都是家庭成员的分化程度与特定时期的焦虑相互作用的产物。在这些家庭中，夫妻中至少有一方仍然与自己的父母保持非常紧密的关系，并过多、过深地卷入其中，从而损坏了他们与自己配偶的关系。症状是依赖防御机制，起到抵消情绪系统的焦虑的作用。症状可能出现、消失、再现，其仅仅反映了焦虑的程度。因此，当一个症状变得严重时，家庭成员的焦虑程度就会明显增加。而只要症状呈现规律变化或吸收了家庭中过量的焦虑，家庭中其他人就可摆脱症状。

因此，咨询师首先要通过家谱图的方式收集和整理多代间家庭系统的重要资料，将已呈现的问题置于多代系统间的脉络之中，同时界定出主要的症状性三角关系及相关的三角关系，并在家庭内最为重要的三角关系上进行修正。咨询师需要制造出新的三角关系，让自己加入原有的两个家庭成员中。如果咨询师持续与配偶双方联系，却保持情感上的中立，配偶间便可以进入其解构三角关系与分化的过程。这种治疗性的三角关系可转换问题持续存在的三角关系，对家庭系统造成深远且持久的改变。

代际模型不主张改变个体，对解决问题也不感兴趣，而是希望通过会谈来增加自我理解和相互理解。治疗的重点在于探索过去的一代对现在家庭功能的影响，并围绕症状找出家庭规则中的问题系统。代际派咨询师们认为了解家庭的运作比具体的治疗技术重要得多，他们通过提问使家庭成员的情感反应速度下降，进而减轻焦虑，家庭成员不再去关注他人是怎样使自己不愉快的，而是将关注点转向作为参与者的他们是怎样卷入这种人际模式的。

（2）咨询师的角色与功能

代际模型的咨询师要客观化和中立化，不偏向任何一方，并且要有很高的自我分化水平以避免卷入三角关系中。中立包括三个方面的内容：对所有家庭成员的中立态度，不站在任何一个家庭成员的一边；咨询师对待家庭的信仰、价值观、社会准则和阶层观念持一种中立态度；咨询师对家庭的改变和结果保持中立，这意味着咨询师并不提倡某种改变，也绝不能将某种改变强加于某个家庭之上。

咨询师和家庭之间保持距离会使咨询师更为客观地判断家庭关系，同时也避免被卷入。这样做有三个目的：为家庭成员树立了榜样，即如何成为独立的个体并摆脱三角关系的束缚；避免将咨询师自己的焦虑带到家庭中，扰乱家庭关系；有效消除家庭成员对咨询师的阻抗。

（3）家庭评估

使用叙述和整理当前问题的历史沿革来对家庭系统进行评估，确切记录日期，并稍后在扩展家庭生命循环过程中检验事件发生与日期之间的关系。接下来是核心家庭的历史，包括父母何时相遇、求爱、结婚和抚养孩子等信息。应该注意的细节包括家庭在何处生活和何时搬迁，特别是扩展家庭亲戚的居住地。评估的下一部分是配偶双方出生、在同胞兄妹中的位置、孩童时期的重大事件和父母在过去和现在的身体状况。所有这些信息将在至少包括三代人的代际图中被记录下来。

（二）萨提亚家庭治疗

V.萨提亚（Virginia Satir）是一个极富号召力的领袖，她常常以一个温暖的、支持性的、亲切热情的、真诚的形象呈现与家庭面前（常常是在示范中而不是预先与家庭的接触中），并怀着人性本善和"爱是治愈的力量"的信念。在1988年去世前的30多年里萨提亚一直都是一个高产的作家。尤其因为她鼓舞人心的家庭治疗示范而闻名于世。在她的理论中，她补充了人本主义的框架和对大量促进成长的技术（感觉意识、舞蹈、体触、团体交流技术）的强调以唤起感受并澄清家庭沟通模式。在她后期的著作中，萨提亚（1986）将她的方法确定为人性验证过程模型，在这个模型中，咨询师和家庭通力合作以激发家庭内在的健康成长过程。

1. 症状与家庭平衡

萨提亚把家庭中个体成员的症状看成是成长受到阻碍的一个信号，如果家庭系统要保持平衡，就需要所有成员保持某种形式的阻碍和扭曲。家庭成员的当前症状给萨提亚（1982）提供了线索，用以"解开由每个人被扭曲、忽视、否认、投射、无助和未发现的部分"缠绕在一起的网。

2. 个人成长与发展

萨提亚认为，三大因素影响着我们的发展。① 不可改变的遗传天赋决定了我们的生理、情绪和气质潜能；② 成长过程中习得的学习结果；③ 持续的身心交互作用。儿童对最初的生存三人组（父亲、母亲、孩子）的经验是自我同一性的基本来源。心灵、身体、感受三者的结合对个人成长的影响同样重要。

如果咨询师能够帮助家庭利用自己的潜能来滋养自己，那么所有人都能够拥有他们积极成长所需的全部资源。建立自尊、增进自我价值、扩展意识、暴露并校正家庭沟通方式中的差异，都是萨提亚努力帮助每个家庭成员发展"幸福感"并尽可能变得"完整"所要处理的问题。

3. 生存姿态

萨提亚坚持认为家庭沟通的方式反映了其成员的自我价值感。功能失调的沟通（间接的、不清楚的、不完整的、没有澄清的、不准确的、扭曲的、不适当的）是功能失调家庭的特征。为了（以一种夸张的方式）表现出人们对自我价值的内心感受，萨提亚发展出了五种生存姿态（或称沟通姿态）的概念。

（1）讨好

讨好姿态常常以一种令人愉快的面目出现，因此在大部分的文化和家庭中得到高度的接纳。讨好以牺牲自我价值为代价，否定我们的自尊，并传递给他人这样的信息：我是不重要的。当我们讨好他人时，即使自己感觉不好，也会对别人和颜悦色。常常忙于帮助他人减少他们的困扰和麻烦，好像自己存在的唯一目的就是解决他人的问题。除此之外，他们还会坚持为那些出错的事情背负责骂。常见内心独白如下：

"我不值得一提。我不值得被爱。"

"我应该永远对别人和颜悦色。"

"我决不能让别人生气。"

"我不可以冒犯任何人。"

"这全是我的错。"

讨好姿态是单膝跪地，向上伸出一只手给予，另一只手则紧紧捂住胸口。这一姿态向他人表明："我愿意为你做任何事情，如果你看到我正在保护自己的心脏，也许就不会杀死我。"

又或者是双膝跪地，一只手撑在地面上，用另一只手挡开一个迫近的攻击。有时，这个人的第二只手环绕在自己颈部，让人搞不清楚他是想要什么东西，还是在保护自己。

（2）责备

责备是一种与讨好截然相反的姿态。责备的姿态用不一致的方式反映了这样一种社会准则：我们应该维护自己的权利，不接受来自任何人的借口、麻烦或辱骂。我们绝不可以表现得"软弱"。为了保护我们自己，不断烦扰和指责其他人或是环境，把攻击他人作为保护自己的武器。经常责备他人的人，也会时常断绝自己与他人的亲密关系，当他们渐渐意识到自己的孤独时，又常常会酣畅淋漓地大哭，声称如果不是因为其他人的缘故，他们一切都好。这些人深信，如果将自己的低自尊暴露给别人，那就死定了。责备者常见的内心体验是：我是孤独且不成功的。常有的内心独白是：

"这都是你的错！"

"就是因为你我才这么痛苦。"

"你从来没有做对过一件事。"

"我说了那么伤人的话全都是因为你惹我生气！"

要雕塑出责备者的姿态，需要挺直脊梁，并用一根挺直的手指指向他人。责备者需要迈出一只脚来达到唬住人的目的，为了保持身体平衡，将另一只手放在腰际。同时皱起眉毛并绷紧脸部肌肉。

（3）超理智

超理智的沟通模式既不关心自己的感受，也不关心他人的感受，漠视自己和他人的价值，他们似乎冷酷无情、严厉、极度客观，只关心对错，没有感情。他们经常提到规则和"正确的"事物，其显著特征就是保持非人性的客观。常见内心独白如下：

"一切都是学术的。"

"一个人必须有才智。"

"一个人必须冷静、镇定——不惜任何代价。"

超理智反映出一个社会准则：成熟意味着不去触碰、不去审视、不去感受，也不抒发我们的情绪感受。看似智慧，实则是退出人群，承受孤单。超理智者的内心体验是：我感到脆弱和孤立。

要表现出超理智的姿态，我们需要站得笔挺僵直，毫不动弹，将胳膊放在体侧或是对称地抱在胸前。由于站得太过僵直，我们很快就会感到严重的背痛。我们的双脚完美地紧贴对齐。总是一本正经的样子，我们的脸变得毫无表情。

（4）打岔

打岔模式是超理智的对立面。处于打岔状态的人似乎一刻也不能保持静止。他们企图将别人的注意力从正在谈论的话题上引开，不知不觉把对话弄得离题千里。打岔者不断变换想法，总是通过打断来获得别人的注意。对打岔者来说，自我、他人以及他们互动的环境背景都不具有任何价值。常见内心独白如下：

"我跟你说，你这个事情不能这样做，你最好……"

"咦，这是什么？哎呀，很不错的照片。"

人们常常会给打岔者贴上"自主、快乐"的标签，人们常常对他们的出现充满欢喜，因为他们总是可以打破各种绝望的氛围。但实际上，打岔者的内心体验是：没人关心我，没有属于我的地方。

打岔者看起来歪歪斜斜。处于一种背部扭曲但仍然站立的姿态，她的两膝相对，两只胳膊和手掌都面向上伸出。她的头竖起来，严重地倒向一侧，两眼凸出，嘴巴张开并扭曲着，脸上很多部位都在抽搐。要想在这种极端不稳定的状态下维持平衡，打岔者必须不断移动。

每种沟通姿态都包含着达到完善的种子：讨好当中隐藏着关怀的种子；责备当中隐藏着决断的种子；超理智中有才智的种子；打岔中是创造和变通的种子。

（5）表里一致

表里一致，确切地说，并不是一种姿态，而是一种完满的状态，是我们决定成为更加完善的个体的选择。高自尊和表里一致，是检测个体是否具有更加完善的机能的两项重要指标。当我们表里一致时会有如下特点：

① 对自我独特性的欣赏；

② 自由流动于自身内部和人与人之间的能量；

③ 对个性的主张；

④ 乐于相信自己和他人的意愿；

⑤ 愿意承担风险，并处于易于受攻击的位置；

⑥ 能够利用自身具有的内部和外部资源；

⑦ 能对亲密关系保持开放的态度；

⑧ 拥有能够成为真实对自己并且接纳他人的自由；

⑨ 爱自己、也爱他人；

⑩ 面对改变，具有开放和灵活的态度。

当我们决定做出一致性反应的时候，我们想到的不是去赢得某场胜利，不是去控制他人或情境，也不是保卫我们自己或忽视他人的存在。选择的一致性意味着我们选择成为真实的自己，与他人进行接触沟通时建立直接的联系。我们希望能够站在一个既考虑自己又关心他人，同时也充分意识到应在当前情境的角度上，对问题做出反应。

总之，儿童出生之后，就成为世上既有系统的一部分，家庭则是他们的生活中心。儿童所进入的家庭都早已有许多规则，随着他们的成长，还会有更多的规则陆续建立。这些规则不会都以口头形式表示出来，也可能表现在行为反应与互动中。儿童在成长过程中避不开这些规则。他们刻板地接受这些规则。在健康的家庭里，规则不多而且会应用得很好。这些规则符合人性，具有弹性，能适应不同的情境。最重要的规则有两类：一类涉及个体化，一类涉及沟通。这些规则会影响一个家庭的开放程度，也会左右家庭成员适应改变的能力。

4. 家庭雕塑

家庭雕塑无疑是家庭治疗中最有趣的强烈体验性的方法。其任务是把家庭关系通过姿态和位置体现出来，这样一来就实现了一条通向复杂的家庭系统不同层面的快速通道（施魏策，韦伯，1982；杜尔，1992）。以这种方式做到象征性地呈现家庭关系，根本不需要考虑语言，所以往往很快就能够被理解。萨提亚举办的一个研讨会上有这样一个小情节：

在研讨会上的一个家庭会谈中，母亲开始对女儿抱怨并进行攻击。萨提亚打断她："我想给您展示一下我看到了什么，可以吗？"她拿着母亲的手并让她伸出手指指着女儿。当问到女儿，如果母亲这样做，她会做什么时，女儿转过身背对着母亲。"这是您想要的吗？"萨提亚问母亲。母亲否认了，萨提亚让女儿摆出了浮现在她眼前的画面：站在母亲对面，背对着母亲。"您是如何做到让女儿这样做的呢？"母亲想了很长时间，最后把指着女儿的手指变成了摊开的手掌，这样一来就有可能谈论需求和希望。

家庭成员在摆雕塑的时候显然能很确切地将内心的图画呈现出来，通过一种显而易见的躯体语言，把这个画面"恰当地"呈现出来（"不，您得再往右一点儿，请把头向那边转一些！对，就是这样！"）；同时，这种反映出家庭成员甚至角色扮演者的反馈，往往与其主观体验有高度的吻合（"我就是这种感觉！"）。家庭雕塑这个工具虽然可以用来加强谈话或形成假设，但不可作为现实的"写照"。

施魏策和韦伯（Schweitzer，Weber，1982）提出一些雕塑工作的基本要点，咨询师可以通过相应的提问来支持摆雕塑的成员：

- ✿ 身体空出的距离作为情感距离的象征：谁与谁的距离有多近，有多远？
- ✿ 上下作为等级结构：谁最说一不二，甚至可能要站在椅子上？
- ✿ 谁在决策等级中位置最低，可能要坐在椅子上或者甚至躺在地上？
- ✿ 表情和姿态作为不同结构的表达：谁抓着谁？谁朝哪边看？谁可能弯着腰？谁紧握着拳头？谁的手是摊开的？谁悄悄地摇晃着站在台子上的领导的脚？

咨询师鼓励"雕塑家"，要运用、尝试和改变所有这些基本要素，直到他满意为止。其他成员在位置上坚持不动，并体会与之相联系的感受。所表达的感受、改变的愿望和替代的画面都可能成为一个激烈争论的主题。

第十章

团体心理咨询

第一节　团体心理咨询简史

在我们所处的较大的社会里，我们从出生就归属于团体。整个一生中我们在不同的团体间迁移，我们所经历的不同团体生活决定性地塑造了我们。无论是家庭、学校、工作单位还是社交场合，人们遇到的问题大多是人际关系问题，在团体心理咨询的互动过程中，成员的问题会直接呈现出来，便于人们觉察和有效地改进。

一、历史回顾

团体心理咨询是欧美国家首先发展出来的一种心理治疗技术。如果归功于弗洛伊德，那或许是因为他在奥地利维也纳 19 格港街举办的每星期三小组会议。或许它还归功于美国心理学家普拉特（John Pratt），他用团体"课程"对肺结核病人的治疗更符合我们所认为的团体治疗。

在 1905 年的美国，当时的普拉特是一名医生。由于医疗水平有限，肺结核病人可能终身带病并有传染他人的危险，被大家远离和回避。因此，病人们除了有身体的疾患，还有情绪上的困扰。在临床治疗肺结核病人的过程中，普拉特发现当患者聚集在走廊和候诊室等待看医生时，气氛改变了。普拉特觉得这个现象很有趣，这时患者们似乎很享受有机会谈论各自的病情。他们说话的语气变得生动活泼，似乎谈话本身具有令人振奋的效果。这个发现让普拉特突发奇想：何不利用这种自发的情况将它转化为治疗的优势呢？于是他把患者组成 15～20 人的团体，由他来带领。普拉特用激励患者的方式演讲，敦促他们为自己的健康负责，鼓励患者自己记录病情并在团体中报告和分享取得的进步。普拉特后来把他的团体方法拓展到罹患其他躯体疾病和精神疾病的患者以及令人困惑的边缘性患者的治疗中。团体治疗的历史学家认为普拉特是团体治疗的开创者，同时也是精神病学和心身医学领域的先驱。

（1）心理剧。最先提出并使用"团体心理治疗"概念的是维也纳精神科医生莫里诺（J.L.Moreno），他首创了一种以现实生活为模式的团体心理治疗方法——心理剧（psychodrama）。在心理剧中，团体成员随机扮演不同角色，团体领导者作为导演，其他团体成员作为演员，而观众则给剧中主角予以反馈，或一起参与表演。

（2）T小组。第一个T小组（T代表着训练）于1946年诞生于美国缅因州教堂的一个国家训练实验室（National Training Laboratories，NTL）。T小组的关注点从任务的完成演变为强调人际关系，从团体成员的相互影响中学习。

（3）会心团体。会心团体由罗杰斯创立，注重团体成员的个人成长而不是团体本身。会心团体是为那些功能正常的想要获得成长、改变和发展的人所准备。

（4）亚隆团体。根据亚隆先生的团体治疗相关理念和实践经验总结出来的规律，进行相应的团体设置，开展咨询活动，以期达成亚隆团体的相应疗效的治疗团体实践形式。

二、团体心理咨询的类型

团体咨询因考虑的因素、设计的内容不同有多种分类标准。

（一）根据团体功能

1. 成长性团体

该团体注重成员的身心发展，协助成员自我认识、自我探索进而自我接纳和肯定，如自我成长团体、自我肯定团体、领导才能拓展营等。

2. 训练性团体

该团体重视成员生活能力的充实与正向行为的建立，如人际关系训练团体、敏感力训练团体、亲子效能训练团体等。

3. 治疗性团体

此类团体注重成员经历的解析、人格重塑与行为重组，如精神分析团体、亚隆团体、心理剧工作坊、家庭系统排列等。

（二）根据团体内容

1. 结构性团体

此类团体具有预先设立的目标和活动内容，领导者的角色明确、团体在预定的目标和方向下进行，成员的自主性和自发性相对较小。

2. 非结构性团体

这类团体中领导者根据成员的需求、团体动力的发展以及成员互动的关系来决定团体的目标、过程及运作方式。领导者的任务是催化、支持，以非指导性的框架进行。

3. 半结构团体

该团体介于上述两种之间，领导者在一次团体前半段可运用一些团体活动导入，激发团体的动力，然后再根据团体的动力和成员的需求运作团体过程。

（三）根据成员参与情况

1. 开放性团体

此类团体成员较不固定，成员的加入或退出均需要尊重个人的情况、需求和意愿，成员的流动性会带来不同程度的冲击，例如读书会、理论学习小组等。

2. 封闭性团体

此类团体成员固定，相互的熟悉程度高，团体凝聚力与信任感较强，成员的加入或退出都会影响团体动力。一般而言，大多数的咨询团体、辅导团体都属于封闭性质。

3. 定期开放性团体

有些治疗团体会制定一个封闭期，如15次为一个治疗周期，到期后根据成员自主自愿的原则，有的成员离开，有的成员留下来继续进行下一个周期的团体咨询，领导者再补充一些新的成员加入。

（四）根据成员背景

1. 同质性团体

此类团体成员的特质较为相近，包括性别、年龄、学历、职业、处境、问题等。因此同质性团体的成员容易产生"在一起"的感觉，凝聚力强，相互的支持性高。如"单亲妈妈"团体、"大学生人际关系调适"团体等。

2. 异质性团体

此类团体成员的属性差异较大，情况较为复杂，所需要解决的问题大相径庭。异质性团体相当于一个宏观社会的缩影，团体成员存在多种不同的人际风格以及内心冲突，当成员处于一种不和谐或失调的状态时，其不良的人际互动模式就会清晰地呈现出来，并与其他成员联结、互动、相互学习，最终将团体中学习到的成功体验迁移到现实生活中去。

三、团体咨询的疗效因子

亚隆（Yalom，2005）认为治疗性的改变是一个复杂的过程，而且是经由人类各种经验错综复杂的交互作用产生的。这种交互作用被他总结为11种"疗效因子（therapeutic factors）"。

1. 希望重塑（Instillation of hope）

有几项研究证实，治疗前对获助的高度期待与积极的治疗结果间有显著的相关性。同时，也有大量的数据记载"信念治疗法（faith healing）"和安慰剂治疗（placebo treatment）的有效性——这些完全是通过让来访者建立希望和信心来进行治疗的方法。在心理治疗中，当来访者与咨询师对治疗有共同的体验时，更有可能出现积极的结果。团体咨询师必须尽一切努力来增加来访者对团体治疗疗效的信心。

（1）在治疗开始前，甚至在团体成立前的介绍中，咨询师要增强来访者的积极的期望，去掉负性的成见，还要对团体的治疗性质做一个清楚的、有力的说明。

（2）团体所特有的希望感也是治疗紧张的重要资源。治疗团体中必定含有应对方式不同程度受损的个体，团体成员能够意识到团体的作用和其他成员的进步（尤其是和自己有相似问题的成员），就会对自己的进步持乐观态度。团体领导者应定期提醒成员对自己进步的注意，毫不迟疑地与现在的团体成员共享这一消息。当充满疑惑的新成员加入时，老成员们经常会自发地提供见证。

（3）咨询师相信自己以及相信团体的效能也是非常重要的。

2. 普遍性（Universality）

许多来访者初入团体时，忧心忡忡，认为他们是唯一的不幸者。随着团体活动的深入，成员意识到其他成员也有与自己相似的感受或问题，自己并非唯一不幸的人，该成员的共鸣油然而生，犹如"回归人群"的感觉。尽管人类的问题十分复杂，但它们仍然具有某些共同的本质，治疗团体的成员很快就能看到彼此间的相似之处。亚隆先生在很多年的团体活动中，要求训练团体的成员完成一种"最高秘密"的作业，成员们被要求在纸上匿名写下他们心里最不愿意和他人分享的一件事。令人惊讶的是，这些秘密竟如此相似。常见秘密是深信自己能力不足，感觉如果他人真正认清自己，就会发现自己的无能，并看穿自己的虚张声势；其次是人和人之间深深的疏离感，许多人表示他们不会也不能真正地关心或爱一个人；第三种常见类型是各种关于性的秘密。普遍性对承受着羞耻和自责的来访者而言，是治疗的首要程序。同质性团体中的成员由于有着共同的亲身经历，他们相互之间就可以进行有力的真实性交流。团体领导者须引导成员看到大家的共同性，使彼此产生共鸣，减轻担心和焦虑。

3. 传递信息（Imparting information）

传递信息指的是由咨询师提供的教导式指导（didactic instruction），包括咨询师对精神健康、精神疾病和一般精神动力学知识的指导，以及咨询师或其他团体成员给出的忠告、建议或直接指导等。

（1）教导式指导

教导式指导包括：① 心理教育；② 改变病理性思维，如给成员进行一些认知疗法的治疗，传授一些关于疾病本质或生活情况等方面的具体指导，检查他们对疾病的错误概念和自欺欺人的反应；学习基于正念和冥想的压力放松法，用接纳和不评判的态度清晰地面对自己的感受和想法，以此来减轻压力，改善焦虑和抑郁；③ 提供理论框架以及疾病解释的过程等，如丧亲团体的领导者会解释哀伤的自然发展阶段，以帮助成员认识痛苦的过程，从而经历痛苦，并最终摆脱痛苦；对于 HIV 检验呈阳性的来访者，领导者会提供大量与疾病相关的医疗信息，矫正其非理性的恐惧和对传染的误解，并建议成员把自己的现状告诉别人，选择较少引起罪恶感的生活方式。

解释和澄清本身就是有效的治疗因子，因为人们总是憎恨不确定的东西，弗洛姆（Fried Fromm-Reichman）特别强调不确定因素在产生焦虑中的作用。她指出，当人类了解到他们不能主宰自己，人类的知觉和行为受到非理性力量的控制时，焦虑就产生了。而当今世界往往使我们不得不一个人面对恐惧和焦虑。如果人们在面对创伤性的焦虑时采用积极的应对方式（如热爱生活、畅所欲言、相互支持），而不是在消极回避中退缩，那将很有帮助。

（2）直接忠告

在互动治疗团体的早期，给予成员忠告是很普遍的，但对某些问题的具体忠告能给来访者带来直接好处的例子几乎没有。当然，重要的是忠告的过程，而非忠告的内容，因为它暗示并传递了成员间相互的兴趣和关心。

给予忠告和寻求忠告的行为，常常是说明不良人际关系状况的一个重要线索。

① 一个"拒绝帮助的抱怨者"（help-rejecting complainer）或是个玩"是的……但是……"（yes…but）心理游戏的来访者，不断向别人索求忠告和建议，但总是拒绝这些忠告或建议；② 一些来访者为了获得注意和关爱，搜求对某个问题的建议，当然这个问题可能是无法解决的或早已被解决了的；③ 有些来访者不可抑制地渴望忠告，却从不回报有相同需求的人；④ 一些人热衷于在团体中保持养尊处优或显得冷酷而自信，因为他们从不直接寻求帮助；⑤ 一些人急于取悦别人，以至于他们对自己从来都是置若罔闻；⑥ 一些人恭维之情溢于言表；⑦ 一些人则从不承认得到的帮助，只待在僻静独处时细细品味。

其他不是以人际互动为焦点的更具结构性的团体，则能对直接建议和指导进行具体而有效的利用。最无效的忠告是直接给予建议，最有效的则是给出比较系统的可操作性的指示或是一系列关于如何达到某种目标的可供选择的建议。

4. 利他主义（Altruism）

在团体里，成员通过付出而有所收获，有些成员长期以来就认为自己是一个包袱，当发现自己对别人很重要时，这种体验会使他们振作起来并感到自尊，从而获得积极的自我认识。在团体治疗的过程中，来访者彼此都获得很大帮助。他们相互提供支持、保证、建议和领悟，而且共同分享类似的困惑。通常，团体成员比较容易接受同组成员的观点，而较难接受团体咨询师的建议。新的团体成员一开始并不重视其他团体成员的治疗作用，他们认为："瞎子如何能带领瞎子？""我怎么可能从和我一样困惑的人身上学到东西，我们只是惺惺相惜罢了。"通过探索来访者苛刻的自我评价，并不难处理来访者的这种阻抗，即一个不敢期望从他人那里得到帮助的来访者，其实是在说："我没有任何有价值的东西可以提供给别人。"咨询师应鼓励成员之间相互帮助，在给予与接受中互惠互利。

5. 原生家庭的矫正性重现（The corrective recapitulation of the primary family group）

大多数成员在进入团体时都带着从最初也是最重要的团体（原生家庭）中感受到的不满经验，而治疗团体在许多方面都类似家庭：有权威/父母的角色、同辈/兄弟姐妹角色、深刻的人际关系、强烈的情感以及身后的亲密感和敌对的、竞争的情感。实际上，治疗团体经常由一对男女咨询师带领，尽可能地营造类似父母般的氛围。一旦克服最初的不安，那么成员迟早会以曾经与父母双亲及兄弟姐妹互动的方式在团体中与领导者和其他成员互动起来。

如果该团体的领导者在团体中被视作父母的角色，那么团体成员将会把领导者与父母/权威形象联系起来，例如：① 极度地依赖领导者，赋予领导者不切实际的全知与全能；② 盲目地反对领导者，认为他们把自己当成小孩，并加以控制；③ 对领导者持警惕态度，认为他们试图剥夺成员的独特性；④ 试着分裂协同咨询师，如同当初挑起父母之间的不和；⑤ 在协同咨询师离开时，才暴露得最深刻；⑥ 和其他成员激烈竞争，努力争取团体的注意和领导者的关心；⑦ 当领导者注意力集中于其他人时，有些学员就笼罩在妒忌中；⑧ 在其他成员之间寻求联盟，企图颠覆领导者的领导；⑨ 完全将个人利益置于脑后，看似无私地努力满足领导者和其他成员的需要。

亚隆先生回忆，在他开始某次为期一年的休假前的最后一次团体聚会中，有个来访者叙述了一个梦："我爸爸将离家远游，而我和一群人在一起。我爸留下一艘大游艇，可是他没有送给我，却给了我的一个朋友，我很生气……"来访者的父亲在来访者小时候就离家远走，使他后来一直被哥哥欺负，来访者说这是他多年来第一次梦见父亲。团体里发生的几件事，刚好都和沉睡已久的记忆不谋而合，包括咨询师将要离开，新的咨询师要来接替；来访者被协同咨询师（一位女士）所吸引；他对团体中某个专制欲很强的成员的反感。来访者会在团体治疗中重温家庭的体验，如果治疗成功的话，他将能尝试新的行为，并挣脱一直被禁锢于其中的以往的家庭角色。

早期家庭冲突的复现是重要的，矫正性的复现更加重要。领导者引导成员对固有的角色进行探索和调整，鼓励尝试新行为，修通未完成、未处理的情结，促使成员产生矫正性的情感体验。

6. 发展社交技巧（Development of socializing techniques）

通常，社会学习，即基本社交技巧的培养，是所有治疗团体中的疗效因子。在其他团体中，社会学习是比较间接的。在动力性治疗团体（dynamics therapy groups）中，基本规则是鼓励坦诚相待，因此成员可能会对自己的不良社会行为获得大量信息。

一个来访者多年来总觉得别人要么躲避，要么干脆拒绝和他交往，在团体治疗里，他了解到那是因为他总是抢着说话，而且唠叨不停，不着边际。几年后他告诉亚隆先生，他生命中最重要的一件事就是，一个团体成员（他早已忘记那个人的名字）告诉他："当你谈论你的感受时，我喜欢你，想和你靠得更近一些，但当你开始谈论那些事实和细节时，我就想离开房间！"

治疗是个复杂的过程，团体为成员提供一种环境，允许成员用更具适应性的方式进行互动。通常，经过较长时间团体治疗的成员会得到高度成熟的社交技巧：① 他们学会了融会贯通；② 他们学会如何有效地回应他人；③ 他们知道解决冲突的办法；④ 他们较少进行主观评价且更善于准确地体验和表达共情，从而减轻社交困扰与焦虑，获得高度成熟的社交技巧。

7. 行为模仿（Imitative behavior）

在个体治疗期间，来访者的言谈举止会逐渐与他们的咨询师相似。在团体中，模仿过程更是普遍：团体成员会像模仿领导者那样去模仿其他成员；团体成员也会通过观察具有类似困扰的成员的治疗而获益。这种现象很常见，一般被称为替代治疗或观察治疗。

8. 人际学习（Interpersonal learning）

（1）人际关系的重要性

基于沙利文的早期贡献和他精神病学的人际关系理论，心理治疗的人际关系模型变得重要起来。沙利文认为，人格的形成可看作是个体与生活中重要任务相互作用的产物，与他人建立亲密联系的需求同其他生物性需求一样是一种基本需求；人际的扭曲是可以矫正的，主要通过一致性确认（consensual validation），即个体将自己和他人的人际评估加以比较。个体在了解其他成员对一些重大事件的观点以后，常常会渐渐改变自己扭曲的看法。

亚隆说："人们内心的困扰均源于人际关系的冲突，最好的解决之道就是利用团体动力去化解。"

美国著名的心理学学家、哲学家威廉·詹姆斯（Willian James）曾说："人类不仅是需要同类相伴左右的群居性动物，而且我们有这样一种天生的倾向，即希望被同伴注意，希望获得赞同。对一个人来说，最大的惩罚是脱离社会，并完全地被人遗忘，而不是躯体上的处罚。"

通常，治疗的目标和方式都是围绕人际关系的，这并不是指参加团体治疗的来访者都必须以处理好人际关系为目标，而是在参加团体三到六个月之间的来访者，他们的治疗目标常常会出现改变，他们想减轻痛苦的最初目标逐渐被调整为人际关系的改善。

（2）矫正性情感体验

1946 年，弗兰兹·亚历山大（Franz Alexander）说心理治疗的根本是在来访者同意的情形下，使来访者暴露于他过去不能处理的情感经历中，然后帮助来访者经历矫正性情感体验，这种体验可以修复来访者既往经历中的创伤性影响。团体治疗比个体治疗更容易出现矫正性情感体验，因为团体本身包含各种各样的角色关系，如手足之争、赢得关注、争夺权利、性别差异、情感扭曲和成员间社会阶级、教育程度以及价值观的冲突。亚隆先生在团体结束后，常常会询问来访者一些治疗中的决定性事件、转折点或是最有帮助的某个事件。

① 团体中最常见的重要事件往往与他突然对其他成员表达出不满和愤怒情绪有关。

- ⬡　来访者表达出强烈的负性情感。

- ⬡　对来访者而言，这种表达是一种独特的或新奇的体验。

- ⬡　来访者总是害怕表达痛苦，但一旦表达，灾难并未随之而来，并没有发生想象中的灭顶之灾。

- ⬡　产生现实检验。来访者既认识到表达愤怒的强度和指向是不恰当的，又认识到先前逃避情感表达也是没道理的。来访者有可能获得一些洞察，也就是了解自己的不恰当情感或逃避先前情感表达的某些原因。

- ⬡　来访者可以更自由地互动，更深入地探索自己的人际关系。

②最常见的决定性事件往往和强烈的矫正性情感有关。

- ⬡　来访者表达出强烈的正性情感，而这在他们的日常生活中并不常见。

- ⬡　来访者所害怕的结果没有发生——没有被他人嘲笑、拒绝、利用和攻击。

- ⬡　来访者发现了以前不了解的自我部分，因此能够用新的方式与他人接触。

③来访者回忆起的事件，常常包含自我暴露的内容，他们更深入地投入到团体中。

总之，在团体中，治疗是一种情感性和矫正性的体验。来访者冒险表达人际关系方面的强烈情感；团体的支持足以使这种冒险发生；现实检验允许来访者通过团体成员的一致性确认对事件重新认识；承认某种人际感觉和行为或所逃避的人际行为是不恰当的；个体与他人更深入更真诚地互动的能力最终得到促进。

（3）团体如同社会缩影

一个很少有框架限制、能自由互动的团体将最终发展成一个全体成员参与的社会缩影。随着团体的时间推移，成员们将自动地、必然地开始在团体中表现出他们适应不良的人际关系行为。他们不需要描绘或提供他们的病史，因为他们迟早会在团体成员面前把它们展现出来，甚至是自我报告中的不可避免的盲点也会不知不觉表现出来。愤怒、仇恨、苛责、自我抹杀或爱出风头的成员，在团体初期就会产生大量的人际问题。他们不恰当的社交模式将很快引起团体的注意。其他人可能需要更多的时间在此时此地的团体治疗中呈现他们的问题。团体成员和团体环境间有着丰富而微妙的动力学互动。成员会塑造自己的社会缩影，会逐个吸纳每个人特有的防御行为。团体互动越自发，社会缩影的发展就越快速真实，反过来，团体成员中主要的、成问题的议题被引出和讨论的可能性就越大。

咨询师首先要辨认出来访者重复出现的适应不良的人际模式，提供确凿的证据，包括其他成员对他的反应（作为共识效度）。其次咨询师要善于利用自己的反移情，即被成员的人际行为"钩住"时，要拒绝参与来访者驾轻就熟的人际互动，打破来访者的惯性循环——治疗价值才会随后出现。

9. 团体凝聚力（Group cohesiveness）

有研究证明，取得有效治疗效果的必要条件是恰当的治疗关系，即咨询师与来访者之间充满信任、温暖、共情性理解及接纳，而治疗关系的质量与咨询师的学派背景无关。凝聚力是团体成员留在团体中的所有力量的综合，或者是团体对成员的吸引力。

成员们在团体中感觉温暖、舒心、有归属感；成员的出勤率和参与度高，彼此有更多的支持，在团体中感觉到自己的价值，被其他成员无条件接纳。

团体成员的情感联结和对团体有效性的体验共同作用于团体凝聚力。疗效好的成员与其他成员有更加相互满意的人际关系；凝聚力高的团体中，成员有更高水平的自我暴露。实验室任务团体证明了，团体凝聚力的增加会产生许多影响疗效的因素。

在团体中，凝聚力强并不等于舒适度高。在凝聚力强的团体中，不仅成员彼此间较能表达敌意，而且也有证据表明，他们也较能对领导者表达敌意。能对领导者表达负性感受的团体，通常能因此而变得坚强。这对于直接沟通是一种很好的练习，并带来重要的学习经验，即直接表达敌意并不会引起不能挽回的不幸事件。如果领导者是真正的愤怒对象，成员直接与领导者对质，要比将愤怒转向某个成员（替罪羊）更可取，因为我们认为领导者比团体成员中的替罪羊更能承受对质。整个过程是自我强化的过程；众人攻击领导者，而领导者以不防卫、不报复的态度处理，会使团体凝聚力进一步增长。

10. 情绪宣泄（Catharsis）

开放的情绪表达对团体治疗的过程极为重要。在早期乳腺癌的女性患者中，相对于那些回避、压抑痛苦的患者，能够良好表达情绪的患者拥有更好的生活质量（A.Stanton，2000）；在艾滋病男性患者中，相对于那些极力掩饰自身的痛苦、回避哀伤过程的患者而言，能够表达自己的情绪、悲伤并且从丧失中寻找意义的患者的存活时间更长（J.Bower，M.Kemeny，S.Taylor，J.Fahey，1998）。弗洛伊德和其后所有动力学派的咨询师已经了解到，单有情绪宣泄并不够。在现实生活中，我们都有情绪宣泄，但我们的生活并未因此而改变。事实上，仅仅选择情绪宣泄而没有认知改善的成员，相对疗效较差。成员在团体中表达对过去的或对此时此地经历的感受，这种表达使成员的感觉更好。领导者需要帮助成员释放过去压抑的感情。

11. 存在性因素（Existential factors）

治疗中的存在性因素包括：生命有时候是不公平的；生命中有些痛苦和死亡终究是无法逃避的；无论我和别人多么亲近，我仍须独自面对人生；面对生死，我更能诚实地生活而不被细枝末节的小事羁绊；无论从别人那里得到多少指导和支持，我终究要为自己的生活负起责任。

这个因子里包括了好几个议题：责任、基本的孤独、命运的偶然性、生存的反复无常、生与死的自然规律。这些与"存在"相关的因子——我们直面人生——一种告知我们严峻的生命存在的事实：我们对建设生活蓝图的道德、自由和责任，我们与生俱来的孤独，我们对生命意义的求索——虽然我们不幸地生活在一个没有本质意义的世界中。事实上，整个存在意识因子的条目都被来访者评价得很高，排名在一些很受重视的改变方式（如普遍性、利他性、原生家庭体验的重现等）之前。存在主义的治疗注重对死亡、自由、孤独以及人生目的的意识。目前，欧洲的治疗圈比美国更能接受这种观点，但是从欧洲传来的存在主义传统也被美国化了。理论框架还是欧洲的，但实际内容已经是不折不扣的新大陆腔了。欧洲人的注意放在存在的悲剧性层面，放在限制上，放在面对体验不确定性及虚无时的焦虑上。然而，人本主义的心理学家，谈人类的潜能多于有限性与偶然性，谈意识多于接纳，谈高峰体验多于焦虑，谈自我实现多于人生意义，谈你我关系及人际交往多于分离及基本孤独。

存在主义取向认为，人类最大的冲突，乃是与生俱来的、关于存在的最终意义：包括死亡、孤独、自由及虚无。焦虑源于这些领域里的基本冲突：① 我们希望继续生存，但又知道死亡乃无可避免；② 我们渴求依靠和有序，但面对的是无所依靠；③ 每个人都期望与人接触，被保护、融入整体，但却体验到人我之间无法跨越的鸿沟；④ 我们毕生追求意义，但却生在没有意义的世界里。

第二节　团体心理咨询的形成

团体就像其他存在的系统一样，有着不同的发展阶段。作为一个成功的团体领导者，必须对团体的发展阶段及特征有着清晰的了解，才能把握住团体的方向，有效地引导团体向前行进。科瑞（Corey）认为团体形成前领导者需考虑以下内容：① 架构内容；② 实际操作；③ 过程；④ 评估，包括成员的招募、筛选与技术的运用。

一、确定团体领导者

团体心理咨询是否有效，最关键的因素在于团体领导者（group leader）。团体领导者的人格特质、熟练技巧、策略运用和领导风格都会影响团体动力和团体发展。因此团体领导者除了必须掌握团体心理咨询的理论、知识、技术之外，还应具备有效的领导者特质，明确自己在团体中的职责。

（一）领导者应具备的条件

（1）良好的人格特质。
（2）对团体治疗理论有充分的理解。
（3）具备建立良好人际关系的能力。
（4）掌握基本的团体带领专业技巧。
（5）具备丰富的心理咨询经验。
（6）严格遵守职业道德和伦理规范。

（二）领导者的职责

（1）创建和维护团体，鼓励和调动团体成员参与的积极性和兴趣。
（2）建立团体规范，适度参与并引导成员，为成员做示范。
（3）提供恰当的解释。当团体成员对某些现象难以把握或对某个问题分歧过大而影响活动顺利进行时，领导者需要提供意见或解释。

（4）创造融洽的、温暖理解的、安全的团体氛围，使成员能坦诚地开放自己，并相互尊重、彼此支持。

（三）协同领导者

团体设立协同领导者（co-leader）不是必需的，但这样的设置对团体和领导者都是有益的，尤其是较大型的团体（超过 10 人）。当团体拥有协同领导者时，一个领导者可以在另一个领导者管理团体进程时指导团体。对缺乏经验的领导者而言，协同领导者的安排可以助其从经验丰富的领导者身上学到很多。

丁克迈耶和穆罗（Dinkmeyer，Muro，1979）认为成功的有经验的协同领导者应该：① 拥有与领导者相似的人生哲学和行为方式；② 与领导者有相似的经历和能力；③ 能建立一种有效的人际互动模式；④ 明白两者的分歧和团体成员对其中一个领导者的忠诚，以帮助团体处理问题；⑤ 两者在咨询目标的设置和程序运作中达成共识，以免权力之争。

二、团体成员的招募和筛选

（一）团体成员的招募

团体成员可以通过张贴广告和海报、宣传单、小册子、报刊、广播、网络、微信公众号等媒体招募。其中，招募内容的措辞要谨慎、有吸引力和感召力。尽量选用一些正面、积极的词语，以达到招募的目的。也可以通过个别咨询，发现来访者的心理困扰与团体的目标和主旨较为接近，征得双方同意，加入团体。也可以经由其他渠道，如学校老师、其他科室的医生或其他咨询师转介而来。

大学生人际关系团体招募启事

团体是心理辅导的一种形式，大家围圈而坐，在保密、安全、信任、坦诚的环境中讨论各自的困扰，以伙伴为镜，看到自己的人际关系模式并逐渐改善，如：恋人关系、舍友关系、亲子关系、与老师的关系等。从而增加自我了解、提升生活智慧，所以团体又被称作"神奇的小圈圈"。

现针对有志于提升自己人际关系的同学，招募面对面成长团体，限 8 人，每周 1 次，共进行 10 周。1 次 90 分钟，暂定每周二下午 16:10 进行。人满开团，团体开始前与每位报名者有 15 分钟的单独访谈。团体成员一旦加入尽量中途不退出。领导者李娜老师，报名同学请填写基本信息发至心理咨询中心工作邮箱。

网络亚隆团体招募启事

出自李加波（恳谈李）和吴湘琳（霜晴）

● 你有这样的心理困扰吗？

- 好像总觉得与别人靠不拢，感觉到一股无形而有力的场把自己或别人推开；
- 经常感到被孤立、被排挤，因而有一种隔绝感；
- 面对人际冲突常有被激惹、被挑衅的愤怒感，因而强烈地害怕与退缩；
- 总想了解自己，却不得要领；迷惑于"我这是怎么了？"
- 不知如何与人沟通、交往，心有余而力不足；
- 面对在所难免的挫折，长时间感到沮丧，而且很难变得积极乐观；
- "愤世嫉俗""杞人忧天"，常被这类情绪所控制，难以平静；
- 焦虑于人与人之间的距离，总是不安、烦躁；
- 对那些在社会上显得八面玲珑，与人交往如鱼得水的人，感到既羡慕又嫉妒；
- 与亲密的人如父母、爱人、孩子、恋人间沟通起来举步维艰，感慨咫尺天涯；
- 一直向往心灵的自由，却总显得只是一种隔靴搔痒的意愿或画饼充饥的自我安慰，可望而不可即；
- 好像自己老是拖拉，为一些琐事所困，没有目标，缺乏前进的动力。不断有计划又不能实施，之后又经常自责或愧疚；
- 不由自主地感到莫名的孤独、恐惧与哀伤，对其防不胜防，心有余悸；
- 时常怀疑人生的意义，感到空虚的压迫却又找不着出路。

  如果这些问题一直困扰着你，来参加亚隆团体吧！团体经历会帮助你收获相应程度的解脱之轻松、成长之快乐。

- 团体组织结构及相关事项
- 活动方式：依托视频即时互动方式为主的团体治疗模式。
- 团体主持/领导者：霜晴，配备一名协同咨询师；领导者与协同咨询师同时接受恳谈李的督导。
- 团体规模：严格控制在 7~9 人。
- 活动周期与时长：每周一次，每次 2 小时。目前有周一、周二两个团体，均安排在晚间 19:30 至 21:30。

- 活动有关说明：
- 每轮活动将进行 15 次，两轮活动之间，可能稍作休整，也可能不停顿地进行。
- 保存每次网络团体治疗的录音录像；成员如缺席，可通过录像了解团体整体治疗的进程；此外，团体领导者手记与协同咨询师后记可供学习参考。离开团体的成员可向领导者索取自己参与活动期间的相关团体记录资料,按照保密原则妥善保存。
- 相关的团体文化规范，在团体治疗早期由组织者提议的条例基础上，征集成员意见，不时进行修订，以便日趋完善。

- 收费标准及相关说明
- 一轮团体（15 次活动）收费×元，报名团体之时，须一次性缴清。
- 中途退出，未有新成员补充进入前，余额不予退还。中途有新成员进入，自新成员进入开始计算，余额可退；（如果同一轮的治疗团体中先后有成员退出，则按照补充新进成员的先后顺序，退还脱离团体的成员的费用余额。）

● 专业视频平台（请参与成员下载并安装）

✧ 瞩目客户端：https://zhumu.com/download

● 报名条件

✧ 自愿并积极参与团体活动，具有深切的自我成长意愿和动力。

✧ 愿意严格遵守团体的行为规范，并视之为自身的责任和义务。

✧ 愿意在团体筛选阶段，充分敞开自己，填写并及时反馈相关调查表，供组织者了解必要情况，同时愿意服从筛选决定，对能否入选团体做好两手准备。

✧ 具备视频、语音网络互动平台条件，能保证每周一次、每次 2 小时的不受干扰的晚间活动时间和相应的治疗费用支付能力。

注：此前是恳谈李、霜晴的来访者或是原亚隆团体的参与者，享有被优先招募权。

● 入选过程

✧ 如果你足够信任我们的介绍和团体，可直接填写《入围人员筛选调查表》（附件 2），经由团体领导者霜晴认可，即可进入团体。

✧ 如果你觉得需要进一步考察，可与霜晴（QQ：3×××03）联系，通过视频交流加深了解。

（二）团体成员的筛选

参加团体的成员应具备如下条件：① 自愿参加，并怀有改变自我和发展自我的强烈愿望；② 愿意与他人交流，并具有与他人交流的能力；③ 能坚持参加团体活动全过程，并愿意遵守团体的各项规则。

因为自愿参加团体的申请人并不一定都适合成为团体成员。因此，团体领导者还要对申请人进行筛选，以便排除那些无法在团体中获益，而只可能阻碍或破坏团体进程的人。常用的筛选方法有直接面谈、心理测验和书面报告。如果是面谈，一般每个成员进行 15 分钟左右，可以提问如：你为什么想要参加这个团体？你对团体的期望是什么？你以前参加过团体吗？你需要通过团体处理什么问题？你能做到全程参加并保守秘密吗？

（三）团体设置

在确定团体的领导者和成员的同时，也要确定团体类型、团体规模、时间、频次等。

团体领导者需要考虑将要带领的团体性质是结构式还是非结构式、是开放式还是封闭式、是同质还是异质团体等。团体规模即参加团体的人数。人数太少，团体的丰富性及成员之间的交互作用欠缺，成员既会感到不满足，也会感到有压力；人数太多，领导者难以关注到每一个成员，成员之间的参与和交流难免受限，团体凝聚力难以形成，从而影响团体咨询的效果。

团体咨询的时间和频次要考虑团体成员和团体目标的情况，一般以 8～20 次为宜，每周 1～2 次，每次团体时间 90 分钟左右。团体咨询的场所应如同个体咨询一样，能够保护团体成员的隐私，安全、安静，环境舒适、温馨。团体成员能够放松地围圈而坐。在团体开始前全体参与人员均签署团体心理咨询知情同意书。

第三节　团体心理咨询的过程

任何一个团体心理咨询都会经历形成、过渡、成熟、结束的过程。在整个团体过程中，每一个阶段都是连续的、相互影响的。

通过团体历程，成员们经历了难以突破的瓶颈，也重现了早年决定的背景，因而学会了做适当的新决定。团体历程帮助成员发现自己是如何扮演牺牲者的角色，并使成员在团体内与每天的生活中，开始表现出与过去不同的行为，逐渐掌控自己的生活。（Corey，1990）

一、团体的初创阶段

这一阶段团体成员最重要的心理需求是获得安全感。领导者的主要任务是协助成员之间尽快熟悉，增进彼此的了解，澄清团体目标，订立团体规范，建立安全感和信任感。

最开始，互不相识的人因为参加同一个团体而在一起，相互好奇，也对领导者产生兴趣，想知道他将怎样引导团体的发展以及他对每个成员的态度如何。通过一些语言和非言语的交流，成员之间开始相互交往和熟悉。有的成员在交往时常常是谨慎的、试探性的，不轻易暴露自己，尽量寻找和他人的相似之处和共同语言。另一些成员会故意表现出令人不快的言行，以试探团体氛围是否安全，考验团体是否能接受他所有的行为和情绪。有时候，团体还可能出现沉默、尴尬的气氛，这是成员在思索问题、寻找方向的表现。

随着活动的逐渐深入，成员之间的关系也开始由表及里、由浅入深。团体成员变得愿意表达自己，对团体目标表示认同，团体的凝聚力和信任感慢慢形成。

二、团体的过渡阶段

这一阶段团体成员最重要的训练需求是被接纳，有归属感。领导者的任务是提供鼓励与挑战，使成员能面对且有效地解决他们的冲突、消极情绪和阻抗，使团体进步到有效地建立成熟关系的阶段。

在过渡阶段，团体中会出现各种不同的抗拒心理，团体成员的焦虑程度和自我防御都很强。此时，成员的矛盾心理比较普遍，一方面担心自己不被他人接纳，为寻求安全将自己包裹起来；另一方面又想冒险说出自己心中的话而跃跃欲试。面对领导者，成员也会仔细考量是否值得信任，甚至对领导者公开挑战，以试探领导者是否能够适当处理问题。

团体领导者必须沉着面对，主动、真诚地关心每一个成员，协助他们了解自己情境识别的能力的和防御方式，鼓励成员讨论"此时此地"的节点，说出内心的真实感受，学习接纳自己和他人，建立支持和接纳的氛围，成为团体中独立自主的个体。

三、团体的规范阶段

这一阶段也称凝聚阶段，团体经过冲突后进入一种平稳的状态，团体成员需要觉察和确认个人的行为是自己选择的结果，个人也必须对团体过程负责。随着团体成员的互动增多，成员之间的尊重、接纳和信任感不断提升，团体成员逐渐达成共识，凝聚力增强。此外，团体成员的满足感增多，参与的积极性增强，他们发现只有主动改变自己的行为，才能改变自己的生活。他们对团体过程中自己应负的责任更加明晰，并愿意主动利用团体来达到自助和互助的目的。团体领导者协助成员认识其个人行为的主动权，鼓励成员彼此尊重，在团体中学习做来访者，也做助人者。

四、团体的工作阶段

这一阶段是团体咨询的关键时期。团体发展到这个阶段，凝聚力和信任感已经达到很高的程度。团体成员充满了安全感、归属感，互相接纳，关心他人，自我开放，呈现了更多的个人信息和存在的问题，并愿意探索问题和解决问题。成员从自我的探索与他人的反馈中尝试改变自己的生活，并得到其他成员的支持和鼓励。

此阶段领导者的主要任务是协助团体成员解决问题。一方面，领导者也要开放自我，进行示范；另一方面，领导者要善用团体的资源，鼓励成员探索个人的感受和行为，深化对自我的认识，产生矫正性的情感体验，使领悟化为行动，进而尝试新的适应行为。

五、团体的结束阶段

这一阶段的主要任务是团体成员对自己的团体经验作出总结，并向团体告别。领导者的主要任务是使成员能够面对即将分离的事实，给予成员心理支持，并协助成员总结在团体中学到的经验，肯定成长，鼓舞信心，将所学的新知识应用到实际生活中。

在这团体咨询的最后阶段，由于分离在即，一些成员心中充满离愁，同时想利用最后的机会表露自己的情绪以及对他人的观感。领导者要把握好这个机会，抚平成员心中的离愁，为分别做好心理准备。也可以听听成员对团体咨询的意见和感受，以便总结经验。这时，常常采用"大团圆""总结会"等形式结束团体咨询。

在一个成熟的、功能良好的团体里，一位深受喜爱的团体成员在长期的成功治疗后离开了团体。对他的离开团体经过了充分的准备——类似于哀悼的过程，在这个过程中团体对曾有过的成果进行了愉快的反思。领导者提前向团体宣布了新成员进入团体的日子。当新成员进入团体咨询室时，团体成员对他有一些礼貌的欢迎，然后就几乎完全把他忽略了。这就使得领导者要频繁地转向这位新成员，询问他怎么看待团体里正在发生的事情，并鼓励他参与，说出自己的感受、想法和有关个人的信息。

这种程度的干预是不寻常的，其他团体成员为此感到困惑。他们的反应从温和的排斥转变为愤怒的嫉妒：为什么领导者给了这个新成员如此多的关注和保护？有成员回想起自己加入团体之初领导者从未这样对待过她。也有成员观察到一个人是多么快地被忘记和取代。团体成员再次提到了离开的那个人，暗示他们希望此刻是他在这里，而不是这个新成员。

一方面，领导者对新成员的焦虑增加了：被其他成员如此对待他能挺过去吗？下次的团体咨询他还会来吗？她也惊讶地发现自己对团体成员感到愤怒：他们对新成员竟这么冷酷、不体谅？她期待他们是接纳的、乐于助人的，与她一起工作，而非在她尽力填补团体的空缺时反对她。另一方面，这位新成员对这样的待遇表现出出奇的镇定自如。接下来的团体他也来了，留了下来，这让他和团体都受益。直到后来，他被问到第一次参加团体时的体验，他说："我的家人就是这么对待我的，我习惯了。在家里也从来没有人欢迎过我。"当他透露出这种逆来顺受的根源时，立刻唤起了其他成员共情性的回应，他成为团体的正式成员。

第十一章

其他疗法

第一节　森田疗法

森田疗法是 20 世纪 20 年代初由森田正马在日本创立的。与许多在西方创始的心理治疗方法不同，森田疗法带有浓厚的东方色彩。

森田生长于农村，自幼家教很严，早年体弱多病，有明显的神经质倾向。11 岁后经常头疼，心动过速，12 岁还尿床。他的求学生涯不甚顺利，曾因心律不齐及伤寒中学念了 8 年（原本 5 年）。在他就读东京帝国大学医学院时，他被诊断患了神经衰弱兼脚气。因受症状的折磨，学业都难以坚持，考试将至，难以应付。此时家中因农忙一时疏忽忘记寄钱给他，森田误以为父母不关心他，抑郁气愤之下，想到了死。后转而放弃一切治疗，彻夜不眠拼命学习，结果却出乎意料：考试成绩很好，而且多年缠身的各种症状竟不治自愈。这些个人经验对森田疗法的形成有重要影响。后来森田结合他从医后对神经症病人的临床观察和治疗，致力于寻找治疗神经质症的有效方法。他经过二十多年的努力，放弃了药物治疗、催眠治疗等方法，取说理、作业、生活疗法等精华，提出了自己独特的心理治疗方法——森田疗法。

一、森田疗法的特点

（一）不问过去，注重现在

森田疗法认为，来访者发病的原因是有神经质倾向的人在现实生活中遇到某种偶然的诱因而形成的。治疗采用"现实原则"，不去追究过去的生活经历，而是引导来访者把注意力放在当前，鼓励来访者从现在开始，让现实生活充满活力。

（二）不问症状，重视行动

森田疗法认为来访者的症状不过是情绪变化的一种表现形式，是主观性的感受。治疗注重引导来访者积极地去行动，"行动转变性格"，"照健康人那样行动，就能成为健康人"。

（三）生活中指导，生活中改变

森田疗法不适用任何工具，也不需要特殊设施，主张在实际生活中像正常人一样生活，同时改变来访者不良的行为模式和认知。在生活中治疗，在生活中改变。

（四）陶冶性格，扬长避短

森田疗法认为性格不是固定不变的，也不是随着主观意志而改变的。无论什么性格都有积极和消极的一面，神经质性格特征亦是如此。神经质性格有许多长处，如反省性强、做事认真、踏实、勤奋、责任感强。但也有许多不足，如过于细心谨慎、自卑、夸大自己的弱点，追求完美等。应该通过积极的社会生活磨炼，发挥性格中的优点，抑制性格中的缺点。

二、神经质症理论

森田认为，神经质是疑病素质和由它引发的精神活动过程中的精神交互作用所致。而森田的学生高良武久把森田所说的神经质称为神经质症，以避免把神经质性格倾向与神经质障碍相混淆。高良武久认为，神经质症是神经症中的一部分，森田疗法不可能治愈所有的神经症，只有神经质症才是森田疗法的适应症。

神经质症主要表现为来访者具有某种非器质性原因造成的症状，而这种症状对其正常的生活或工作、学习造成障碍。来访者本人对症状具有内省能力；一直在做着克服症状的努力；有强烈的求治动机。如果来访者对症状无疾病意识，没有寻求改变的强烈愿望，就不能看作是神经质来访者。

（一）疑病素质

森田认为，发生神经质的人都有素质基础，他称这种素质为疑病素质。所谓疑病素质，乃是一种担心患病的精神上的倾向性，通俗地说就是担心自己患病。森田认为精神上的倾向性有内向与外向之分。外向型的人精神活动趋向于外界，追逐现实；内向型的人富于自我内省，精神活动指向内部。具有疑病素质的人精神活动内向，内省力强，对自己心身的活动状态及异常很敏感，被自我内省所束缚，总是担心自己的身心健康。

（二）生的欲望和死亡的恐怖

患神经质症的人都是生存欲极强的人，但他们并不是生来就患有神经质症的，而是随着生存欲望的发展，想过超出常人的生活，但由于某种契机诱发了其疑病体验，使其精神能量不再朝向外界而是完全朝向自己的身心。过高的生存欲望同时伴有对死亡的恐怖。这种对死亡的恐怖常与害怕失败、害怕疾病、恐惧不安等心理活动相联系。例如，过高的成功欲望同时会产生对失败的恐惧；过强的保持健康的欲望又会伴随着对疾病侵袭的恐惧。前者有可能形成强迫观念及行为，后者则可能导致疑病症状的产生。因此，过高的生存欲望同时就会伴有对死亡的恐惧，这导致了精神活动的内向性，形成疑病素质，成为神经质症产生的基本。

（三）神经质症状的主观性

森田认为，神经质的各种症状，在没有身心的疲劳、衰弱及其他并发症的前提下，原本就是属于主观范畴之内的、自我知觉的东西，而不是客观的产物。高良武久也指出，神经质症来访者往往不能冷静、客观地对待与自己有关的事情。特别对于症状，来访者被劣等感所支配，再加上不安的情绪，往往做出明显失误的判断。比如把本来正常的现象（如别人的咳嗽、交谈），看作是不正常的表现（认为是讽刺自己或说自己的坏话）。这种主观判断没有客观事实为基础，病人却对此坚信不疑，陷入不可解脱的思想矛盾之中，即是其症状的主观性的表现。

神经质症状的主观性还表现在其症状缺乏客观的生理基础上。例如性病恐怖来访者坚称自己得了性病，虽多次检查结果都是阴性，但受其主观意识的支配，不能接受客观检验的事实。神经质症来访者因其症状的存在而极度苦恼，但他却不知道这种苦恼是其主观臆造出来的。

（四）精神交互作用

森田疗法认为，人在自然界中活动，在人类社会中生存，必然会存在某种不安的心理，即怀疑自身能否在不断变化的环境中生存下去，自身的身心状况能否适应外界的环境。这种不安的心理在人的一生中经常出现，被称为"适应不安"。较内向的人和青春期前后的个体更容易出现适应不安。高良武久认为，不安、担心、痛苦等心理虽令人不快，但它却是我们人类生存所必不可少的保护机制。

在环境发生变化时，每个人都会有不安的感觉。但具有疑病素质的人或排斥适应不安感觉的人，对不安更加注意，由于精神交互作用的影响，其感觉和注意相互加强，更易于由不安发展成为慢性神经质症。

所谓精神交互作用，就是指因某种感觉，偶尔引起对它的注意集中和指向，那么，这种感觉就会变得敏锐起来，而这一敏锐的感觉又会越来越吸引注意进一步固定于它。这样一来，感觉与注意彼此促进，交互作用，致使该感觉越发强大起来。

（五）精神拮抗

如果说神经质症的发病与疑病素质有关，而其症状的发展与精神交互作用有关的话，其症状给神经质症来访者带来苦恼的根源则与思想矛盾造成的精神拮抗作用的加强有关。

森田认为人的精神活动，有一种对应和调节的现象，这种现象类似人体中作用相反、彼此制约、相互调节的拮抗肌的作用，因此被称为精神拮抗。

精神拮抗作用具体表现为：当一种心理出现时，常常有另一种与之相反的心理出现。例如，害怕的时候常出现别害怕的心理；受表扬的时候反而涌现出内疚的感情等。

神经质症来访者的这种苦恼，也是由于欲望和抑制之间的拮抗作用增强引起的。恐怖、不安、苦恼这些情绪是人人都会有的必然现象，来访者却总想避免和消除，他们不理解人的实质。

综上所述，神经质的形成机制可被概括为：由于疑病素质的存在，在偶然事件的诱因影响下，通过精神交互作用而形成神经质症状。造成神经质症的根本原因则在于想以主观愿望控制客观现实而引起的精神拮抗作用的加强。

三、森田疗法的治疗原则

森田根据其对神经质症的认识，提出了针对性的治疗方法。其疗法的着眼点在于陶冶疑病素质，打破精神交互作用，消除思想矛盾。纵观森田疗法的治疗过程与实践，其治疗要点可概括为"顺应自然"和"为所当为"两点。

（一）"顺应自然" 的治疗原理

对来访者而言，就是要老老实实地接受症状，认识到对它抵制、反抗或回避、压制都是徒劳的。应对其不加排斥，带着症状学习和生活。

"顺应自然"是森田疗法中最基本的治疗原则，这条基本原则包含以下含义：

（1）顺应自然，就应认识情感活动的规律，接受不安等令人厌恶的情感。

（2）顺应自然，就应认识精神活动的规律，接受自身可能出现的各种想法和观念。

（3）顺应自然，就要认清症状形成和发展的规律，接受症状。

（4）顺应自然，就要认清主观与客观之间的关系，接受事物的客观规律。

（二）"为所当为" 的治疗原理

高良武久曾做过这样的说明："顺应自然的态度并不是说对自己的一切活动都放任自流，无所作为，而是要来访者一方面对自己的症状和不良情绪听之任之；另一方面要靠自己本来固有的上进心，努力去做应该做的事情。"应该说，为所当为是对顺应自然的充实和补充。

1. 忍受痛苦，为所当为

随着原有的生的欲望做应该做的事情，尽管痛苦，但要接受存在的症状。把注意力及能量投向自己生活中有确定意义、能够见成效的事情上。努力做应做之事，把注意力集中在行动上，任凭症状存在，这样有助于打破精神交互作用，逐步建立起从症状中解脱出来的信心。

2. 面对现实，陶冶性格

神经质性格得以陶冶，是因为我们的行动也会造就我们的性格。神经质症来访者的精神冲突，往往停留在来访者的主观世界里。他们对引起自己恐惧不安的事物想了又想，斗了又斗，但在实际生活中对引起痛苦的事物却采取了一种逃避或敷衍的态度。

"不跳入水中，总是逃避水，自然学不会游泳。"许多来访者固执地认为自己不能投入到实际生活中或做不了某些事情，实际上是他们没有去做或不肯去做。他们常认为只有先除掉症状，才能做好要做的事情，为此他们付出了昂贵的代价。

在顺应自然的态度指导下的为所当为，有助于陶冶神经质性格。这种陶冶是对其性格的不同部分进行扬弃的过程。即发扬神经质性格中的长处：认真、勤奋、富有责任感等；摒弃神经质性格中的致病之处：神经质的极端的内省及完美主义倾向。

四、森田疗法的治疗方法

森田疗法的治疗分为住院治疗和门诊治疗两种方式。无论是住院或门诊治疗，应注意选择那些除表现出神经质症状之外，对症状具有某种程度的反省力，自身也在积极进行克服症状的努力，有从症状中解脱出来的强烈愿望的病人。如仅有某种症状，没有强烈的求治动机，不宜施行森田疗法。

（一）住院治疗

很多时候，仅靠来访者自身的力量，就能达到领悟并身体力行是很困难的，所以，在住院治疗中，来访者在咨询师的指导下，获得领悟和新的生活体验。在这种意义上，住院治疗被认为是治疗神经质症的最佳方法。住院治疗过程分为四期：绝对卧床期、轻工作期、重工作期和生活训练期。

1. 绝对卧床期

这一期一般为 4~7 天时间。有条件的地方可采用单人单间，无条件的地方则应注意来访者之间保持安静。在这段时间之内，禁止来访者会客、读书、谈话、抽烟、听收音机等，什么安慰也不进行，除洗脸、吃饭、上厕所外，保证绝对卧床、绝对安静。这一期，主要要观察来访者在卧床期内的精神状态，以便结合病情进行诊断（排除非神经质症来访者），并通过安静的修养，调整身心的疲劳；其重点在于解除来访者精神上的烦闷和苦恼。

2. 轻工作期

这一期一般为 3~7 天时间。此期禁止外出、看书，仍不允许来访者与别人过多交谈。夜间的卧床时间规定为 7~8 小时，白天可在室外做些轻微的劳动或在室内从事工艺活动，以室外活动为主。在室外可做些如扫院子，擦玻璃等简单、单调的劳动，在室内可进行书法、绘画等活动。这一阶段的主要目的是让来访者逐步恢复体力，通过前面的无聊期，促进其自发行动的动机，通过较轻作业的完成使之认识到不注意症状、坚持行动与症状减轻之间的关系，从而接受症状。

3. 重作业期

这一期一般为 3~7 天时间。在这期间仍不过问来访者的症状，只让其努力去工作。

此期劳动强度、作业量均已增加，工作或作业包括除草、帮厨、清理环境卫生、做农活等。此外，此期可逐渐开始读书。主要选择历史、传记、科普读物等，每晚要求来访者记治疗日记。这一阶段的目的在于通过努力工作，使来访者体验完成工作后的喜悦，培养忍耐力。在这之中学会对症状置之不理，进一步将精神活动能量转向外部世界。

4. 生活训练期

此期又称回归社会准备期，一般为 1～2 周。此期为来访者出院做准备，要指导来访者回归原社会环境，恢复原社会角色。此期根据来访者的具体情况，允许他白天回到原工厂或学校，或在医院参与某些管理工作等较复杂的社会活动。无论参加何种活动，都要求其每晚仍回病房，并坚持记治疗日记。其目的是使来访者在工作、人际交往及社会实践中进一步体验顺应自己的原则，为回归社会做好准备。

（二）门诊治疗

门诊治疗主要通过咨询师与来访者一对一的交谈方式进行，一般一周 1～2 次。首先咨询师要和来访者建立良好的治疗关系；其次鼓励来访者面对现实生活，不去控制症状；最后鼓励来访者承担自己生活中应承担的责任。治疗的关键是帮助来访者理解顺应自然的原理。

铃木知准从另一角度提出了下述治疗要点：① 详细的体格检查以排除严重躯体病的可能，消除来访者的顾虑；② 指导来访者接受症状而非排斥它；③ 嘱咐来访者不向亲友谈症状，也嘱咐亲友们不听、不答复他们的病诉；④ 对人恐怖症来访者不应回避人，要带着症状去参加各种活动。

森田疗法除有住院和门诊治疗的形式之外，还有定期对森田学说进行集体学习的组织——生活发现会。生活发现会会员大部分是为神经质症所苦恼，但尚能坚持工作和日常生活的人们。生活发现会每月在一起学习森田理论一次，交流个人体会，起到互相启发、互相帮助、共同提高的作用，重点在指导实际生活。

第二节　叙事疗法

叙事疗法（Narrative Therapy）作为后现代心理疗法中的方法之一，兴起于 20 世纪 80 年代，由澳大利亚的麦克·怀特（Michael White）和新西兰的大卫·爱普斯顿（David Epston）创始。1979 年，心理学家萨宾（Sarbin）在美国心理学会的年会上首次提出了"经验和叙事结构"的观点，阐述了叙事对意义的建构、人格形成的作用。1986 年，萨宾主编了《叙事心理学：人类行为的故事性》一书，这标志着叙事心理学作为一个正式的领域开始从心理学家族中显现出来。

爱普斯顿和怀特采纳了后结构主义的理论视角，提出生命的复杂性以及生命是如何被体验的，这些都是受我们如何来表达和讲述故事影响的。故事由围绕我们的、占主导地位的问话情境所塑造；一些故事代表着我们在生活中所长期拥有的身份，而其他一些（治疗中更期待）的故事却被抑制、排挤到我们的体验的边缘（Madigan，1992，2008）。治疗的部分目标就是为了帮助个体摆脱外在问题的压迫和所在系统的主流故事的影响，从而重新建立自己的个人力量。

一、叙事疗法的基本哲学观

后现代主义与现代主义相对应，指的是一种文化、一种观念，并不是对年代的划分。现代主义的核心是理性主义精神，相信人们能够并且只能用客观的方法去发现普遍的规律，蕴含着理性至上、科学至上的思想。现代主义者崇尚客观的事实真相，因为事实能够被观察及进行系统化的探讨，不会因为观察的人或采用的观察方法不同而有所差别。后现代主义思潮的核心是：科学知识并不是绝对的，即使在科学主义崇尚的观察中，也存在观察者与观察对象的互动，观察对象并不是绝对不变的存在，真理依赖具体的语境而存在，因此不能用任何非语境的方式予以证实。后现代主义者相信主观的事实真相，也就是说事实真相取决于语言的使用，并且大部分受到人们所处的文化的影响。

（一）文化决定故事的意义

故事就是某种文化下的一种版本。故事中包含某种文化下的思维方式、价值观念、行为规范和道德习俗。既然故事可以塑造，当然也可以改变。人们通过叙说来组织经验和记忆，将日常生活中琐碎的经验串联起来，统整为有意义的实体。在叙说的时候，一些零散的、不起眼的事件依发生顺序（时间）组织成有意义的情节，事件有了意义，故事就鲜活了起来。从这个角度来看，故事不仅仅是"故事"本身，它还构成或者塑造了人的自我和生活。改变自我和生活，也就意味着改变故事。叙事疗法并不是让咨询师帮助来访者找到其"真实的自我"，而是找到"较期待的我"，然后带着自己喜欢的自我去发展人生。

（二）挑战主流文化的知识/权力

在叙事疗法中，麦克·怀特也指出，人有内化文化中"主流故事"的倾向，这样，其他可能的故事和可能就会被人们忽略。例如，当"学习成绩好的学生才是好学生"成为主流知识，人们会想当然地认为那是唯一的真理。以至于"学习成绩不好的学生"被歧视、"有睿智、有灵感、有创新精神如乔布斯一样"的学生被忽视。叙事的哲学就是要鼓励人们挑战把人压制到主流意识形态的权力。这意味着，通过叙事疗法的对话，将引起烦恼、痛苦、压抑等情绪的不同事件，组成新的故事。

（三）自我是被文化建构出来的

后现代重要的代表人物福柯认为，人的本质并不是一种与生俱来的、固定的、普遍的东西，而是由许多带有历史偶然性的规范和准则塑造而成的，如风俗、习惯和制度等。因此，叙事咨询师不会以静态的视角去看待人们的问题，而是帮助来访者通过自己的叙说，打破其消极的自我认同，重新建构较为积极的自我。例如，一个学习成绩不好的孩子，咨询师不关心这个孩子的成绩为什么不好，而是与其探讨"成绩对于孩子意味着什么？""即使成绩不好，孩子眼中的自己是什么样子？""自己如何面对成绩不好的问题？""虽然成绩不好，但仍愿意坚持，展示了孩子的什么品质？"等等。通过这样的对话，使孩子摆脱"自己成绩不好就一无是处"的想法，进而将其对自己的认同转到更为积极的一面。

（四）人不是问题，问题才是问题

"人不是问题，问题才是问题"，这句充满了外化精神的语言把人从问题中解脱出来。抑制维系着占主导地位的问题的故事。在怀特的治疗世界中，问题存在于个人之外，关系可以被客体化，可以被识别出来或者特定化（来访者是被问题跟随的来访者），而问题本身也被客体化并能够对其命名（怀特，1989）。

（五）来访者是解决自己问题的专家

叙事咨询师在倾听来访者的故事时，采用的是"好奇的学习者"的态度，来访者被认为是拥有智慧和资源的专家，而非咨询师是解决问题的专家。这种态度使叙事咨询师在治疗过程中与来访者共同构建他们的生活，而非削弱来访者的能量。因此，叙事疗法彻底解构了咨询师和来访者的关系，认为来访者是自己生命的主人；叙事咨询师不是拥有真理的专家，而是与来访者合作，一起重写生命故事的人。

二、治疗技术和步骤

（一）提　问

叙事疗法的咨询师会通过问题引发来访者的感受，而不是依靠问题去收集信息。咨询师会以"无知"的态度为出发点去询问问题。通过问问题的过程，咨询师将帮助来访者探索生活情境的不同维度。他们感兴趣的是问题如何出现，又如何影响了来访者对自己的看法（Monk，1997）。

（二）外化及解构

1. 外化——将问题与人分开

叙事疗法的咨询师认为人不是问题，问题才是问题（怀特，1989）。生活中会出现不同的问题，但是生活并不会被问题束缚住。问题以及以问题为中心的故事会对人们造成影响，并会以极其消极的方式掌控个体的生活。叙事疗法的咨询师会帮助来访者解构那些关于事件的假设，从而达到解构问题性故事的目的。

外化是叙事疗法中解构过程的一部分，强调的是将人与问题分开，即人不等于问题，问题才是问题。如果来访者把自己视为问题的话，他们解决问题的方式将受到限制。如果来访者认为问题不存在于自身的话，就能够理解自己与问题的关系。

从某种程度上说，外化不单是一种技术，而是对话中的一种态度和导向。外化打开了可能性，让人从面对问题的新位置而不是充满问题的位置来描述自己、彼此和关系，让人更容易重新看待那些曾经控制他们生活的问题。这样，人就不是问题了，人和问题的关系就成了问题。因此外化的思维降低了来访者对问题的挫败感，并且让来访者感受到自己是面对问题的专家。来访者因此更珍惜问题，从中看到自己的力量，看到特殊意义事件，开启新的可能性，发展出替代性故事。

面对一位因失恋而痛苦的女大学生，咨询师用外化的思维进行如下提问：

"失恋是什么时候发生的？"

"失恋是怎么影响自己的？"

"这份感情满足了自己的什么需要，而这些需要是在别人那里得不到的？"

"你说你胸口痛，如果你的胸口会说话，那它在表达什么？"

"你是如何面对失恋的？"

"如果说你可以从失恋中有所学习，你可以学到什么？"

"如果说要感谢失恋，你觉得可以感谢什么？"

"如果说失恋是有生命的东西，你可以给它起一个什么样的名字？"

这样的问话充分体现了来访者是面对自己失恋的专家和主人，她看到失恋对自己的影响，看到自己应对失恋的策略，并从失恋中有所学习。这就是外化的思维方式。

2. 外化的对话方法

外化的对话包括三种形式的问话。第一种是命名问题的问话；第二种是探索问题影响的问话，探索问题对人的生活和关系的各个方面的影响；第三种是评估问题影响的问话，请来访者采取一个针对问题的立场；第四种是论证评估的问话，请来访者开始表达他们的价值观、信念、希望、梦想、原则和目的等。

（1）命名问题

为了让对话更清晰、更生动，叙述咨询师与来访者共同商讨，以拟人化的方法来描述问题，将问题描述成一个有想法、有企图、有能量的人。比如怀特对一个大便失禁的 7 岁男孩，命名其问题为"狡猾的便便"。爱普斯顿对一个有进食困难的孩子进行治疗时，将抗拒进食的强大意志力命名为"老虎的力量"。通过给问题命名这样的方法拉开了来访者和问题的对话空间。

（2）探索问题对个体生活的影响

探索问题对个体的影响能提供丰富的信息，并且能减轻人们的受责备感和内疚感。识别那些问题并未完全控制来访者生活的例外情况也十分重要。问题即便控制了人的生活，那么影响也总是有大有小。当问题影响比较小的时候，可能就是一个"闪亮时刻"，那就是探索人的技巧和能力的时候。咨询师会在外化的过程中寻找类似这样的"闪光时刻"（怀特，爱普斯顿，1990）。

11 岁的小珍被父母说成是自私自大，没有朋友，又特别容易受挫。小珍和咨询师都同意把这个问题命名为：挫折。咨询师提问如下：

- ✿ 你觉得挫折是不是希望看到你没有朋友？
- ✿ 挫折是不是偷走了你的耐心？
- ✿ 你赞同挫折要让你变得孤独的计划吗？
- ✿ 你是喜欢被挫折控制的自己还是自己控制的自己？
- ✿ 你愿意看到挫折快乐还是看到你快乐？
- ✿ 如果你知道了真相，你希望与什么样的人做朋友？

3. 探索个体的生活对问题形成的反作用

通过找出人们是如何助长问题出现的各种影响因素，来访者逐渐把自己看作自己故事的作者，至少是合作者。他们就能够朝前迈进一步，成为自己生活的主导者，成为有关自己生活故事的最初的作者。咨询师可以询问："你是否无意间助长了焦虑对你生活的控制？""在你的生活中，哪些人或者情境使得焦虑成了你生活的中心？"

（三）独特结果

在帮助来访者用较期待的故事替换问题故事时，独特结果（Unique outcomes）起到了桥梁的作用。独特结果是任何不"符合"主流故事的事情，是与来访者占主导地位的问题故事相矛盾的行动和意图。独特结果是问题故事中的例外，是闪亮时刻，咨询师要用独特的视角，帮助来访者以新的角度看待自己的问题。

咨询师提问如下：

- ✿ 是否曾经出现过这样的情况，你的愤怒希望能控制你，但你却成功地摆脱了它的控制？
- ✿ 你是怎样抵制住了焦虑对你的控制，再次回到讲台上的？
- ✿ 当你的人生有了新进展，变得不再那么焦虑时，谁最为你感到高兴？
- ✿ 我猜有很多人对你的看法还停留在过去，你认为应该如何去更新人们的看法？

麦肯齐和蒙克（McKenzie，Monk，1997）建议咨询师在询问问题之前应该先获得来访者的同意。咨询师将向来访者说明咨询师自己也不知道问题的答案，这样，咨询师就将来访者推到了控制治疗过程的位置。

（四）替代性的故事和再创作

建构新的故事和解构原有的故事可谓相辅相成，叙事疗法的咨询师会以开放性的态度听取新的故事。他们要求来访者通过其独特故事来重新创作故事——新的故事中不应包括那些以问题为中心的事件（Freedman & Combs，1996）。叙事疗法的咨询师会以这样的问题作为开场白："你是否曾有过从问题中逃离的经历？"咨询师会拨开问题性故事的迷雾，从中寻找那些可以代表来访者能力的蛛丝马迹，从而为构建出以能力为中心的故事打下基础。

当来访者开始抉择——究竟要延续以问题中心的故事还是创建一个替代性的故事时，叙事疗法的转折点便出现了（Winslade，Monk，2007），通过使用独特可能性的问题，咨询师便将焦点转向了未来，例如："既然你已经认识了自己，那么你的下一步会是什么呢？""当你按照这个更喜爱的身份认同感去生活时，你会做些什么？"怀特和爱普斯顿（1990）对独特结果的探究与焦点解决疗法的咨询师们采用的例外问题十分相似。这二者都以个体当前的能力为焦点。

替代性的故事或叙述的最终目标是帮助来访者建立这样的认知：今天就是我余生中的第一天，也是新的一天。

（五）记录证据

叙事疗法的咨询师认为只有在有听众支持和鼓励的情况下，新产生的故事才可能延续下去（Andrews & dark，1996），来访者需要有意识地去寻找这样一个听众。巩固来访者收获的其中一项技术便是写信。在信中，咨询师会记录每次的治疗过程、对问题进行外化的描述，其中还涉及问题对来访者的影响、来访者在治疗过程中所体现出来的能力和才能。这些信件还将对来访者面临的挣扎进行摘录，并对问题中心的故事和新故事加以区分（McKenzie，Monk，1997）。下面是一封咨询师写给一位抑郁症患者彼特（男，38岁）及其家属的信。11个月前，他3岁的女儿玛拉溺水身亡，之后他有多次自杀行为。

寄给彼特朋友和家人的信

尊敬的彼特的朋友和家人：

我是斯蒂芬·麦迪根，彼特的家庭咨询师。自从玛拉去世以来，彼特告诉我"他不知道该如何面对这个世界"。直到最近，一种"无望"的感觉差一点"把他的生命"带到了死亡的边缘。对于彼特而言，另外一个丧失的方面是他"不记得"在玛拉去世之前"自己是如何生活的"。彼特总是会莫名地"将玛拉的去世归咎于自己"，尽管他也"偶尔会想起""自己在出事当天并不在城里"。彼特相信外面的人都带有一种"强烈的信息"，即认为他应该"继续好好地生活"。彼特说他发现这种态度"令他感到困惑"，因为每个人"都是不一样的"，他相信自己"永远都无法对这件事释怀，但会最终学会与它一起生活"。

我们写这封信是希望您能写点什么，给彼特一些支持。您可以就以下几个方面写一写：① 回忆您与彼特的旧日时光；② 您和彼特曾经分享过什么？③ 您印象中的玛拉；④ 在彼特悲痛时，您想怎样给他一些支持？⑤ 彼特曾经给过您哪些支持？⑥ 当彼特出院后，您会如何与他相处。

谢谢您的帮助。

彼特、斯蒂芬和治疗团队

叙事疗法的咨询师们认为在叙述的过程中，找到合适的听众很重要，所以叙事治疗的很多技术都可以运用到团体治疗中去。因为团体为人们交流、探讨问题提供了一个现成的场景，人们可以在这个场景中寻找新的生活方式、排练自己新的特点并将其实践到现实生活中去。

三、治疗过程

温斯莱德和蒙克（Winslade，Monk，2007）强调叙述性的交流最好以这种过程循环：
（1）将问题的故事转变为对问题的具体化描述；
（2）探讨问题对来访者的影响；
（3）从来访者以问题为中心的故事中寻找关于来访者能力和才能的证据；
（4）创造一个可以表征来访者成就和能力的新故事。

通过让来访者以新的、生机勃勃的语言描述自己的经历，帮助来访者将自己有问题的想法、感受和行为发展出新的意义（Freedman，Combs，1996）。

第三节　现实疗法

现实疗法（reality therapy）是由美国精神病学家威廉·格拉瑟（William Glasser，1925—2013）所开创的一个心理咨询和治疗流派。1965 年，格拉瑟的《现实疗法》一书问世，标志着现实疗法的正式建立。在这本书中，格拉瑟对传统心理治疗的一些基本理念做了批驳，系统阐述了现实疗法的应用。自此以后，现实疗法就以其特色迅速受到心理咨询和咨询师的注重，并推广开来。但是，现实疗法是从实践中总结出来的，在理论基础上较薄弱。20 世纪 80 年代，格拉瑟对鲍威尔（Power）的控制理论产生共鸣，并借用控制理论作为现实疗法的理论基础。但后来他在实践中又发现"控制理论"一词容易带来误解，于是用选择取代了控制。1998 年格拉瑟出版了《选择理论》一书，2000 年，在《现实疗法Ⅱ》中，他又阐述了选择理论的应用。现实疗法以选择理论为基础，着眼于改善当前的关系，通常会忽略过去的关系，而且心理治疗的成功依赖咨询师和来访者之间建立的良好关系。

威廉·格拉瑟（1925—2013）曾经就读于美国俄亥俄州的凯斯·威士顿储备大学。一开始他选择了化学工程师的专业，后来他改为了心理学（并于 1948 年获得了临床心理学的硕士学位）。之后他又转向了精神病学研究，并进入了医学院，于 1953 年获得了医学博士学位。当时，他的愿望是成为一名精神科医生。1957 年，他在洛杉矶的退伍兵管理中心以及洛杉矶加州大学完成了自己的精神病治疗的实习训练，并于 1961 年取得了合格证书。

格拉瑟和内奥米拥有 47 年之久的婚姻生活，内奥米也一直积极投身于威廉·格拉瑟研究所（William Glasser Institute）中的工作，直到她 1992 年逝世。1995 年，格拉瑟和卡琳走到了一起，卡琳是格拉瑟研究所的指导教师。在格拉瑟 82 岁高龄时，他还会时常打网球做运动，还喜欢观看篮球比赛。

在格拉瑟的早期职业生涯中，他曾在 Ventura 女子学校担任精神咨询师的工作，该学校是由加利福尼亚州青少年管理中心设立的一所带管教性质的监狱学校。他在治疗这些年轻人时发现，精神分析似乎没有什么用。他认为咨询师应该和来访者就其心智健全的一面进行交流，而不是和其混乱的一面交谈。格拉瑟同时受到其督导师 G.L.Harrington 的影响——应该让病人走入到现实中来。格拉瑟认为个体需要接受自己对行为的责任，这一点至关重要。

现实疗法的核心在于：我们对自己的选择负有完全的责任。现在，这一理论已经在全世界范围内蔓延开来。其基本假设在于：我们所有人都可以掌控我们当前的生活。

格拉瑟认为，如果不是为疾病、贫穷或衰老所困，那么困扰我们人类的主要问题——暴力、犯罪、对儿童和配偶的虐待、酒精和毒品成瘾、普遍的未成年人性行为和滥交以及抑郁——都是不良的人际关系导致的。选择理论主张我们需要一种可以使我们更加亲密的新心理学，放弃因破坏个人自由而摧毁人际关系的"外部控制心理学"。外部控制心理学有一个简单的操作性前提：惩罚那些做错事的人，这样他们就会去做我们认为对的事了；然后奖赏他们，这样他们就会继续听从我们的"指挥"了。这不仅导致了我们要设法解决的问题，而且还被用来解决这些问题。当惩罚不奏效时，我们总是加大惩罚力度。实际上，无论惩罚是对还是错，它都不会起作用。

现实疗法的理论简明易懂，符合常理；它依赖人的理智和逻辑能力，以问题为中心，以现实合理的途径求得问题的解决；它注意思维和行为，较少直接针对情感和情绪；它强调现在和将来，而不纠缠于过去，重视"怎么办"，而不是"为什么"；它反对以医学的或"疾病"的模式来看待人的心理困扰，而强调人的自主自立、自己对自己负责这些品质的作用；它也重视咨询师和来访者之间的关系，主张咨询师要"卷入"（involvement）关系，但它不像以人为中心疗法那样让咨询师采取一种被动支持的姿态，而允许咨询师更积极主动，更多一些指导。由于这样一些特点，现实疗法很容易被形形色色的做人的工作的人士所掌握，而不是局限在少数受过专门训练的咨询师手中（Gilliland，1984）。它被广泛地应用于学校、监狱、戒毒中心、社区和其他社会服务机构。尤其是在学校咨询和辅导中大受欢迎。事实上，格拉瑟在学校咨询中做了大量工作。他的《人人成功的学校》提供了各种适用于课堂的现实治疗方法。他还创办了"教育工作者训练中心"（ETC）等培训机构，举办讲习班、研讨会，传授"人人成功的学校辅导方案"（SWF）。另外，选择理论还可以应用在管理和领导方面。

一、核心观点

（一）人类的基本需求和感受

选择理论反对这一假设：人生来本是一张白纸，人需要周围所处世界的外在力量来激发自己的行为动机。选择理论认为，我们生下来便具有五方面的需求——生存、爱和归属、权力、自由和乐趣。我们每个人都有这些需求，只不过每种需求的强度各不相同。我们所有的行为都是为了满足其中一种或多种需求而做出的最佳选择。

1. 生存

所有生物身上都有为生存而奋斗的基因。西班牙语"ganas"是格拉瑟认为描述强烈生存欲望的最佳词汇。它意味着努力奋斗、坚持不懈、任劳任怨，确保生存并超越生存而获得安全感。

2. 爱和归属感

尽管人类受驱动去寻找爱和归属，但归属（或友谊）并不难获取。与爱人和家人不同的是，好朋友通常能将彼此的友谊维系一生，因为他们从没幻想过掌控对方。曾经相爱的人步入婚姻的殿堂后，开始为相互控制付出代价，去爱某个想控制和改变你的人，或者爱某个你想控制和改变的人，最终都很难甚至不可能实现。家庭成员亦如此，父母对孩子使用外部控制，提出过分的要求时，亲子关系可能会出现问题。

3. 权力

人类是唯一受权力驱动的物种，这种需求很早就取代了生存需求，并左右着许多人的生活方式。当一个人想拥有比朋友更多的权力时，再长久的友谊也会变得脆弱不堪；有权力的男性能够与妻子维系婚姻，但很少忠实于妻子。选择理论的社会强调的是彼此融洽相处，强迫他人的情况很少出现。我们没有理由相互评判，更多的精力应用于协商分歧。

4. 自由

格拉瑟认为对自由的需求是人类进化的结果，它尝试在你我的需求之间提供一种平衡。这种平衡最好用这条黄金法则来表达：己所不欲，勿施于人。我们越是自由，就越能以不妨碍别人的方式来满足自己，就越能发挥自己的创造力。

5. 乐趣

我们是那些具有学习优势者的后代，而学习优势又给了这些人一种生存优势，因为乐趣需求也就被写入了人类基因。我们可能是唯一能够终生玩耍的生物，因此我们也需要终身学习。我们停止玩耍的那一天，也就是我们不再学习的那一天。乐趣的最佳表现就是欢笑，欢笑和学习是所有融洽关系的基础。

（二）优质世界

选择理论认为，我们感知到的许多现实与别人迥异，是因为我们每个人都独有另一个重要的世界，可称之为优质世界（quality world）。优质世界由许多具体的画面组成，如果我们想要满足基本需要，最好的方式就是实现这些画面所描绘的内容。

这些画面的内容可分成三类：（1）我们最想与之共处的人；（2）我们最想拥有或体验的事物；（3）我们遵循的理念或信念系统。优质世界包含了对我们而言最重要的信息。当我们设法满足自己的需求时，我们就在不断创造和改造优质世界。幸福的人的优质世界里总会有一种人，通常是爱人、家人，至少有一个朋友。我们的优质世界里需要幸福和温暖的人。任何关于占有和控制的画面都可能带来一场人际关系灾难，它几乎总会让我们感到失望、愤怒和冲突。

（三）整体行为

格拉瑟认为，如果我们不想选择一个痛苦的行为（比如抑郁）时，我们应该做到：（1）改变我们的愿望；（2）改变我们的行为；（3）两个都改变。通常，我们表现自己的"方式"有四种不同的成分，它们密不可分。第一个成分是行动（activity），想到行为时，大多数人想到的就是行动，比如走路、说话或吃东西。第二个成分是思维（thinking），我们总是在思考一些事情。第三个成分是感受（feeling）。第四个成分是生理表现（physiology）。因为这四种成分是同时工作的，所以选择理论把"行为"一词扩展成了"整体行为"。一个抑郁或愤怒的人，他之所以这样，是他自己选择让自己抑郁或愤怒的，而不是被迫产生抑郁和愤怒。他们发展出一系列"痛苦"的行为让自己痛苦，是因为这些行为是他们当时能够想到的最好的应对办法，这些行为往往能够满足他们的某些需求。有些来访者会不满地质疑："我很痛苦，别告诉我是我自己选择让自己痛苦的。"因为痛苦本身对个体有伤害，所以咨询师认为个体并不是直接选择让自己痛苦，而是在那个时候，痛苦是他们整体行为中无法自我选择的部分。实际上，我们能给予他人或者从他人处获得的只是信息，我们和他们如何处理该信息则是各自的选择。

（四）心理困扰的实质

格拉瑟在《选择理论》一书中强调了关系的重要性，他认为大部分来访者的问题都是一致的：不是存在让自己不满的人际关系就是缺乏一定的人际关系。来访者的很多问题是由于他们无法与他人建立联系、无法亲近他人或者无法和至少一个重要他人建立满意的人际关系造成的，许多其他问题（比如疼痛、疲劳、虚弱和一些慢性疾病，通常被称作自身免疫疾病）中一部分的原因也是人际关系问题。咨询师会引导来访者获得令人满意的人际关系并教会来访者更积极有效的行为方式。

格拉瑟否认心理疾病，认为来访者不应被贴上诊断的标签，心理疾病的行为都是来访者的选择。几乎没有来访者能够认识到自己的问题其实是自己选择的行为导致的，实际上来访者有能力选择做什么或不做什么，他们能够改变这些行为。

生活中之所以有许多痛苦，是因为我们为自己的不幸不停责怪别人，或者是试图控制别人，即使在有损双方最大利益时仍这样做。所以治疗的目标就是帮助来访者认清什么是他们真正需要的——通常是想要与某些人发展或维持良好关系——认清自己为什么需要这些；辅助他们对自己当前的所作所为进行分析评价，看看现有行为是否有益、有效、负责（对满足自己的需要而言）；协助他们选择负责任的行为，制订建设性的行动方案，以便作出改变，达到对自己生活有效的控制。因此，负责任的行为是现实治疗的核心目标。负责任的行为的含义是"满足自己的需要，而这样做的时候又不剥夺他人满足需要的可能性"。人们为了满足自己的需要而选择有效或无效的行为，或者两者兼有的行为。图 11-1 显示了从发展的角度看待心理健康——心理健康是一系列有效的选择。心理困扰则是退化的或一系列无效的选择。

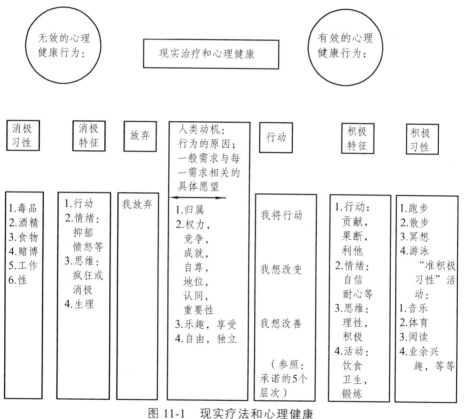

图 11-1 现实疗法和心理健康

二、现实疗法的特点

（一）强调选择与责任

现实疗法的咨询师要始终谨记：来访者对自己的行为负有责任。咨询师并不会卷入来访者的抱怨、责怪以及批评上，因为这是最无效的行为。我们能给予他人或者从他人处获得的只是信息，我们和他们如何处理该信息则是各自的选择。选择理论的基本原理在于："你唯一能够控制的人便是你自己"。

相反，咨询师会将注意力放在那些来访者有选择的领域上，因为这样做可以帮助来访者更加贴近那个自己希望成为的人。比如帮助成年人就业，这样，能够获得他人的尊敬，也能实现自己对能力感的需求。

（二）拒绝移情

现实疗法的咨询师会努力在治疗过程中做真实的自己。这样，咨询师就可以利用自己和来访者的关系去引导来访者如何与生活中的人进行交往。格拉瑟认为移情其实是咨询师和来访者双方回避做真实的自己、拒绝承担自己当前责任的方式。假如来访者说："我之所以那样做，是因为我把你当作了我的父亲"。在这种情况下，现实疗法的咨询师就会以明确而坚定的语气说："我不是你的父亲，我就是我自己。"

（三）让治疗聚焦当下

有些来访者之所以来参加治疗，就是因为他们认为自己的问题是过去导致的，如果自己要得到帮助，就必须再次回到过去。格拉瑟（2001）承认我们都是过去经历的产物，但我们并不是过去经历的受害者——除非我们自己这样选择。无论我们在过去犯了怎样的错误，这都和我们的现在无关。我们只能满足自己当前的需求。如果来访者希望能谈及自己过去的成功经历和成功的人际关系的话，咨询师也会认真地倾听，只是花很少时间去探讨来访者过去的失败。咨询师会告诉来访者："过去发生的一切都已过去，无法更改。我们回头看的时间越长，我们错失前面的风景就会越多。"总之，过去发生的痛苦事件与我们今天的生活有很大关系，但是回顾痛苦的过去对我们没有什么帮助，我们现在需要做的是改善当前的重要关系。

（四）避免聚焦症状

格拉瑟（2003）指出，那些存在某些症状的来访者时常会认为只有自己摆脱了症状之后才有可能找到快乐。实际上他们没有看到自己的痛苦是自己选择的整体行为导致的。他们的症状可以被视作身体发出的警告：其选择的行为没有满足其基本需求。格拉瑟（2005）认为来访者总是会通过聚焦自己的过去或症状来谈及自己当前不愉快的人际关系。他指出，几乎所有的症状都始于令人不满的人际关系现状。通过聚焦当前的问题——尤其是那些和人际关系有关的问题——治疗时间可以得到大幅度的缩短。

（五）挑战对心理疾病的传统观念

格拉瑟对过去传统的过于注重 DSN 以精神病学分类为基础的诊断和治疗过程提出了批评，也对传统的关于心理疾病的观点以及依赖药物进行心理治疗的做法提出了批评。他声称精神病学方面的药物往往对身心都会产生副作用。

三、治疗原则

格拉瑟在《心灵驿站：现实疗法的新方向》（Glasser，1981）一书中阐述了应用现实疗法的八条原则。这些原则构成了现实咨询师在治疗过程中的行动指南。这八条原则及其实施要领如下。

（一）发展相互卷入（involvement）的咨询关系

在咨询师这方面，他要以个人化的、真诚的、理解的态度对待来访者，创造一种亲密的、相互信任的关系气氛。重点是让来访者感到咨询师信任他有能力做出负责任的行为，感到咨询师对他的接纳和尊重，从而体验到自我价值感。咨询师要让来访者了解：只有改变行为，其他的才会改变。

（二）探讨当前行为

现实咨询师坚持把焦点集中在当前行为上。探讨当前行为的主要目的是让来访者意识到自己正在做什么，判断这种行为是否能够满足自己的需要，是不是负责任的行为。在多数情况下，这种探讨实际上会使来访者意识到自己的行动与自己的需要背道而驰，是不负责任的行为。

（三）帮助来访者评价自己的行为

评价行为的标准是看行为是否有助于满足来访者的需要，同时没有妨碍他人和社会的利益。咨询师要尽量保持客观，只是鼓励、支持来访者作出评价。咨询师往往以辩论的形式设法迫使来访者作出客观的评价，其做法有些类似合理情绪疗法的辩论。

（四）帮助来访者选择负责任的行为

如果来访者肯定地认识到自己的行为是不适当的、不负责任的，咨询师就开始帮助他重新考虑现实的、负责的行为，制定一个新的行为方案。

（五）让来访者承诺履行行为计划

这种承诺是对他自己负责，也是对约定的行为计划和咨询师负责。通常这需要做一些鼓励和强化的工作，以激发来访者的行动动机。在多数时候，咨询师要求把承诺以书面形式写入行为合同。

（六）当来访者未能履行计划时，不接受任何借口和开脱

咨询师在这一点上表现得非常坚决。在处理这类问题时，咨询师要始终注意两点：一是坚持计划必须执行；二是避免生硬、攻击的态度。

（七）不使用惩罚手段，但要求来访者承担行为后果

现实咨询师坚决摒除对来访者运用惩罚的做法。如果来访者未能按计划去做，他不会受到咨询师的责难、鄙视或任何别的惩罚，但他应该承担自己不负责任的行为所导致的自然结果，能够认识到"种瓜得瓜，种豆得豆"的道理。这个认识不是外人灌输给他的，是现实教给他的。

（八）决不放弃

在治疗过程中，当遇到困难、阻抗时，咨询师需要表现出百折不挠的劲头，也要鼓励来访者不要放弃。格拉瑟认为放弃不仅意味着承认失败，而且意味着接受失败。咨询师如果放弃，其榜样作用会感染来访者，损害咨询关系，增加来访者的无价值感；咨询师如果不放弃，同样可以通过榜样作用感染来访者，给来访者以力量，增强来访者的价值感。

在这八条原则中，卷入关系是最基本的原则，所有其他原则及其派生的策略和方法都要在真诚、接纳的相互卷入关系中展开和实施。

四、治疗技术与步骤

现实疗法的实践过程最好被看作是一种治疗的循环，其中包含两个主要的组成部分：（1）创造治疗环境；（2）贯彻那些可以引发行为改变的特定策略。治疗的循环过程始于咨询师与来访者之间的良好关系，然后探索来访者的需要、愿望以及知觉，它们将对治疗过程起到推动作用。来访者将会探索自己的整体行为，并自己评估这些行为在满足自己的需求方面的有效性。如果来访者决定去尝试新行为，他们将为改变制定出计划，并愿意承诺坚定地执行该计划。最后咨询师要继续追踪来访者的情况并在需要的时候给予治疗。

（一）治疗环境

现实疗法的咨询师同样认为，治疗关系是有效治疗的基础；如果咨询师希望创建良好的工作联盟，那么他就应该努力避免：争论、攻击、取消、批评、强迫、侮辱、指挥、纠错、轻言放弃或向来访者灌输恐惧等行为（伍伯丁，2008）。咨询师应该让来访者在短时间内就能感受到关怀、接纳、非强制性的氛围。

（二）"WDEP"系统

缩写词 WDEP 被用来描述现实疗法实践中的核心程序（Wubbolding，2000）。WDEP 的每个字母都代表了一系列旨在促进个体改变的策略：W（want）——需求和愿望；D（doing）——方向和行为；E（evaluation）——自我评估；P（plan）——计划。

1. W——愿望（探索愿望、需求和知觉）

现实疗法的咨询师帮助来访者发现自己的希望和需求。治疗的过程包括：探索来访者的"相片簿"（或其理想世界）、探索来访者自身等。来访者可以在治疗中探索自己生活的所有方面，包括自己对家庭、朋友以及单位的需求。此外，这种对需求、愿望和知觉的探索应随着来访者的改变而改变，并应贯穿整个治疗过程的始终。以下问题可以帮助咨询师定位来访者的需求。

- ✿ 如果你就是心目中希望成为的那个人，那么你觉得自己会是一个怎样的人呢？
- ✿ 如果你的需要与你家人的需要完全相符，你的家庭会是什么样子？
- ✿ 如果你能按照自己的意愿去生活，你会做些什么？
- ✿ 你真的希望改变自己的生活吗？
- ✿ 你的哪些愿望并没有在生活中得以实现？
- ✿ 你认为是什么阻止了你做出改变呢？

2. D——方向和行为

在治疗的早期，咨询师应该和来访者一起探讨其生活的整体方向，其中包括：来访者的目标是什么，他们的行为将如何引领他们走向自己的目标？这种探索是为了之后的评估做准备。这里，咨询师就像是拿着一面镜子摆在来访者的面前，并询问来访者："对于你的现在和你的未来，你都看到了什么？"现实疗法将注意力放在了提高个体的知觉以及改变个体的当前行为上。咨询师提问如：你现在在做些什么？你上周本来想做什么？你上周实际做了什么？是什么阻止你做自己想做的事？你明天要做些什么？在格拉瑟（1992）看来，我们当前的行为比较容易看到，因此我们不太可能否认自己的行为，因此，行为应该成为治疗过程的焦点。从选择理论的观点来看，只探讨感受但不探讨与之相关的思考和行为毫无益处。

3. E——自我评估

现实疗法的核心在于要求来访者做出以下的自我评估过程："你当前的行为能够帮助你满足自己的需求？你当前的行为能否让你按照既定的生活方向前进？"

具体的讲，评估过程应该包括来访者的行为方向、具体行为、需求、知觉、新的方向以及计划等方面的内容（2007）。对于这一询问过程，罗伯特·伍伯丁（Robert E. Wubbolding，1988，2000）向咨询师建议了以下这些问题。

- ✿ 你当前做出的行为究竟会给你带来伤害还是会对你有所帮助？
- ✿ 你当前做出的行为是你真正想做的行为吗？
- ✿ 你的行为适用于你吗？
- ✿ 你的行为与你的信念是否一致？
- ✿ 你当前做出的行为是否违反了规则？
- ✿ 你的需求是否合理？你的需求能否实现？
- ✿ 这样帮助你看问题是否对你有所启发？

○　你会在多大程度上坚持进行治疗并改变自己的生活？

○　在谨慎地检验了你的需求之后，你认为这个需求是否是以你和他人的利益为考量的？

要求来访者对整体行为中的每个成分进行评估是现实疗法的主要工作。

4. P-计划与行动

一旦来访者明确了自己希望的改变，他们一般就已准备好去探索其他的可选行为，并能够为自己制定行动计划了。创造并实施计划的过程可以让来访者重新有效地掌控自己的生活，而治疗循环过程的效果就取决于这种行动计划。伍伯丁描述了一份好计划的特点：简单、可达成、可测量、具有持续性、可控以及具备让来访者愿意执行的特点，那么来访者就能够通过执行这些计划从而更好地掌控自己的生活。

（1）计划应考虑到来访者的动机与能力；

（2）好的计划应该简单且易于理解；

（3）计划中应包含行动的部分，并应该能体现来访者的愿望；

（4）咨询师应该鼓励来访者制定出不受他人行为影响的独立行为计划；

（5）有效的计划应该能反复进行并能让来访者在日常生活中加以贯彻；

（6）好的计划应确保能让来访者尽可能快地贯彻执行；

（7）计划应该囊括那些以过程为核心的行动；

（8）在来访者执行计划前，咨询师应该与来访者就计划的现实性、可达成性以及该计划与来访者的需求和愿望之间的关系进行评估；

（9）为了帮助来访者承诺执行其计划，计划应该以书面的形式被记录下来。

总之，现实疗法的咨询师从功能上看就像是教师、辅导员和榜样，咨询师会对来访者进行面质，从而帮助来访者评估自己的当前行为，并对其行为结果进行检验。现实疗法的核心在于帮助来访者学会如何做出更好、更有效的选择，并获得对生活的更有效的掌控力。现实疗法看似简单容易理解和把握，实际上咨询师的实践过程需要接受相应的督导和学习（Wubbolding，2007）。

参考文献

中文文献：

[1] 格伦·O. 加伯德. 长程心理动力学心理治疗基础读本[M]. 徐勇，等，译. 2 版. 北京：中国轻工业出版社，2017.

[2] 史帝芬·米契尔，玛格丽特·布莱克. 超越佛洛伊德：精神分析的历史[M]. 白美正，译. 台北：台湾心灵工坊文化事业股份有限公司，2011.

[3] 米纽秦，雷特，博尔达. 大师的手艺与绝活：米纽秦家庭治疗精髓[M]. 曾林，译. 刘丹，译校. 上海：华东师范大学出版社，2015.

[4] 柳圣爱. 大学生人际关系与团体心理咨询[M]. 武汉：武汉大学出版社，2009.

[5] 安东尼·贝特曼，杰瑞米·霍姆斯. 当代精神分析导论：理论与实务[M]. 樊雪梅，林玉华，译. 北京：中国轻工业出版社出版，2020.

[6] 贾晓明，曾家达. 当代中国心理咨询与心理治疗的反思与探讨[M]. 北京：北京理工大学出版社，2014.

[7] 珍妮·弗里曼，大卫·艾普斯顿，迪恩·莱博维奇. 儿童叙事家庭治疗[M]. 曾容，译. 重庆：重庆大学出版社，2018.

[8] 贾晓明. 高校心理咨询理论与实务[M]. 北京：北京理工大学出版社，2018.

[9] 珀尔·S. 伯曼. 个案概念化与治疗方案：咨询理论与临床实务整合的案例示范[M]. 游琳玉，等，译. 北京：北京理工大学出版社，2019.

[10] 西盖蒂，等. 儿童与青少年认知行为疗法[M]. 王建平，等，译. 北京：中国轻工业出版社，2014.

[11] 王祖承，俞承谋. 黄嘉音心理治疗文集[M]. 上海：上海交通大学出版社，2015.

[12] 戈登堡. 家庭治疗理论[M]. 李正云，等，译. 西安：陕西师范大学出版社，2005.

[13] 拉尔夫·格林森. 精神分析的技术与实践[M]. 朱晓刚，李鸣，译. 北京：机械工业出版社，2020.

[14] 伊丽莎白·L. 奥金克洛斯. 精神分析心理模型[M]. 钱秭澍，译. 北京：人民邮电出版社，2019.

[15] 麦克威廉斯. 精神分析诊断：理解人格结构[M]. 鲁小华，郑诚，等，译. 北京：中国轻工业出版社，2015.

[16] 科胡特. 精神分析治愈之道[M]. 訾非，译. 重庆：重庆大学出版社，2016.

[17] 卡什丹. 客体关系心理治疗：理论、实务与案例[M]. 鲁小华，等，译. 北京：中国水利水电出版社，2006.

[18] 艾利斯 A，艾利斯 D J. 理性情绪行为疗法[M]. 郭建，叶建国，郭本禹，译. 重庆：重庆大学出版社，2015.

[19] 法伯，等. 罗杰斯心理治疗[M]. 郑钢，等，译. 北京：中国轻工业出版社，2015.

[20] 路易吉·博斯科洛，等. 米兰系统式家庭治疗：理论与实践中的对话[M]. 钟欧，杨鹏，周薇，译. 上海：华东师范大学出版社，2017.

[21] 江光荣. 人性的迷失与复归：罗杰斯的人本心理学[M]. 武汉：湖北教育出版社，2000.

[22] 伊万·吉伦. 人为中心疗法[M]. 方双虎，等，译. 北京：中国人民大学出版社，2016.

[23] 葛列格里·汉默顿. 人我之间：客体关系理论与实务[M]. 杨添围，周仁宇，译. 台北：心灵工坊文化事业股份有限公司，2013.

[24] 贝克. 认知疗法基础与应用[M]. 张怡，孙凌，王辰怡，译. 北京：中国轻工业出版社，2013.

[25] 柯瑞妮·斯威特. 认知与改变[M]. 段鑫星，等，译. 北京：人民邮电出版社，2016.

[26] 泰比. 如何做家庭治疗——临床实践中的技巧[M]. 黄铮，肖军，聂晶，译. 北京：中国轻工业出版社，2012.

[27] 萨提亚. 萨提亚家庭治疗模式[M]. 聂晶，译. 北京：世界图书出版公司北京公司，2007.

[28] 林明克. 受伤的医者[M]. 北京：中国法制出版社，2016.

[29] 亚隆. 团体心理治疗：理论与实践[M]. 李敏，李鸣，译. 5 版. 北京：中国轻工业出版社，2010.

[30] 樊富珉. 团体心理咨询[M]. 北京：高等教育出版社，2005.

[31] 迪露西亚瓦克，等. 团体咨询与团体治疗指南[M]. 李松蔚，鲁小华，贾烜，等，译. 北京：机械工业出版社，2014.

[32] 阿里斯特·冯·施利佩，约亨·施魏策. 系统治疗与咨询教科书：基础理论[M]. 史靖宇，赵旭东，盛晓春，译. 北京：商务印书馆，2018.

[33] 克莱尔. 现代精神分析"圣经"：客体关系与自体心理学[M]. 贾晓明，苏晓波，译. 北京：中国轻工业出版社，2002.

[34] 罗伯特·伍伯丁. 现实疗法[M]. 郑世彦，译. 重庆：重庆大学出版社，2016.

[35] 卡巴尼斯，等. 心理动力学个案概念化[M]. 孙玲，等，译. 北京：中国轻工业出版社，2015.

[36] 哈罗德·贝尔，莉赛尔·赫斯特. 心理动力学团体分析：心灵的相聚[M]. 武春燕，徐旭东，李苏霓，译. 北京：中国轻工业出版社，2017.

[37] 赵旭东，张亚林，等. 心理治疗[M]. 上海：华东师范大学出版社，2020.

[38] 格莱丁. 心理咨询导论（第六版）[M]. 方双虎，译. 北京：中国人民大学出版社，2014.

[39] 莱恩·斯佩里. 心理咨询的伦理与实践[M]. 侯志瑾，译. 北京：中国人民大学出

版社，2012.

[40] 李祚山，于璐. 心理咨询技术[M]. 重庆：西南师范大学出版社，2014.

[41] 科米尔，纽瑞尔斯，奥斯本. 心理咨询师的问诊策略：第六版[M]. 张建新，等，译. 北京：中国轻工业出版社，2009.

[42] 中国就业培训技术指导中心，中国心理卫生协会. 心理咨询师（基础知识）[M]. 北京：民族出版社，2015.

[43] 科里. 心理咨询与治疗的理论及实践[M]. 谭晨，译. 北京：中国轻工业出版社，2010.

[44] 钱铭怡. 心理咨询与心理治疗（重排本）[M]. 北京：北京大学出版社，2016.

[45] 马丁·M. 安东尼，伊丽莎白·罗默. 行为疗法[M]. 庄艳，译. 重庆：重庆大学出版社，2016.

[46] 斯蒂芬·麦迪根. 叙事疗法[M]. 刘建鸿，王锦，译. 重庆：重庆大学出版社，2017.

[47] 怀特. 叙事疗法实践地图[M]. 李明，党静雯，曹杏娥，译. 重庆：重庆大学出版社，2011.

[48] 怀特. 学习认知行为治疗图解指南[M]. 武春艳，张新凯，译. 北京：人民卫生出版社，2010.

[49] 西蒙，莱西-西蒙. 循环提问：系统式治疗案例教程[M]. 于雪梅，译. 北京：商务印书馆，2013.

[50] 李武石. 寻找弗洛伊德：精神分析理论与经典案例[M]. 李光哲，李东根，杨华瑜，译. 修订本. 北京：科学出版社，2014.

[51] 凯恩. 以人为中心心理治疗[M]. 高剑婷，郭本禹，译. 合肥：安徽人民出版社，2011.

[52] 默恩斯，索恩，迈克李欧. 以人为中心心理咨询实践[M]. 刘毅，译. 4 版. 重庆：重庆大学出版社，2015.

[53] 萨尔瓦多·米纽庆，等. 掌握家庭治疗：家庭的成长与转变之路[M]. 高隽，译. 北京：世界图书出版公司北京公司，2010.

[54] 希尔. 助人技术：探索、领悟、行动三阶段模式（第 3 版）[M]. 胡博，等，译. 北京：中国人民大学出版社[M]. 2013.

[55] 科胡特. 自体的重建[M]. 许豪冲，译. 北京：世界图书出版公司北京公司，2013.

[56] 彼得·A. 莱塞姆. 自体心理学导论[M]. 王静华，译. 北京：中国轻工业出版社，2017.

[57] 怀特，韦纳. 自体心理学的理论与实践[M]. 吉莉，译. 北京：中国轻工业出版社，2013.

[58] 刘华山，江光荣. 咨询心理学[M]. 上海：华东师范大学出版社，2010.

[59] 杨凤池，张曼华，刘传新. 咨询心理学[M]. 北京：人民卫生出版社，2007.

[60] 刘勇. 团体咨询治疗与团体训练[M]. 广州：广东高等教育出版社，2003.

[61] 亚罗姆. 团体心理治疗理论与实践[M]. 李鸣，等，译. 北京：中国轻工业出版社，2005.

英文文献：

[1] BRODLEYBT.Empathic Understanding and Feelings in Client-Centered Therapy [J]. The Person-Centred Journal, 1996, 3(1): 22-30.

[2] COOPERM, O'HARAM, SCHMID,et al.The Handbook of Person-Centred Psychotherapy and Counselling[M]. New York: Palgrave Macmillan, 2007.

[3] MASLOWAH. Motivation and Personality[M]. New York: Harper and Row, 1987.

[4] PURTONC. Person-Centered Therapy Without the Core Conditions[J]. Counselling and Psychotherapy Journal, 2002,13(2): 6-9.

[5] ROGERS C R. Client-Centerd Therapy: Its Current Practice[J]. Implications & Therapy, 1951.

[6] ROGERS C R.The necessary and sufficient conditions of therapeutic personality change[J]. Journal of Consulting Psychology, 1957(2): 95-103.

[7] ROGERS, CARL R A. A theory of therapy, personality and interpersonal relationships, as developed in the client-centeredframework[J]. Cancer Research, 1959(9): 3958-3965.

[8] DEURZEN E V. Existential counselling and psychotherapy in practice[M]. London: Sage, 2002.

[9] VANAERSCHOT G. Empathy as releasing several micro-processes in the client[J]. 1993.

[10] WARNERMS. Toward an integrated person-centered theory of wellness and psychopathology[J]. Person-Centered and Experiential Psychotherapies, 2006(5): 4-20.

附 录

附录1 大学生心理咨询知情同意书

编号：<u>20200101LN（日期+姓名首字母）</u>

尊敬的来访者：

欢迎来到大学生心理咨询中心。我们的服务由具有心理咨询资格的专业人士提供，一些心理测量会由受过训练的心理咨询师执行，以下是关于心理咨询的一些基本知识，请阅读后在最下面签上您的姓名，以表明您已经仔细阅读过这些条款。

1. 初始访谈：在开始咨询前，我们需要您回答一些相应的问题，在咨询期间，您还可能需要完成一些相关的问卷，以对您咨询前后的情绪状态进行评定。我们会将测定的结果反馈给您，这些测量结果可为咨询师制定咨询计划提供参考。

2. 收费和预约：我们的咨询是免费的（针对在校学生）。如果您想咨询，请提前一天打电话（136××××××××）预约咨询时间，前来咨询时请携带身份证和学生证。

3. 保密性：

A、保密原则：在一般情况下，我们对您所提供的身份信息和谈话内容保密，如果咨询师违反该原则，要承担相应的法律责任。

B、保密例外：如果您存在以下的情况，我们不承诺履行保密义务，并会通知相关的个人及机构。① 触犯相关法律（如您可能对自己或他人构成危险）；② 您的情况比较严重，并涉及自身的安全（如自杀、自残、严重的抑郁等），我们会在必要时，通知您的监护人或学校领导，并同时征求您的意见，以确保您的安全。

C、由于我们是院校里的心理咨询中心，我们会不定期地由老师对治疗进行督导。如果需要您配合我们从事科学研究，我们会事先征得您的书面同意。

4. 咨询的时间设置：心理咨询是定期访谈，通常每次50分钟，一周一到两次。

5. 自由退出：您有权在任何时候终止您的咨询，但我们建议您在正式退出咨询之前和您的咨询师讨论您的想法。

6. 转介：在咨询的过程中，如果咨询师与来访者因在个性等人格特征方面存在着一些不协调或者不属于咨询范围的，我们将会转介，咨询师届时会详细对您做出解释。

7. 终止：如果您在心理咨询期间存在违反法律法规的行为、咨询室内外的攻击性行为、可能对自己或他人构成危险的行为等不适宜继续进行心理咨询的行为，咨询师有权单方面终止心理咨询。

我理解并同意上述条款。

来访者签名：   咨询师签名：

日期：   日期：

附录2 来访者登记表

编号：20200101LN

为了节约您的时间，使心理咨询更有效率，希望您在咨询前填写如下信息，该信息表由心理咨询中心保管。

性 别		年 龄		民族和籍贯	
学 号		专 业		年级和班级	
电 话		父/母电话		紧急联系人电话	

主要问题	你困惑或难以摆脱的问题是什么？	
个人基本情况	有无病史	
	目前或长期服用的药物	
	兴趣爱好	
	自我评价	
	人际关系状况	
	最近一年内和早期的重大事件	
家庭情况	你认为家庭关系的哪些方面和成长经历影响到你？	
咨询历史	之前是否做过心理咨询？	
咨询目的	你期待从咨询中得到什么样的帮助？	

附录3 中国心理学会临床与咨询工作伦理守则（第二版）

2018 年 2 月，中国心理学会临床与咨询工作伦理守则（第二版）修订出台，制定本《守则》旨在揭示临床与咨询心理学服务工作具有教育性、科学性与专业性，促使心理师、寻求专业服务者以及广大民众了解本领域专业伦理的核心理念和专业责任，以保证和提升专业服务的水准，保障寻求专业服务者和心理师的权益，提升民众心理健康水平，促进和谐社会发展。

本《守则》亦为本学会临床与咨询心理学注册心理师的专业伦理规范以及处理有关临床与咨询心理学专业伦理投诉的工作基础和主要依据。

伦理总则：善行、责任、诚信、公正、尊重

善行（Beneficence）。心理师的工作是使寻求专业服务者从其专业服务中获益。心理师应保障寻求专业服务者的权利，努力使其得到适当的服务并避免伤害。

责任（Responsibility）。心理师在工作中应保持其服务的专业水准，认清自己的专业、伦理及法律责任，维护专业信誉，并承担相应的社会责任。

诚信（Integrity）。心理师在工作中应做到诚实守信，在临床实践、研究及发表、教学工作以及各类媒体的宣传推广中保持真实性。

公正（Justice）。心理师应公平、公正地对待与自己专业相关的工作及人员，采取谨慎的态度防止自己潜在的偏见、能力局限、技术限制等导致的不适当行为。

尊重（Respect）：心理师应尊重每位寻求专业服务者，尊重其隐私权、保密性和自我决定的权利。

1. 专业关系

心理师应按照专业的伦理规范与寻求专业服务者建立良好的专业工作关系。

这种工作关系应以促进寻求专业服务者的成长和发展、从而增进其利益和福祉为目的。

1.1 心理师应公正地对待寻求专业服务者，不得因其年龄、性别、种族、性取向、宗教信仰和政治立场、文化水平、身体状况、社会经济状况等因素歧视对方。

1.2 心理师应充分尊重和维护寻求专业服务者的权利，促进其福祉。心理师应当避免伤害寻求专业服务者、学生或研究被试。

如果伤害可避免或可预见，心理师应在对方知情同意的前提下尽可能避免，或将伤害最小化；如果伤害不可避免或无法预见，心理师应尽力使伤害程度降至最低，或在事后设法补救。

1.3 心理师应依照当地政府要求或本单位规定恰当地收取专业服务费用。

心理师在进入专业工作关系之前，要向寻求专业服务者清楚地介绍和解释其服务收费情况。

1.4 心理师不得以收受实物、获得劳务服务或其他方式作为其专业服务的回报，以防止引发冲突、剥削、破坏专业关系等潜在危险。

1.5 心理师须尊重寻求专业服务者的文化多元性。心理师应充分觉察自己的价值观及其对寻求专业服务者的可能影响，并尊重寻求专业服务者的价值观，避免将自己的价值观强加给寻求专业服务者或替其做重要决定。

1.6 心理师应清楚地认识其自身所处位置对寻求专业服务者的潜在影响，不得利用寻求专业服务者对自己的信任或依赖剥削对方、为自己或第三方谋取利益。

1.7 心理师要清楚地了解多重关系（例如与寻求专业服务者发展家庭、社交、经济、商业或其他密切的个人关系）对专业判断可能造成的不利影响及损害寻求专业服务者福祉的潜在危险，尽可能避免与寻求专业服务者发生多重关系。

在多重关系不可避免时，应采取专业措施预防可能的不利影响，例如签署知情同意书、告知多重关系可能的风险、寻求专业督导、做好相关记录，以确保多重关系不会影响自己的专业判断，并且不会对寻求专业服务者造成危害。

1.8 心理师不得与当前寻求专业服务者或其家庭成员发生任何形式的性或亲密关系，包括当面和通过电子媒介进行的性或亲密沟通与交往。

心理师不得给与自己有过性或亲密关系者做心理咨询或心理治疗。一旦关系超越了专业界限（例如开始性和亲密关系），应立即采取适当措施（例如寻求督导或同行建议），并终止专业关系。

1.9 心理师在与寻求专业服务者结束心理咨询或治疗关系后至少三年内，不得与该寻求专业服务者或其家庭成员发生任何形式的性或亲密关系，包括当面和通过电子媒介进行的性或亲密的沟通与交往。

三年后如果发展此类关系，要仔细考察该关系的性质，确保此关系不存在任何剥削、控制和利用的可能性，同时要有可查证的书面记录。

1.10 当心理师和寻求专业服务者存在除了性或亲密关系以外的其他非专业关系，如果可能对寻求专业服务者造成伤害，心理师应当避免与其建立专业关系。

例如，因无法保持客观、中立，心理师不得与自己的朋友和亲人建立专业关系。

1.11 心理师不得随意中断心理咨询与治疗工作。心理师出差、休假或临时离开工作地点外出时，要尽早向寻求专业服务者说明，并适当安排已经开始的心理咨询或治疗工作。

1.12 心理师认为自己的专业能力不能胜任为寻求专业服务者提供专业服务，或不适合与寻求专业服务者维持专业关系时，应在和督导或同行讨论后，向寻求专业服务者明确说明，并本着负责的态度将其转介给合适的专业人士或机构，同时书面记录转介情况。

1.13 当寻求专业服务者在心理咨询与治疗中无法获益，心理师应终止这种专业关系。

若受到寻求专业服务者或相关人士的威胁或伤害，或寻求专业服务者拒绝按协议支付专业服务费用，心理师可以终止专业服务关系。

1.14 本专业领域内，不同理论学派的心理师应相互了解、相互尊重。

心理师开始服务时，如知晓寻求专业服务者已经与其他同行建立了专业服务关系，而且目前没有终止或者转介时，应建议寻求专业服务者继续在同行处寻求帮助。

1.15 心理师与心理健康服务领域同行（包括精神科医师/护士、社会工作者等）的交流和合作会影响对寻求专业服务者的服务质量。

心理师应与相关同行建立积极的工作关系和沟通渠道，以保障寻求专业服务者的福祉。

1.16 在机构中从事心理咨询与治疗的心理师未经机构允许，不得将自己在该机构中的寻求专业服务者转介为个人接诊的来访者。

1.17 心理师将寻求专业服务者转介至其他专业人士或机构时，不得收取任何费用，也不得向第三方支付与转介相关的任何费用。

1.18 心理师应清楚了解寻求专业服务者赠送礼物对专业关系的影响。

心理师在决定是否收取寻求专业服务者的礼物时需考虑以下因素：专业关系、文化习俗、礼物的金钱价值、赠送礼物的动机以及心理师决定接受或拒绝礼物的动机。

2. 知情同意

寻求专业服务者可以自由选择是否开始或维持一段专业关系，且有权充分了解关于专业工作的过程和心理师的专业资质及理论取向。

2.1 心理师应确保寻求专业服务者了解自己与寻求专业服务者双方的权利、责任，明确介绍收费设置，告知寻求专业服务者享有的保密权利、保密例外情况以及保密界限。

心理师应认真记录评估、咨询或治疗过程中有关知情同意的讨论过程。

2.2 心理师应知晓，寻求专业服务者有权了解下列相关事项：

（1）心理师的资质、所获认证、工作经验以及专业工作理论取向；

（2）专业服务的作用；

（3）专业服务的目标；

（4）专业服务所采用的理论和技术；

（5）专业服务的过程和局限；

（6）专业服务可能带来的好处和风险；

（7）心理测量与评估的意义以及测验和结果报告的用途。

2.3 在与被强制要求接受专业服务人员工作时，心理师应当在专业工作开始时与其讨论保密原则的强制界限及相关依据。

2.4 当寻求专业服务者同时接受其他心理健康服务领域专业工作者的服务时，心理师可以根据工作需要，在征得寻求专业服务者的同意后，联系其他心理健康服务领域专业工作者并与他们进行沟通，以更好地为寻求专业服务者提供服务。

2.5 只有在得到寻求专业服务者书面同意的情况下，心理师才能对心理咨询或治疗过程录音、录像或进行教学演示。

3. 隐私权和保密性

心理师有责任保护寻求专业服务者的隐私权，同时明确认识到隐私权在内容和范围上受到国家法律和专业伦理规范的保护和约束。

3.1 在专业服务开始时，心理师有责任向寻求专业服务者说明工作的保密原则及其应用的限度、保密例外情况并签署知情同意书。

3.2 心理师应清楚地了解保密原则的应用有其限度，下列情况为保密原则的例外：

（1）心理师发现寻求专业服务者有伤害自身或他人的严重危险；

（2）不具备完全民事行为能力的未成年人等受到性侵犯或虐待；

（3）法律规定需要披露的其他情况。

3.3 遇到3.2（1）和（2）的情况，心理师有责任向寻求专业服务者的合法监护人、可确认的潜在受害者或相关部门预警；

遇到3.2（3）的情况，心理师有义务遵守法律法规，并按照最低限度原则披露有关信息，但须要求法庭及相关人员出示合法的正式文书，并要求他们注意专业服务相关信息的披露范围。

3.4 心理师应按照法律法规和专业伦理规范在严格保密的前提下创建、使用、保存、传递和处理专业工作相关信息（如个案记录、测验资料、信件、录音、录像等）。

心理师可告知寻求专业服务者个案记录的保存方式，相关人员（例如同事、督导、个案管理者、信息技术员）有无权限接触这些记录等。

3.5 心理师因专业工作需要在案例讨论或教学、科研、写作中采用心理咨询或治疗案例，应隐去可能辨认出寻求专业服务者的相关信息。

3.6 心理师在教学培训、科普宣传中，应避免使用完整案例，如果有可辨识身份的个人信息（如姓名、家庭背景、特殊成长或创伤经历、体貌特征等），须采取必要措施保护来访者隐私。

3.7 如果由团队为寻求专业服务者服务，应在团队内部确立保密原则，只有确保寻求专业服务者隐私受到保护时才能讨论其相关信息。

4. 专业胜任力和专业责任

心理师应遵守法律法规和专业伦理规范，以科学研究为依据，在专业界限和个人能力范围内以负责任的态度开展评估、咨询、治疗、转介、同行督导、实习生指导以及研究工作。

心理师应不断更新专业知识，提升专业胜任力，提高个人身心健康水平，以更好地满足专业工作的需要。

4.1 心理师应在专业能力范围内，根据自己所接受的教育、培训和督导的经历和工作经验，为适宜人群提供科学有效的专业服务。

4.2 心理师应规范执业，遵守执业场所、机构、行业的制度。

4.3 心理师应关注保持自身专业胜任力，充分认识继续教育的意义，参加专业培训，了解专业工作领域的新知识及新进展，必要时寻求专业督导。缺乏专业督导时，应尽量寻求同行的专业帮助。

4.4 心理师应关注自我保健，警惕因自己的身心健康问题伤害服务对象的可能性，必要时应寻求督导或其他专业人员的帮助，或者限制、中断、终止临床专业服务。

4.5 心理师在工作中介绍和宣传自己时，应实事求是地说明专业资历、学历、学位、专业资格证书、专业工作等。心理师不得贬低其他专业人员，不得以虚假、误导、欺瞒的方式宣传自己或所在机构、部门。

4.6 心理师应承担必要的社会责任，鼓励心理师为社会提供自己的部分专业工作时间做低经济回报、公益性质的专业服务。

5. 心理测量与评估

心理测量与评估是咨询与治疗工作的组成部分。心理师应正确理解心理测量与评估手段在临床服务中的意义和作用，考虑被测量者或被评估者的个人特征和文化背景，恰当使用测量与评估工具来促进寻求专业服务者的福祉。

5.1 心理测量与评估的目的在于促进寻求专业服务者的福祉，其使用不应超越服务目的和适用范围。心理师不得滥用心理测量或评估。

5.2 心理师应在接受相关培训并具备适当专业知识和技能后，实施相关测量或评估工作。

5.3 心理师应根据测量目的与对象，采用自己熟悉的、已经在国内建立并证实信度、效度的测量工具。若无可靠信度、效度数据，需要说明测验结果及解释的说服力和局限性。

5.4 心理师应尊重寻求专业服务者了解和获得测量与评估结果的权利，在测量或评估后对结果给予准确、客观、对方能理解的解释，避免寻求专业服务者误解。

5.5 未经寻求专业服务者授权，心理师不得向非专业人员或机构泄露其测验和评估的内容与结果。

5.6 心理师有责任维护心理测验材料（测验手册、测量工具和测验项目等）和其他评估工具的公正、完整和安全，不得以任何形式向非专业人员泄露或提供不应公开的内容。

6. 教学、培训和督导

从事教学、培训和督导工作的心理师应努力发展有意义、值得尊重的专业关系，对教学、培训和督导持真诚、认真、负责的态度。

6.1 心理师从事教学、培训和督导工作旨在促进学生、被培训者或被督导者的个人及专业成长和发展，教学、培训和督导工作应有科学依据。

6.2 心理师从事教学、培训和督导工作时应持多元的理论立场，让学生、被培训者或被督导者有机会比较并发展自己的理论立场。督导者不得把自己的理论取向强加于被督导者。

6.3 从事教学、培训和督导工作的心理师应基于其教育训练、被督导经验、专业认证及适当的专业经验，在胜任力范围内开展相关工作，并有义务不断加强自己的专业能力和伦理意识。

督导者在督导过程中遇到困难，也应主动寻求专业督导。

6.4 从事教学、培训和督导工作的心理师应熟练掌握专业伦理规范，并提醒学生、被培训者或被督导者遵守伦理规范和承担专业伦理责任。

6.5 从事教学、培训工作的心理师应采取适当措施设置和计划课程，确保教学及培训能够提供适当的知识和实践训练，达到教学或培训目标。

6.6 承担教学任务的心理师应向学生明确说明自己与实习场所督导者各自的角色

与责任。

6.7 担任培训任务的心理师在进行相关宣传时应实事求是，不得夸大或欺瞒。心理师应有足够的伦理敏感性，有责任采取必要的措施保护被培训者的个人隐私和福祉。

心理师作为培训项目负责人时，应为该项目提供足够的专业支持和保证，并承担相应责任。

6.8 担任督导任务的心理师应向被督导者说明督导目的、过程、评估方式及标准，告知督导过程中可能出现的紧急情况，中断、终止督导关系的处理方法。

心理师应定期评估被督导者的专业表现，并在训练方案中提供反馈，以保障专业服务水准。考评时，心理师应实事求是，诚实、公平、公正地给出评估意见。

6.9 从事教学、培训和督导工作的心理师应审慎评估其学生、被培训者或被督导者的个体差异、发展潜能及能力限度，适当关注其不足，必要时给予发展或补救机会。对不适合从事心理咨询或治疗工作的专业人员，应建议其重新考虑职业发展方向。

6.10 承担教学、培训和督导任务的心理师有责任设定清楚、适当、具文化敏感度的关系界限；不得与学生、被培训者或被督导者发生亲密关系或性关系；不得与有亲属关系或亲密关系的专业人员建立督导关系；不得与被督导者卷入心理咨询或治疗关系。

6.11 从事教学、培训或督导工作的心理师应清楚认识自己在与学生、被培训者或被督导者关系中的优势，不得以工作之便利用对方为自己或第三方谋取私利。

6.12 承担教学、培训或督导任务的心理师应明确告知学生、被培训者或被督导者，寻求专业服务者有权了解提供心理咨询或咨询师的资质；他们若在教学、培训和督导过程中使用有关寻求专业服务者的信息，应事先征得寻求专业服务者同意。

6.13 承担教学、培训或督导任务的心理师对学生、被培训者或被督导者在心理咨询或治疗中违反伦理的情形应保持敏感，若发现此类情形应与他们认真讨论，并为保护寻求专业服务者的福祉及时处理；对情节严重者，心理师有责任向本学会临床心理学注册工作委员会伦理工作组或其他适合的权威机构举报。

7. 研究和发表

心理师应以科学的态度进行研究，以增进对专业领域相关现象的了解，为改善专业领域做贡献。

以人类为被试的科学研究应遵守相应的研究规范和伦理准则。

7.1 心理师的研究工作若以人类作为研究对象，应尊重人的基本权益，遵守相关法律法规、伦理准则以及人类科学研究的标准。

心理师应负责被试的安全，采取措施防范损害其权益，避免对其造成躯体、情感或社会性伤害。若研究需得到相关机构审批，心理师应提前呈交具体研究方案以供伦理审查。

7.2 心理师的研究应征求被试的知情同意；

若被试没有能力做出知情同意，应获得其法定监护人的知情同意；

应向被试（或其监护人）说明研究性质、目的、过程、方法、技术、保密原则及局限性，被试可能体验到的身体或情绪痛苦及干预措施，预期获益、补偿；

研究者和被试各自的权利和义务，研究结果的传播形式及其可能的受众群体等。

7.3 免知情同意仅限于以下情况：

（1）有理由认为不会对被试造成痛苦或伤害的研究，包括

① 正常教学实践研究、课程研究或在教学背景下进行的课堂管理方法研究；

② 仅用匿名问卷、以自然观察方式进行的研究或文献研究，其答案未使被试触犯法律、损害其财务状况、职业或声誉，且隐私得到保护；

③ 在机构背景下进行的工作相关因素研究，不会危及被试的职业，且其隐私得到保护。

（2）法律、法规或机构管理规定允许的研究。

7.4 被试参与研究，有随时撤回同意和不再继续参与的权利，并且不会因此受到任何惩罚，而且在适当情况下应获得替代咨询、治疗干预或处置。

心理师不得以任何方式强制被试参与研究。干预或实验研究需要对照组时，需适当考虑对照组成员的福祉。

7.5 心理师不得用隐瞒或欺骗手段对待被试，除非这种方法对预期研究结果必要、且无其他方法代替。在研究结束后，必须向被试适当说明。

7.6 禁止心理师和当前被试通过面对面或任何媒介发展与性或亲密关系相关的沟通和交往。

7.7 撰写研究报告时，心理师应客观地说明和讨论研究设计、过程、结果及局限性，不得采用或编造虚假不实的信息或资料，不得隐瞒与研究预期、理论观点、机构、项目、服务、主流意见或既得利益相悖的结果，并声明利益冲突；

如果发现已发表研究有重大错误，应更正、撤销、勘误或以其他合适的方式公开纠正。

7.8 心理师撰写研究报告时应注意对被试的身份保密（除非得到被试的书面授权），妥善保管相关研究资料。

7.9 心理师在发表论著时不得剽窃他人成果，引用其他研究者或作者的言论或资料应按照学术规范或国家标准注明原著者及资料来源。

7.10 心理师若采用心理咨询或心理治疗案例进行科研、写作等工作时，应确保隐匿了可辨认出寻求专业服务者的有关信息；若涉及寻求专业服务者的案例报告，应与其签署知情同意书。

7.11 全文或文中重要部分已登载于某期刊或已出版著作，心理师不得在未获原出版单位许可情况下再次投稿；同一篇稿件或主要数据相同的稿件不得同时向多家期刊投稿。

7.12 当研究工作由心理师与其他同事或同行一起完成时，著述应以适当方式注明全部作者，心理师不得以个人名义发表或出版。

对研究著述有特殊贡献者，应以适当方式明确声明。论著主要内容源于学生的研究报告或论文，应取得学生许可并将其列为主要作者之一。

7.13 心理师审阅学术报告、文稿、基金申请或研究计划时应尊重其保密性和知识

产权。

心理师应审阅在自己能力范围内的材料，并避免审查工作受个人偏见影响。

8. 远程专业工作（网络/电话咨询）

心理师有责任告知寻求专业服务者远程专业工作的局限性，让寻求专业服务者了解远程专业工作与面对面专业工作的差异。

寻求专业服务者有权选择是否在接受专业服务时使用网络/电话咨询。

远程工作的心理师有责任考虑相关议题，并遵守相应的伦理规范。

8.1 心理师通过网络/电话提供专业服务时，除了常规知情同意外，还需要帮助寻求专业服务者了解并同意下列信息：

（1）远程服务所在的地理位置、时差和联系信息；

（2）远程专业工作的益处、局限和潜在风险；

（3）发生技术故障的可能性及处理方案；

（4）无法联系到心理师时的应急程序。

8.2 心理师应告知寻求专业服务者电子记录和远程服务过程在网络传输中保密的局限性，告知寻求专业服务者相关人员（同事、督导、个案管理者、信息技术员）有无权限接触这些记录和咨询过程。

心理师应采取合理预防措施（例如设置用户开机密码、网站密码、咨询记录文档密码等）来保证信息传递和保存过程中的安全性。

8.3 心理师远程工作时须确认寻求专业服务者真实身份及联系信息，也需确认双方具体地理位置和紧急联系人信息，以确保在寻求专业服务者出现危机状况时可有效采取保护措施。

8.4 心理师通过网络/电话与寻求专业服务者互动并提供专业服务时，全程应验证寻求专业服务者真实身份，确保对方是与自己达成协议的对象。

心理师应提供专业资质和专业认证机构的电子链接，并确认电子链接的有效性以保障寻求专业服务者的权利。

8.5 心理师应明白与寻求专业服务者保持专业关系的必要性。心理师应与寻求专业服务者讨论并建立专业界限。

当寻求专业服务者或心理师认为远程专业工作无效时，心理师应考虑采用面对面服务形式。如果心理师无法提供面对面服务，应帮助对方转介。

9. 媒体沟通与合作

心理师通过（电台、电视、报纸、网络等）公众媒体和自媒体从事专业活动，或以专业身份开展（讲座、演示、访谈、问答等）心理服务的过程中，与媒体相关人员合作与沟通中需要遵守下列伦理规范。

9.1 心理师及其所在机构在与媒体合作前应与媒体充分沟通，确认合作方了解心理咨询与治疗的专业性质与专业伦理，提醒其自觉遵守伦理规范，承担社会责任。

9.2 心理师应在专业胜任力范围内，根据自己的教育、培训和督导经历、工作经验与媒体合作，为不同人群提供适宜而有效的专业服务。

9.3 心理师如与媒体长期合作，应特别考虑可能产生的影响，并与合作方签署包含伦理款项的合作协议，包括合作目的、双方权利与义务、违约责任及协议解除等。

9.4 心理师应与拟合作媒体就如何保护寻求专业服务者个人隐私商讨保密事宜，包括保密限制条件以及对寻求专业服务者信息的备案、利用、销毁等，并将有关设置告知寻求专业服务者，并告知其媒体传播后可能带来的影响，由其决定是否同意在媒体上进行自我暴露、是否签署相关协议。

9.5 心理师通过（电台、电视、出版物、网络等）公众媒体从事课程、讲座、演示等专业活动或以专业身份提供解释、分析、评论、干预时，应尊重事实，基于专业文献和实践发表言论，言行皆应遵循专业伦理规范，避免伤害寻求专业服务者，防止误导大众。

9.6 心理师接受采访时应要求媒体如实报道。文章发表前应经心理师本人审核确认。

如发现媒体发布与自己个人或单位相关的错误、虚假、欺诈和欺骗的信息，或其发布的报道属断章取义，心理师应依据有关法律法规和伦理准则要求媒体予以澄清、纠正、致歉，以维护专业声誉，并保障受众利益。

10. 伦理问题处理

心理师应在日常专业工作中践行专业伦理规范，并遵守有关法律法规。心理师应努力解决伦理困境，与相关人员直接而开放地沟通，必要时向督导及同行寻求建议或帮助。

本学会临床心理学注册工作委员会设有伦理工作组，提供与本伦理守则有关的解释，接受伦理投诉，并处理违反伦理守则的案例。

10.1 心理师应当认真学习并遵守伦理守则，缺乏相关知识、误解伦理条款都不能成为违反伦理规范的理由。

10.2 心理师一旦觉察自己工作中有失职行为或对职责有误解，应尽快采取措施改正。

10.3 若本学会专业伦理规范与法律法规冲突，心理师必须让他人了解自己的行为符合专业伦理，并努力解决冲突。如这种冲突无法解决，心理师应以法律和法规作为其行动指南。

10.4 如果心理师所在机构的要求与本学会伦理规范有矛盾之处，心理师需澄清矛盾的实质，表明自己有按专业伦理规范行事的责任。

心理师应在坚持伦理规范前提下，合理地解决伦理规范与机构要求的冲突。

10.5 心理师若发现同行或同事违反了伦理规范，应规劝；规劝无效则通过适当渠道反映问题。如其违反伦理行为非常明显，且已造成严重危害，或违反伦理的行为无合适的非正式解决途径，心理师应当向临床心理学注册工作委员会伦理工作组或其他适合的权威机构举报，以保护寻求专业服务者的权益，维护行业声誉。

心理师如不能确定某种情形或行为是否违反伦理规范，可向临床心理学注册工作委员会伦理工作组或其他适合的权威机构寻求建议。

10.6 心理师有责任配合临床心理学注册工作委员会伦理工作组调查可能违反伦理规范的行为并采取行动。心理师应了解对违反伦理规范的处理申诉程序和规定。

10.7 伦理投诉案件的处理必须以事实为根据，以伦理守则相关条文为依据。

10.8 违反伦理守则者将按情节轻重给予以下处罚：

（1）警告；

（2）严重警告，被投诉者必须在指定期限内完成不少于16学时的专业伦理培训或/和临床心理学注册工作委员会伦理工作组指定的惩戒性任务；

（3）暂停注册资格，暂停期间被投诉者不能使用注册督导师、注册心理师或注册助理心理师身份工作，同时暂停其相关权利（选举权、被选举权、推荐权、专业晋升申请等），必须在指定期限内完成不少于24学时的专业伦理培训或/和临床心理学注册工作委员会伦理工作组指定的惩戒性任务，如果不当行为得以改正则由临床心理学注册工作委员会评估讨论后，取消暂停使用注册资格的决定，恢复其注册资格；

（4）永久除名，取消注册资格后，临床心理学注册工作委员会不再受理其重新注册申请，并保留向相关部门通报的权利。

10.9 反对以不公正态度或报复方式提出有关伦理问题的投诉。

附：《守则》包含的专业名词定义

临床心理学（clinical psychology）：心理学分支学科之一。它既提供相关心理学知识，也运用这些知识理解和促进个体或群体心理健康、身体健康和社会适应。临床心理学注重个体和群体心理问题研究，并治疗严重心理障碍（包括人格障碍）。

咨询心理学（counseling psychology）：心理学分支学科之一。它运用心理学知识理解和促进个体或群体心理健康、身体健康和社会适应。咨询心理学关注个体日常生活中的一般性问题，以增进其良好的心理适应能力。

心理咨询（counseling）：在良好的咨询关系基础上，经过专业训练的临床与咨询专业人员运用咨询心理学理论和技术，帮助有心理困扰的来访者，以消除或缓解其心理困扰，促进其心理健康与自我发展。心理咨询侧重一般人群的发展性咨询。

心理治疗（psychotherapy）：在良好的治疗关系基础上，经过专业训练的临床与咨询专业人员运用临床心理学有关理论和技术，帮助与矫治心理障碍患者，以消除或缓解其心理障碍或问题，促进其人格向健康、协调的方向发展。心理治疗侧重心理疾患的治疗和心理评估。

心理师（clinical and counseling psychologist）：系统学习过临床与咨询心理学专业知识、接受过系统的心理治疗与咨询专业技能培训和实践督导，正从事心理咨询和心理治疗工作，并在中国心理学会有效注册的督导师、心理师、助理心理师。

心理师包括临床心理师（Clinical Psychologist）和咨询心理师（Counseling Psychologist）：对临床心理师或咨询心理师的界定依赖于申请者学位培养方案中的名称界定。

督导师（supervisor）：从事临床与咨询心理学相关教学、培训、督导等心理师培养工作、达到中国心理学会督导师注册条件、并在中国心理学会有效注册的资深心理师。

寻求专业服务者（professional service seeker）：来访者（client）、精神障碍患者（patient）或其他需要接受心理咨询或心理治疗专业服务的来访者。

剥削（exploitation）：个人或团体违背他人意愿或在其不知情的情况下，无偿占有其劳动成果，或不当利用其所拥有的各种物质、经济和心理资源，谋取利益或得到心理满足。

福祉（welfare）：个体、团体或公众的健康、利益、心理成长和幸福。

多重关系（multiple relationships）：心理师与寻求专业服务者之间除心理咨询或治疗关系外，还存在其他社会关系。除专业关系外还有一种社会关系为双重关系（dual relationships）。除专业关系外还有两种以上社会关系为多重关系。

亲密关系（romantic relationship）：人与人之间所产生的紧密情感联系，如恋人、同居和婚姻关系。

远程专业工作（remote counseling）：通过网络、电话等电子媒介进行、非面对面心理健康服务方式。